七十年履痕亲证改革开放

四十载杏坛实录沧海桑田

MY LIFE AND WORK AS
AN ECONOMIST
IN THE ERA OF REFORM AND OPENING-UP

改革开放中的
经济学人生

魏杰 著

企业管理出版社
ENTERPRISE MANAGEMENT PUBLISHING HOUSE

图书在版编目（CIP）数据

改革开放中的经济学人生 / 魏杰著 .—北京：企业管理出版社，2022.11（2025.11 重印）

ISBN 978-7-5164-2491-9

Ⅰ. ①改… Ⅱ. ①魏… Ⅲ. ①经济学－文集 Ⅳ. ① F0-53

中国版本图书馆CIP数据核字（2022）第195755号

书　　名：改革开放中的经济学人生

作　　者：魏　杰

责任编辑：尚元经　郑小希

书　　号：ISBN 978-7-5164-2491-9

出版发行：企业管理出版社

地　　址：北京市海淀区紫竹院南路17号　　邮编：100048

网　　址：http：//www.emph.cn

电　　话：总编室（010）68701719　发行部（010）68701816　编辑部（010）68414643

电子信箱：qiguan1961@163.com

印　　刷：三河市东方印刷有限公司

经　　销：新华书店

规　　格：160毫米 × 235毫米　16开本　24.25印张　388千字

版　　次：2022年11月第1版　2025年11月第3次印刷

定　　价：128.00元

序　言

我今年整整七十岁，已经进入真正的老年时代了。进入老年时代后，我一个非常明显的偏好，就是经常自觉不自觉地回忆往事，尤其是喜欢回忆与自己职业生涯相关的往事。

我的职业生涯就是经济学的教学与研究。我是1977年恢复高考后考取西北大学经济系（现经济管理学院）的，专业就是政治经济学。刚好1978年中国启动了改革开放的伟大战略，因而我的专业就与中国改革开放紧密地融为一体了。可以说，我的职业生涯就是中国改革开放的见证史，反映了一个学者对中国改革开放的体验及认知过程。因此，我对往事的回忆，就是对中国改革开放过程的追忆与深思，将其中有些内容变成了文字。我认为这些文字对人们理解中国改革开放的历史进程及研判未来有作用，因而将它们整理成为此书，以供大家参考。

我这一生应该是非常幸运的：先苦后甜，一个从贫困农村走出来的穷小子，能够成为中国顶尖大学的教授，用我们家乡通俗的语言讲，就是这小子祖上积德了，祖坟冒青烟了。

改变我人生命运的是改革开放，如果没有1977年恢复高考，后来又逐渐恢复硕士学位、博士学位，当然就不可能有我后来的人生。改革开放不仅打开了我广阔的事业天地，而且也改变了我贫穷的财务状况。我父母都是面朝黄土背朝天的农民，本来家中就一直很穷，再加之父亲在59岁时病逝，我是家中老大，下面有三个妹妹一个弟弟，要靠我来养家糊口，尤其是父亲病逝时还因医疗费与丧葬费而让我背上了一大笔沉重的债务。改革开放后，随着市场化的知识评价制度的建立，诸如稿费制度、课酬制度逐渐确立与完善，我的稿费及课酬收入日益改变了我窘迫的财务状况。1983年，由何炼成老师主编、我作为助编的《价值学说史》一书出版，分给我的稿费不仅使我还清了所有债务，而且剩下的钱还让我置备了人生的第一辆自行车。后来的稿费及课酬收入，基本上使我告别了穷困潦倒的状况，虽然当时不是财务自由，但可做到全家吃穿不愁。知识是有力量与价值的，关键在于社会以什么制度来评价知识，以及知识能否获得自身的应有价值。“书中自有黄金屋”这句话没有错，关键取决于社会对知识的评价制度，在那种知识越多越反动的年代，当然就是读书无用，知识越多越穷，社会地位越低下，甚至被打倒，再踩上一只脚。

我们应该感恩改革开放，改革开放改变了中国历史进程，也改变了每个人的命运，使人们逐渐摆脱了贫穷，呼吸到了自由的空气。我们将永远以遇到了改革开放的年代而自豪！

是为序。

魏　杰

2022年9月于北京

CONTENTS 目 录

有幸进入经济学界

亲历改革

一辈子的追求：教好书

改革开放是我教研的沃土

我为改革开放作“笔录”

有幸进入经济学界

同现在的年轻人聊天的时候，他们经常与我谈自己的职业生涯设计、人生规划之类的话题。我很羡慕他们，因为他们生活在一个可以自由选择人生，而且也能够进行自由选择的好时代，而我的青少年时期，则是处在一个既不可以自由选择，而且也没有能力进行自由选择的禁锢的年代。同现在的年轻人谈起那个时代，年轻人犹如听天书一样，满脸的难以理解和不可思议的表情，就像你同他们讲那个时候因为没有粮食吃而经常饿肚子时，他们会反问，那你为什么不吃肉一样。时代的差异真是太大了，可以说是天翻地覆。也正因此，我在人生中切实地感到了改革开放真正改变了中国，因而从内心深处对中国改革开放欢欣鼓舞，容不得任何人对改革开放的任何指责，成了从思想上和实践上彻底拥护改革开放的“死硬”分子。

正因为我年轻的时候处在一个人生既不可以自由选择，也没有能力进行自由选择的时代，所以我进入经济学界，纯属歪打正着，稀里糊涂地进入了经济学界，将经济学的研究与教学，作为了自己的终生职业，并由此成了人们所称呼的所谓经济学家。

一、童年与中学时代的记忆

我1952年10月生于西安市正西方向距西安市大约30公里的一个名叫西江渡的小村子里。这个村子的地理位置很特别：它的西面和南面是户县的地界，东面是咸阳的地界，而它却归西安市的长安县管辖，因而有“鸡叫一声听三县”之称。在我的儿时记忆中，这个村子的水很多，它北面紧临作为“八百里秦川”的母亲河的渭河，南面是秦岭的终南山，终南山上流下来的水从村子西面和东面的两条河流入渭河，因而村子的四周都被池塘包围，儿时经常和小伙伴在河里和池塘中抓鱼和游泳。但遗憾的是现在全变样了：因为河的上游都修了水库，河道干涸了，再加之上游的工业发展，河道中全是污水，臭气冲天。据说最近因为重视了环保和污染治理，情况有所好转，但我估计不会再重现山清水秀了，有些东西是难以失而复得的。

我出生的这个村子离西安这个历史名城虽然距离似乎并不遥远，但当时却很穷。打我记事起，内心就有三件事永不能忘：一个是吃粗粮，肉蛋类及白面等细粮只有在像春节这样的几个重要节日里才能见到；另一个是穿粗衣，即农村人自己纺织并染色的土布，这种布穿着很硬，而且染色不好，经常掉色，搞得皮肤蓝一块青一块的；还有一个是点油灯，因为我们这个村子1964年才通电，而且就是在通电后，还有些人家嫌电费贵，仍然在很长时间里点煤油灯。在我儿时的记忆中，似乎没有什么幸福的童年，而是只要能吃顿好的饱饭，就是最大的幸福，会经常因此而高兴好多天。

我上小学时，学校设在一个破旧的神庙里，教室既无桌子又无凳子，每个学生自带凳子，并且由每个家长为自己的孩子用土坯垒成一个小土桌。教室四面透风，下雨时还漏雨。我就是在这样一个破烂不堪的学校里上完了小学。尤其是在这个学校任教的老师，并不是规范的师范学校毕业的，而且也没有太高的学历，大都是初中甚至小学毕业后就来任教的所谓“民办教师”。就是这样的学校的所谓义务教育，也并不是所有人都能享受的。在我的记忆中，我的不少小伙伴没有读完小学就失学了，原因是家庭穷，刚刚能从事体力劳动，就帮助家人苦生活去了。我能读到小学毕业，真是万幸，主要是因为父母都是文盲，不想让我再受文盲之苦，因而再难也要让我上学。

小学毕业的那一年，刚好“文化大革命”开始，学校停止上课。像我这样一个比较贫穷的农村孩子，当然没有资本去弄革命，似乎也没有心情去弄革命，因而就回家帮助父亲挣工分养家，成为了真正的农民。那个时候中国的“左”风盛行，生活极苦，我每天拼死累活，也只能挣到仅值 7 分钱的工分。当时为了挣点钱，村子里每家都搞了一种经营活动，就是生产豆芽，然后用人力车拉到咸阳市或者西安市去卖，往返要走 70 多公里，但我仍然不怕苦，很乐意干这件事，因为卖完豆芽后，可以花 3 角 5 分钱用自己家做的饼子在羊肉泡馍馆吃一大碗“羊肉泡馍”。这在当时对像我这样的农民的儿子来说，简直就是天堂式的享受。在农村这个广阔天地里，我真正体会到了中国农民的艰辛，也真正体会到了“左”的东西的危害。如果说后来我对中国经济改革很有自觉性的话，那么这段农村的艰辛经历定是起了很大的作用。农村越是苦，我就越自己发奋读书，幻想总有一天会考上大学。因此，在农村劳动时，读书仍是我的爱好和主要业余生活。虽然当时也无书可读，但总是设法借一些别人的各种书籍来看，曾经有一段时间借到村中一名乡村医生的古医学书来读，并对中医很有兴趣。

到了1968年9月份，“文革”中停办的学校又开始逐渐恢复，而且开始有了初中教育。我还是向往学习，就在本村的学校读了两年初中，虽然上课时断时续，但还是努力坚持了下来。

1970年9月，不知道是什么原因，农村又开始恢复高中学习制度，我又做起了上大学的梦，所以我又想上高中了。当时高中并未普及，是要考试的，我竟然考上了，成了我们初中班唯一考上高中的人。

我上高中的学校，是离家十五里远的一个叫沣西中学的学校。学校里有食堂，但大多数来自农村的学生都吃不起食堂，而是自带干粮。我每个星期天下午去学校时，要带上三天的干粮和一些咸菜，每顿饭是干粮加咸菜，喝些学校免费提供的开水。每星期三下午再回家取些干粮和咸菜，维持到星期六。因此，我只有每个星期六晚上和星期天才能吃上真正的饭菜，也就是农村的粗茶淡饭。当时的所谓干粮，绝不是现在人们所讲的白面馍或白面饼，而是苞谷面掺少许的白面所搞成的粗粮粑粑，既硬又难吃。就是在这样艰苦的环境中，我学习的积极性极为高涨。我努力学习的目的，不像那些伟人那样，是为了振兴中华，而是为了改变自己的贫穷处境。打我记事起，父亲就常对我讲：像我们这样的社会最底层的农民家庭，要摆脱贫穷，只有好好上学，别无出路。因此，从小我就是一个努力学习的好孩子。

高中两年，我努力学习，指望能毕业后考大学。但当时实行的是工农兵学员制度，高中毕业后不可能直接考大学，所以在高中毕业前夕，我又做好了一辈子务农的准备，并且为自己购置了一套新的农具。但就在毕业前的两个月，出现了意想不到的好事，就是这个偶然的机遇，彻底改变了我当农民的命运，甚至几乎改变了我一生的命运。这个机遇就是当年从高中里招师范学校的学生。

当时，由于我国在“文革”一开始就一直停办了师范院校，因而到了“文革”后期，我国的中小学教师到了奇缺的程度，甚至因为缺少师资力量，有的学校已无法正常开课，所以当时国家决定恢复师范教育。当然，按照当时的所谓教育革命的精神，学生主要还是要来自于有实践经验的“工农兵”，以“工农兵学员”为主，但当时有关方面又考虑到教师的职业特点，所以决定也可以适当地招收一些应届的高中毕业生入学。据此精神，当时的西安市革委会就决定由西安市市属的每个中学推荐一名优秀的应届高中毕业生，进入西安师范学习。我当时正在西安市所属的沣西中学读高中，即将高中毕业，因为我当时在高中期间的考试成绩一直排名全校第一，而且又很听老师的话，“革命造反精神”不太强，在学校领导和老师的眼中，我是一个好学生，所以学校就推荐了我进入西安师范上学。

二、西安师范学校初遇经济学

我进入西安师范学校学习的时间是 1972 年 9 月，当时正值中国处于“左”得发疯的年代，全国经济上极为紧张，用现在的话来说，就是经济处于崩溃的边缘。我们每个学生的生活费为每月 8 元钱，每个学生的粮食定量为 34 斤，其中有 40% 为杂粮。因为生活费太少，所以我们只好吃“大锅饭”：每 8 个人为一桌，8 个人共同吃一份饭。而且当时规定，若不在校吃饭，生活费及粮票作废，钱与粮票不发给学生本人。如此低的生活费和粮食供应，对我这样一个正在长身体的1.85米个子的小伙子来说，实在是太少了，所以我感到自己经常处于未饱肚子的境界之中，对饿肚子的滋味深有体会。当时我最能吃饱的时候是星期六晚上和星期天，因为同我一桌吃饭的西安市城内的学生都回家过周末了，我这一桌只有我和另外一个来自农村的同学，两个人都因为距家太远，无力支付交通费而不能回家，所以我们两个人吃8个人的饭菜。因此，当时虽然星期天不回家，但心里却很高兴，因为能吃饱肚子。这种一星期里饥饿五六天而星期天又暴食的无规律生活，终于使我生了一场大病：肠梗阻。在手术时，因为为我手术的是工农兵学员的实习生，水平极低，恐怕连乡村医生的水平都不够，结果造成伤口感染，以致使我的身体遭受到了极大的摧残。

西安师范学校当时分为中师部和专科部，中师部培养小学老师，专科部培养中学老师。我入学时进入的是专科部，专科部分为数学科、物理科、化学科、中文科、政治教育科（简称政教科）。我当时非常想进入数、理、化中的任何一科，因为我当时总想学一门能靠自己的本事吃饭的专业，"学好数理化，走遍天下都不怕"的思想对我影响很大，但我却意外地被分到了政教科，我一时想不通，心情很烦闷，因为我当时以为政教科就是学习毛主席语录，就是学"耍嘴皮子"搞政治，我当时很厌烦搞政治。不过没有办法，还得服从分配，于是就只好硬着头皮去政教科学习。

政教科当时开了三门主课，一门是哲学，一门是政治经济学，一门是科学社会主义。因此，我学习经济学，实际上应该从在西安师范学习政治经济学时开始算起。不过，当时我学习政治经济学的时候并没有像样的教材，也没有可读的相关的理论著作，不像现在，这方面的读物到处都是。我记得当时只有于光远老先生写的一本很薄的政治经济学教程，主要是讲资本和剩余价值理论。当然，当时《资本论》倒是随处可以买到，不过，像我这样一个还不到20岁的小青年，是不可能读那样的大部头专著的。尤其是当时给我们上政治经济学课的老师是学中文的，而且又长期教中文，给我们讲政治经济学是他生平第一次讲，所以他也不可能辅导我们读《资本论》，甚至我感到他讲政治经济学的基本范畴都很吃力。我记得他当时给我们讲课时基本上是念于光远先生写的那本小册子，照本宣科，极为枯燥。当然，当时的学习除了讲资本和剩余价值理论外，还讲了一些所谓社会主义政治经济学的内容，主要是强调公有制的公有程度越高越好，计划经济要远远比市场经济有优越性，按劳分配还体现资产阶级法权，因而会产生新的资产阶级，需要在无产阶级专政下继续革命，等等，基本上是反映极"左"思潮的经济理论。我们这些学生当时有的刚二十出头，有的还不到二十岁，因而对这些东西似懂非懂，完全靠死记硬背来学习。当时教育改革的一个重要内容是开门办学，学生要走出去在实践中学习，所以学校安排了很长的在实践中学习的时间，让我们去学工和学农，向工人和农民学习政治经济学。

我们学工选择的是西安火柴厂，这个厂子是解放前民族资本家创办的。据说它在解放前是西北地区最大的企业之一，西北地区用的火柴基本都是它生产的，后来在解放后的公私合营中才慢慢被改变成为国有的。在西安火柴厂学工主要是要搞清楚资本怎么样榨取剩余价值，所以厂子派了一位解放前是这家厂子的总工程师的人来给我们讲，但这个人只讲了解放前这家厂子的技术状况和生产规模，别的什么都不讲，当问到资本家如何剥削工人时，基本上一问三不知。老师将这个人打发走了以后，我们班的团支部副书记说，这个人可能是资本家的孝子贤孙，所以不讲。后来厂子又给我们派了一位解放前就在这个厂子当工人的老工人，让他给我们讲资本家如何残酷剥削工人的事情。这位老工人开始只是念毛主席语录，后来当讲到资本家剥削工人的问题时，竟然说多亏西安火柴厂招收他当了工人，他每个月才有了几块“大洋”的收入，就靠这几块“大洋”使自己的弟弟读完了小学，而且还时不时地在讲话中夸几句他当时的老板，说老板对工人如何如何好，如何到车间来同他们一起干活，如何辛苦，等等。我们只好中止了这位老工人的讲话，他走了以后我们班长说，这个家伙可能是个工贼。后来学工活动就不了了之了，临离开厂子的时候，我们也没有太弄清楚资本剥削劳动的问题。

我们学农选择的是西安郊区的一个村子。学农主要是理解农村社会主义集体经济的优越性，尤其是要搞清楚农村的集体所有制如何从“三级所有、队为基础”，逐渐向大队所有和公社所有过渡，最后实现全县所有的远大公有制目标。当时村子为我们派了一位老贫农，讲集体所有制的优越性，谁也没有想到，这位老贫农讲着讲着，竟然说，刚一解放那阵子，我们分到了地主的土地，那个心情就别提有多畅快了，生产干劲十足，许多人天刚一放亮就下地干活，天完全黑了无法干了才回家，那几年每家都有余粮，日子开始富足了，但是后来又不得加入农业生产合作社，直到成立人民公社，实行了集体化以后，人慢慢开始变懒了，没有人好好干活了，到了60年代就开始饿肚子了。我们听着听着似乎觉得人民公社搞坏了。后来我们又对庄稼地进行实地考察，我们发现农民的自留地的庄稼长得要比生产队的庄稼好。我们让村里的领导给我们解释这种现象，村领导说这就是农民的“资本主义尾巴”，就是小农的自私自利意识的反映，最后都要被割掉和消灭掉。我们班一个同学感慨地说，全国农民都有这种“尾巴”，而且长得还很结实，我们怎么割呀！当时进驻我们学校的“工宣队”老师严厉批评了这个同学，说他无产阶级思想还不坚定，吓得这个同学直哭。

由此可见，我们当时学习的经济理论是一种什么样的理论。直到在西安师范学校政教科快毕业的时候，我才买到了一本当时公开出版的由中国人民大学徐禾教授主编的《政治经济学概论》。这本书是我第一次见到的系统介绍马克思“资本论”的基本思想的公开读物，虽然这本书里面在当时的历史条件下也还有“某某某一类政治骗子”这样的言辞，甚至个别地方也有大批判的味道，但总算是一本较为忠实地系统概述马克思的政治经济学基本原理的好书。我用了三个月时间认真地读完了这本书，对于马克思的政治经济学基本理论总算有了初步的理解和认识，向经济学的大门里跨进了第一步。

1974 年 7 月从西安师范学校毕业后，我并没有被分配到中学去教书，而是分配到西安市教育局工作，而且在教育局工作了一年左右后，又回到西安师范学校，在当时的政治处任理论干事。当时我刚刚 23 岁，精力旺盛，把业余时间更多地打发在了经济学的自学上。因为在政治处工作的原因，我当时能在学校图书馆中看到一些被封存的西方经济学著作，其中包括马尔萨斯的《政治经济学原理》，马歇尔的《经济学原理》，凯恩斯的《就业、利息和货币通论》等。因此，我当时是一边半信半疑地读着像上海的《学习与批判》这样的极“左”刊物上刊登的有关政治经济学的理论文章，一边又半懂不懂地读着一些西方经济学的名著，脑袋里边基本上是一锅糨糊。我将那几年称之为自己在经济学学习上的糨糊时期，当时在经济学思想上实际上并无“主心骨”。

三、我的大学及硕士研究生时代

1977年，我国恢复“文革”中停止了十余年的高考制度，这一年我25岁，这个年龄按常规讲，应该是早已大学毕业的年龄，而我却要参加高考，这也是中国“文革”这种扭曲的历史所带来的奇特现象。但是对我来说，它虽然迟到但却是极有意义的不可多得的人生机遇。这个机遇对于改变我的人生来说，其作用无论如何高估都不为过。当然，机遇终归只是机遇，能否抓住，则要看自己的努力了。记得当时为了高考，我几乎用上了所有的休息时间，因为当时还有工作任务，只能利用休息时间。每天几乎都是凌晨1点多才上床休息，5时准时起床复习，到8点上班时，自己已经复习了三个小时了。从高考报名到参加高考，也就是一个多月的时间，但我竟然将高中的数学、语文、历史、政治、地理等课程认真复习了一遍，而且满怀信心地参加了高考。因为实在太累了，所以我高考一结束，昏睡了几天后身体才逐渐恢复过来。现在回想起来，我都说不清自己当时为什么有那么大的能量、那么大的冲劲，特有的历史现象，只能在像我们这样的经历过奇特历史时期的人的身上发生。

功夫不负有心人。在考生众多，而且招生名额又极其有限的残酷竞争下，我竟然考取了西北大学这样的历史名校，成了当时人们所说的历史的“幸运儿”。我在填写高考志愿时，所选择的专业是哲学和历史，并不是经济学，是招生委员会将我分到了经济学专业，所以，我进入经济学界属于“歪打误撞”。但就是这个“歪打误撞”到的经济学专业，却彻底改变了我的人生，这个专业对我的人生价值在后来的几十年中充分地展现了出来。因为，在此后的1978年，我党将工作重点转移到以经济建设为中心的轨道上来，这种伟大的对中国后来发展具有划时代意义的战略转变，不仅改变了中国，同时也使经济学竟然成为“显学”，它将经济学工作者推到了激烈变革的社会经济实践的第一线，被带入到社会最具有活力和最具挑战性，但却又最易成功的社会经济活动中，也就是带到了“社会舞台的中央”和“聚光灯”之下。因此，我又成了幸运儿中的幸运儿：经济学成就了我的人生，我的人生成为经济学的人生。

考入大学后，我从有关方面获悉，我们这个班是当时高考成绩非常高的一个群体。后来的实践证明，我们这个班确实是人才济济，像著名经济学家刘世锦、张维迎以及著名企业家冯仑等人，都在我们这个班，毕业后同学们都事业有成，没有辜负历史所提供的难得机遇。

我记得刚入学后，我们确实对求知如饥似渴，学习的积极性极为高涨，上课时速记，下课时认真整理和补充笔记，每天的主要活动场所就是教室与图书馆，很少有休闲与娱乐，用当时的流行语来形容，就是为中华崛起而读书，要将损失的青春夺回来。

遗憾的是，入学半年之后，我就遇到了两个苦恼的问题：一个是因为当时“文革”刚刚结束，经济学的教学并没有完全摆脱传统经济学和传统社会主义经济理论的束缚，教学体系及内容都没有实质性变化，而且讲到社会主义经济体制时，仍然是讨论原有的那些“教条”，几乎没有理论创新，再加之大学所教的经济学ABC知识我早已自学过，就连当时经济学作为经典的《资本论》我早已通读过，坐在教室里听自己已掌握的东西实在难受；另一个是经济上遇到了困难，因为当时规定只有有五年以上工作经历的学员才能带工资上学，而我的工龄还差三个月才能带工资，所以我只能拿每月15元的补贴，生活无法维持，25岁的人了，也不能再向家里伸手，而且家里也很穷。

就在这个时候，我国恢复了研究生制度，而且当时规定在校读大学的未毕业的学生也可以以同等学力报考，因此，我决定背水一战，报考研究生，而且报考著名经济学家何炼成的研究生。大学刚上了几个月就要考研，确实给我提出了很大的挑战。同班的一个同学对我说，你如果考不上咋办？多丢人呀！当时真是压力大呀！为了考研，我几乎没有了节假日与星期天，每天都是12点多在教室熄灯后才回宿舍，早上5点左右又要爬起来学习。当时压力最大的是英语，因为过去底子薄，又要在很短的时间学完当时规定的大学本科的英语教材，确实压力很大。我们班的冯仑同学（现为万通董事长、著名企业家与企业界的思想家）外语很好，成了我求教的对象，我曾经多次在周日去冯仑家求教。功夫不负有心人，最后在考试中终于胜出，其中英语考了78分，据当时招生办的老师讲，我各科总分在当时的陕西文科考生中排名第一。我终于达到了自己的目标，如愿以偿，考取了著名经济学家何炼成先生的研究生。

研究生时期的最大特点是可以自由地阅读，听老师讲的课程实际并不多，因而可以整天待在图书馆中研读一些经典著作。回想起来，当时阅读的"三论"对我影响甚大，一个是马克思的"资本论"，一个是亚当·斯密的"国富论"，一个是凯恩斯的"通论"。当时读完这三论后，我认识到三个问题：一是人类社会经济生活的最主要问题是选择有效的资源配置方式，资源配置方式从根本上决定着经济发展；二是西方现代经济体制是按照市场在资源配置中起决定作用的逻辑而建立起来的，所以被称之为市场经济国家；三是当时包括中国在内的社会主义国家是按照计划在资源配置中起决定性作用的逻辑而建立起来的，所以被称之为计划经济国家。后来根据这些认识，并结合当时中国经济效益低下且结构失衡的现实，写出了硕士论文，其核心内容是认为计划在配置资源中具有僵化和缺乏活力的缺陷，因而中国经济体制要更加重视市场的作用，在改革中要强化市场机制的作用。不要将市场调节及市场机制看作资本主义的专利，它是人类社会经济发展的必然路径。计划与市场似乎更多的是社会生产力发展的必然产物，而并不是划分资本主义经济体制与社会主义经济体制的主要标准和依据。不过，因为当时我国经济学界的主流思想是计划经济属于社会主义经济范畴，而市场经济则属于资本主义经济属性，再加之我国当时的宪法明确规定我国实行计划经济而非市场经济，因而，我的硕士论文答辩遇到了一些意想不到的麻烦，第一次答辩虽然很纠结地通过了论文，但要求我对论文做较大修改，尤其是不能抹杀计划经济与市场经济的社会制度属性，虽然可以重视市场调节与市场机制的作用，但绝不能否定计划经济的主体地位，改革的方向应该是计划经济为主而市场调节为辅，市场只对小商品及小流通有作用，只能起到拾遗补阙的作用。根据这种要求，我只好对论文作了些无奈的和违心的修改，转向重点是探讨市场调节如何发挥辅助作用，偏重于探讨市场调节的具体路径，而较少触及那些非常敏感的意识形态较强但实际上又非常重要的问题，因而虽然第二次论文答辩顺利通过，并如期获得了经济学硕士学位，但我内心世界则感到很痛苦，没有一点点喜悦感和成就感。由此可见，我国过去在经济学研究上的过多的意识形态干预，既不利于新的研究成果的形成，也耗费了巨大的社会劳动与资源。三十多年后的今天，虽然全党都已将市场在资源配置中起决定性作用作为共识，并依此要建立整个经济体制，但是不是更早一些有这种共识更好，更有利于中国经济的快速发展，更有利于中国梦的早日实现？从这一点上讲，学术自由是极其重要的，因为它不仅仅关乎学术的进步，更关乎整个社会的进步。实践证明，只有学术自由，才能有创新，才能有经济的繁荣乃至整个社会的进步。

在西北大学上研究生期间，有两件事回想起来比较遗憾。

一件是关于外语的问题。我考西北大学研究生时，外语是英语，但读上研究生之后，因为西北大学与日本京都的同志社大学有合作协议，学校让我将外语改为日语，说这样可以去日本学习。这样的结果等于丢掉了英语。因为一般来说，一个人实际很难同时熟练掌握两门外语，尤其是我考研究生时英语是突击出来的，基础并不扎实，属于“哑巴”英语，一放下不学，就等于丢掉了。当然，有些天才人物是可以掌握多种语言的，但像我这样的一般人不行。后来我在学习日语中投入了大量的时间和精力，虽然日语学习为我多次去日本学习及研究打下了基础，而且我考中国人民大学博士时也是将日语作为外语的语种而参加外语考试的，但是日语终归是一个小语种，而且日本经济学也是从欧美国家引进的，属于“外来品”“二手货”，因而丢掉英语后来为我进行国际交流带来了很大的障碍，在很大程度上限制了我的学术发展。

另一件事是，当时我国虽然已经宣布改革开放，经济理论变革和经济改革还并未真正开始。尤其是当时经济学界的主要社会思潮是，认为“文革”及“四人帮”歪曲了马克思主义经济学，因而经济理论上的拨乱反正就是要恢复马克思主义经济学的本来面目，所以应该注重对马克思主义经济学经典《资本论》的学习，要逐段逐字认真学习。与此同时，经济学界还把近现代西方经济的各种流派都当作异端邪说，以批判的眼光来看待。在这种大背景下，远离北京及上海、广州这样的开放前沿并处于偏远西北的大学，就显得更加保守和因循守旧，因而研究生的课程就要求只能围绕《资本论》的学习，真是做到了逐段逐字的死记硬背，考试题竟然是要求学生回答对资本论中的某些段落的理解。大家知道，马克思的“资本论”对未来社会主义经济体制的设想，是要消灭商品交易和市场的，是不承认市场经济的，当然更谈不到承认民营经济的问题，这与中国后来的改革基本路径大相径庭。尤其是在将近现代西方经济学各种流派都当作异端邪说的条件下，就阻碍了我们对近现代经济学的学习，实在虚度了不少光阴。如果当时能打开经济学的国际视野，我后来可能还会取得更大的成绩。因此，后来我成为研究生导师，在指导自己的研究生时，就非常注意这个问题，不要求学生围着自己的某些学术观点打转转，而是更希望他们要有国际视野和丰厚的知识储备。

四、攻读经济学博士学位的岁月

在我获得经济学硕士的第二年，即 1983 年，我国开设了博士学位教育制度，我有了攻读博士学位的想法。当时我国具有经济学博士学位授予权的只有中国人民大学、北大、复旦等几所名校，我最后决定报考当时作为中国经济学界最高学府的中国人民大学经济系，导师是著名经济学家卫兴华教授。在做出考博决定之后，我全身心地投入到极为艰辛的准备考试的复习工作之中。因为报考的是名校与名导师，而我又出身于中国西部的高校，在学术地位及信息和思维方式的转递上，劣势明显，没有任何优势可言，所以倍感压力，几乎是玩命地复习各类要考的科目，放弃了节假日，除了工作时间之外的所有能利用的休息时间都用于复习，晚上几乎没有在12点之前休息过，有时晚上就住在办公室，几个办公桌一拼就是床。现在回想起来，那个时候真是有一种拼命三郎的精神，似乎浑身都是用不完的劲。

虽然经过一年左右时间的认真准备，但1984年5月去人大参加博士生考试时，心情仍然感到很紧张。当时人大刚刚开始招收经济学博士研究生，因而考试制度极其严格，专业课不仅有笔试，还有面试，要面对好几位著名经济学家的提问，而且外语考试也极其严格，不仅有笔试，还有专门的听力考试。在经过考试与人大的反复审核之后，我终于被人大经济系录取了，与我同时考取卫兴华教授博士生的，还有后来曾任南京大学党委书记的洪银兴教授，曾任中共中央政策研究室经济局局长的李连仲研究员，我们三人成了卫兴华教授博士生的开门弟子。

回顾我的求学经历，我感到对我来说，似乎考试是上升的唯一通道，只要是用考试来选人，我似乎都能如愿以偿，因而感到考试才能较为充分地反映机会的公平。现在我国改革高考制度及研究生考试制度是对的，但绝不能取消考试制度，若取消了考试制度，也就没有了真正的机会公平。考试制度虽然需要改革，但它现在仍然是众多选人方式中最能充分反映机会公平的有效方式。

考取人大经济学博士研究生之后，入学报到时，有两个印象非常深刻，一个是人大真是名师荟萃的地方，这些著名学者的专著及论文早就影响过我，有的书在20世纪70年代初就读过，像徐禾教授主编且人大许多教授参加编写的《政治经济学概论》，我在1973年就看过。另一个是同时入学的各学科的博士研究生都很厉害，他们中的不少人在入学前就已在学界崭露头角，发表过不少有分量的论文，同学中精英齐聚。后来我才发现，中国人民大学在1983、1984、1985、1986、1987这几年入学的博士生，基本上都是我国20世纪60年代后期到80年代初中期这二十余年在社会上积累起来的一批精英。这与“文革”这个特殊的年代打破教育的正常秩序有关，他们在当时历史条件下无法按正常教育秩序读书，因而教育秩序一旦走向正轨，他们就涌现出来了。人大在80年代中后期之所以在学术上极为活跃并处于前沿地位，实际上与这一时期入学的博士生有关，因为他们当时都是以人大博士生的名义发文章的，显现出的是人大的学术地位和水平。这些博士生毕业之后，大都成为了自己所在学科的学术骨干，直到现在，他们中的许多人仍然在本学科中有话语权。当然，他们中也有不少人进入政界与商界，成为政商两界的精英。

正因为在人大攻读博士学位时具有良好的师资资源和同学资源，所以在攻读博士学位的几年，我深感学习环境甚好，这里既有名师的指点，也有同学之间的相互启迪。回想起来，那时的能量似乎很强，虽然生活很清贫，也少有娱乐，但学习积极性都很高涨。同学们经常熬夜到12点才用电炉子煮点方便面作为宵夜，而这个时候也正是同学们在学术及信息上相互交流的时候，大家端着方便面这样的宵夜相互串门，边吃边聊，很是开心。那个时候，同学们之间真是一种“比学赶帮”的味道，使我感到不努力就会落伍，就会被淘汰。同学之间的带动力确实很强。我深深感觉到，与“高人”在一起，自己最后也不会太“低”，但与“矮子”在一起，自己最终也“高”不到哪去。强者之间的竞争，确实具有正能量的推动力。因此，生源确实在某种意义上决定着高校的水平与发展。

我在人大攻读博士学位的几年，正是中国经济体制改革已经全面展开且深入启动的几年，当时北京经济学界的思想极为活跃，各种有影响的“沙龙”及研讨会如雨后春笋般地展开，而且极为频繁地举行，几乎每天都有。我们这些博士生也成了积极参与者，我与中国经济学界众多人士最初的交往，大都发生在这一时期。当时的各种研讨会中既有经济学界的“元老级”人物，也有知名的后起之秀，人们的思想之活跃，所探讨的问题之尖锐和敏感，都是前所未有的。实际上，后来中国经济体制的改革思路及战略举措，大都在此时期就已经提出来了。应该说，20 世纪 80 年代尤其是 80 年代中后期，是非常值得我们怀念的一个重要时期。

中国改革开放的历史性变革，为中国经济学界提供了坚实且广阔的舞台，经济改革的实践不断向经济学工作提出理论挑战，这种理论挑战促进了经济学的繁荣和进步；反过来，这种学术上的繁荣与进步，又直接或间接地甚至是潜移默化地为经济改革的实践提供了方向上的坚定性与操作上的思路。正是实践与理论上激烈变革的 80 年代，为中国经济学界的发展带来了良好的机遇，后来很长一段时间甚至一直到现在，在中国经济学界都还有话语权的一些人，大都成长于这个时期。时势造英雄，这句话确实千真万确。没有中国改革开放这样的历史巨变，就不会有成长于 80 年代的中国这批著名经济学家。我的经济学人生，也正是得益于中国的改革开放，得益于 80 年代，在攻读博士学位期间之所以不断有论文发表与著作出版，就是因为有中国改革开放的深厚实践。实践推动了学术上的进步。从这点上讲，我们这代经济学工作者，是中国改革开放的幸运儿和受益者。

回顾 1984 年到 1987 年在人大攻读博士学位的这几年美好时光，到现在仍然记忆犹新，是当时的良好学风及拼搏精神，学习期间似乎很少有人谈论赚钱及毕业后的去向，而是专心做学问，将做学问作为头等大事，好像别的事与自己都关联不大，感到如果没有论文发表将是一件很丢人的事，因而大家在一起谈论最多的事是学术上的事情，是改革实践中的新动向及新信息。那个时候发论文很难，因为杂志数量有限，再加之存在不少不能碰的意识形态“红线”，所以论文一旦发表，就非常兴奋，为自己的努力被认可而感到欣慰和快乐。尤其是在后来，随着学术名气的提升，再加之改革的深入和意识形态约束的减少，论文发表的数量越来越多，稿酬的收入也相当丰厚，到博士毕业时，虽然并不像有钱人那么富有，但在生活中已不再有缺钱的困扰，当时深感书中其实也有“黄金屋”。但是，那时候做学问并不是为了挣钱，而是为了探索真理，所获稿酬仅仅是对自身努力的一种肯定而已。为钱做学问并不是真正的做学问，受利益诱导的学问往往是伪学问，甚至会为某些利益集团的非正常利益进行辩护，因而做学问需要平常心和求实的精神。

良好的学习环境及社会氛围，使得我在1987年9月顺利地完成了博士论文，并于10月份完成了答辩，已故的著名经济学家董辅礽先生是我博士论文的主要评阅人之一，著名经济学家吴敬琏老先生参加了我的博士论文答辩。博士论文答辩之后，又紧接着根据当时中国人民大学的博士培养计划东渡日本，与日本京都同志社大学经济学部的笹田友三郎及篠原総一先生进行了一年左右时间的共同研究，共同研究完结之后，我才算正式博士生毕业。我记得有位学者说，中国博士分为四类：官博（即为官之后在职攻读博士学位）、商博（即成为成功商人后在职攻读博士学位）、教博（即在高校工作期间在职攻读博士学位）、学博（即按常规考试并完全脱产攻读博士学位），我是属于典型的学博，很辛苦地取得了博士学位。

在求学生涯中，不能不提1987年9月份去日本同志社大学进行的合作研究，因为那次是以博士研究生身份去的，属于中外联合培养博士项目，因而也属于我求学生涯的最后一站。这是我第一次出国。那时出国并不像现在这么容易，不仅要政审，而且要集中培训，培训主要是要强调政治纪律，强调要增强抵抗资本主义生活方式诱惑的能力。我记得当时培训地点是在北京语言大学。因为这是我有生第一次出国，一到日本，就被日本当时的经济繁荣、人民生活富有、基础设施现代、公众文明程度极高等现象所震慑。这与我过去在国内受教育时所知道的资本主义社会根本不一样，当时的教科书使我以为资本主义国家人民都生活于水深火热之中，贫困交加。我当时的心情很纠结，想不通为什么有人要骗我们。我记得当时在日本研修期间，有一位老干部出身的经济学家来日本，据说这是他一生中第一次也是唯一一次出国，我接待他时，他很认真地告诉我，让我要好好研究一下资本主义经济繁荣背后的剥削罪恶，用马克思主义观点解释当代资本主义的经济危机与腐朽性的新特征，我当时不知如何应答。我后来明白了，一个人以一生精力去批判的资本主义与他看到的根本不一样，而他又不可能对自己一生的奋斗历程自我否定，因为自我否定是极为痛苦的事，因而他最后的选择就只能是生活在自身的精神世界中。

在从小学到大学的求学过程及后来的研究生学习实践中，我慢慢悟出了人生的一个重要问题，即：在人权上人们应该是完全平等的，但人与人实际上有很大差异。这种差异来自于三个方面，一个是人的自然禀赋，也就是由人的各自基因决定的天赋。在其他条件相同的情况下，自然禀赋的差异导致了人的极大差异——像在同等条件下，有的人可以考取名牌大学，而有的人甚至连大学都考不上。另一个是初始禀赋，即家庭所带来的禀赋，包括家庭在经济生活、社会地位、文化素质等方面赋予你的那些内容，在其他条件相同的情况下，初始禀赋也会导致人的差异。还有一个是机会禀赋，即社会所提供的机遇，也是社会是否提供了平等的机会，如果社会不能提供机会平等，将无法显示人的真正能力。例如“文革”时期取消了高考制度，那么再聪明的人也无法上大学，因而机会禀赋也是很重要的。从理论上讲，似乎上述三种禀赋都好时，一个人可能会获得巨大成功。但在现实中，三种禀赋都好实际上是可遇而不可求的，能有第一种禀赋与第三种禀赋的组合就该谢天谢地。

五、因经济学而结缘的四大机构

我的经济学学习经历与工作经历，基本上是在西北大学、中国人民大学、原国家国有资产管理局研究所、清华大学这四大机构中度过的，它们都是我的经济学生涯的“圣地”，都为我带来了终生难忘的幸福人生，使我回味无限。对它们的不断回忆，实际上也是我精神享受与愉悦的重要内容。可能随着年龄的增长，这种情况就更甚。

在西北大学学习与工作的七年

我在西北大学经济系先是读了一年多的本科，然后在1979年秋季提前考取了研究生，1982年9月研究生毕业后留在西北大学经济系任教，直到1984年秋季因为考取中国人民大学的博士生而离开西北大学，前后在西北大学一共学习和工作了七年多的时间。在这段时间中，首先按照学习的要求认真而系统地研读了《资本论》，甚至研读到了连某些重点段落和重点句子都能熟背的程度。当然这个时期也开始大量阅读当时引进的西方经济学原著。这段时间我虽然是以学习为主，但也开始思考经济发展中的相关问题，写了一些在现在看来并不是很成熟的小论文，这些论文有些因为时间已经过了几十年，根本找不到了，现在还能找到的有：1980 年在《西北大学学报》第 3 期上发表的“试谈按比例规律在社会主义条件下的实现形式”，1983 年在《西北大学学报》第 4 期上发表的“多劳多得要顾及国家利益和左邻右舍”，1983 年在《赣江经济》第 11 期上发表的“如何处理农村生产队内部的土地级差收益”，1984 年在《农业经济问题》第 8 期上发表的“略论乡镇工业的作用”，1984 年在《陕西金融》第 3 期上发表的“民间借贷——农村金融活动中的一个新问题”，1984 年在《经济与管理》第 6 期上发表的“略论工业企业的招标投标式承包责任制”，1984 年在《农业经营管理》第 4 期上发表的“我国农业水利发展战略初探”。在西北大学的这段时间还协助何炼成教授完成了《价值学说史》一书，全书四十余万字，由陕西人民出版社 1983 年出版。因为当时的历史条件，本书将劳动价值论作为唯一的科学，并以此来分析人类历史上的相关思想，因而这本书在现在来看，虽然其资料丰富，分析线索也很清晰，尤其是提出了对这些思想家的流派重新划分的标准，但该书对西方经济学家关于价值思想的批评是有历史局限性的，所以这本书打下了深深的历史痕迹。总之，我在西北大学期间，因为我国的改革开放才刚刚起步，大规模的经济体制改革还没有开始，所以研究工作只能停留在一些基本的经济范畴上，只能停留在一些经济发展中所遇到的小问题上，因而还很难说自己已进入到真正的经济学研究之中。

在中国人民大学学习与工作的十二年

我于 1984 年秋考取中国人民大学经济系卫兴华教授的博士

生，1987 年博士毕业后留中国人民大学任教，先是担任中国人民大学经济研究所的副所长、副教授、教授、博士生导师，后来又任中国人民大学经济系系主任、教授、博士生导师，到 1996 年 6 月份离开中国人民大学，一共在中国人民大学学习与工作了十二年时间。这段时间是我在学术生涯上获得很大成绩的十二年，发表了大量的论文与论著。这段时间我先后在各种刊物上发表过论文，当然在有的刊物上曾发表过多篇，这些刊物是:《中国社会科学》《经济研究》《经济学动态》《中国工业经济研究》《财贸经济》《农业经济问题》《管理世界》《人民日报》《经济日报》《中国财经报》《金融时报》《光明日报》《中国企业报》《求是》《工人日报》《经济参考报》《经济理论与经济管理》《中国人民大学学报》《学术研究》《上海社会科学》《上海经济研究》《学术月刊》《学术论坛》《宏观经济管理》《金融研究》《财经科学》《社会科学战线》《北京社会科学》《北京日报》《天津社会科学》《江海学刊》《经济学家》《开发研究》《学习与实践》《经济问题》《改革与战略》《广州社会科学》《江西社会科学》《学术论丛》《学术界》《东岳论丛》《云南社会科学》《中州学刊》《求索》《湖南社会科学》《天府论坛》《社会科学》《经济问题研究》《探索》《高校社会科学》《教学与研究》《现代企业导刊》《中央财经学院学报》《福建论坛》《江汉论坛》《湖北社会科学》《云南财贸学院学报》《改革与理论》《理论探讨》《争鸣》《学习与探索》《投资管理与研究》《体制改革探索》《经济纵横》《长白学刊》《贵州财经学院学报》《经济与社会发展》《河北财经学院学报》《新疆社会科学》《经济与管理研究》《人文杂志》《中国经济问题》《理论学刊》《经济问题探索》《改革》《经济论坛》《企业经济》《商业经济论坛》《社会科学辑刊》《消费经济》《河南财经学院学报》《贵州社会科学》《生产力研究》《当代经济科学》《中国金融》

《甘肃社会科学》《中国国情国力》《理论界》《山东经济》《人民论坛》《党校论坛》《浙江学刊》《江苏社会科学》《兰州学刊》《经济与社会发展》《商业经济研究》《中国企业家》《重庆社会科学》，等等。《经济学家》1997年1期发表的“变革时期的中国经济学——社会报刊文献统计分析”一文，对中国经济学家自1979—1995年的论文发表状况进行了分析，根据分析，我在这一时期的高产经济学家中排名为第四，在这一时期的高引用率经济学家中排名为第八。因此，中国人民大学的十二年，是我人生中最为重要的十二年。中国人民大学给了我很大的荣誉：1988年，也就是博士刚毕业的第二年，破格提拔为副教授，三年之后，也就是1991年，又破格提拔为教授；同时在中国人民大学期间，获得了孙冶方经济科学奖，中国图书奖一等奖等全国性大奖，并被评为有特殊贡献的中青年专家，享受国务院特殊津贴。因此，在中国人民大学繁忙但却心情舒畅的十二年，将永远值得怀念。

在原国家国有资产管理局的三年

我是1996年6月正式调入原国家国有资产管理局的，但我实际上在1996年初就开始进入工作状态了，所以如果从1996年初算起，到1998年12月，我因为原国家国有资产管理局正式撤销而离开，我在原国家国有资产管理局实际上工作了三年时间。我在原国家国有资产管理局任科研所所长，该所是一个拥有几十个研究人员的强大研究机构，因而这段时间我不仅自己作研究，而且主要从事于科研领导工作。根据原国家国有资产管理局工作的需要，在这三年中我所领导的科研所的研究重点主要在于三大问题：关于国有经济战略调整问题、关于国有资产管理体制改革问题、关于资产重组和资本经营问题。有关这三大问题的研究成果都先后出版，对当时相关的经济政策的制定及理论研究，都产生了很大的影响。原国家国有资产管理局科研所在当时的政府研究机构中，是较为有影响的一个研究所。在原国家国有资产管理局的三年，使我对于国有经济改革和国有资产管理体制改革等问题，从实践上有了更深刻的认识，因而是对我的学术生涯有着重要影响的三年。

进入清华大学后的岁月

我是 1999 年 1 月份正式进入清华大学经管学院工作的，到 2020 年正式退休，在清华大学度过了 21 年。清华成为我工作时间最长的单位。我调入清华的时候，曾希望不要让我再担任任何行政职务，同时也别再过多地约束我，我校外的事情比较多。学院很体谅我。除了担任过 8 年的战略系主任及中国经济研究中心主任、文化经济研究院院长这类业务性职位外，确实没有让我参与行政方面的工作，同时也没有限制我在校外的活动。我很感激学院。我在清华的教学工作分两个部分：一类是学位教育，主要给研究生及各类 MBA 包括 EMBA 上课，主要开设了两门课，一门是“中国经济体制改革的理论与实践”，主要分析中国经济体制改革的历史进程和理论创新，涉及市场经济改革、财产制度改革、宏观经济体制改革等内容；还有一门是“中国企业改革与发展的理论与实践”，相当于企业经济学的内容，涉及企业制度问题、企业战略问题、企业文化问题、企业定位问题、企业哲学问题等；另一类是非学位教育，即对企业界及政府界进行非学位的非系统性经济学教育。在这类教育形式中，我重点是分析中国改革及发展中的热点问题，例如 1999 年讲授如何启动中国经济问题，2003 年讲授如何防止经济过热问题，2006 年讲授关于流动性过剩问题，2008 年讲授如何保增长的问题，2014 年讲中国经济新常态，2015 年讲供给侧结构性改革，2016 年讲稳中求进总基调，等等。根据研究为教学服务的原则，我在清华的研究工作也就基本上按照上述的教学需要而进行的，完成了有关中国经济体制改革的几本专著，完成了企业经济学的有关专著，并对不同时期的改革与发展的热点问题形成了自己相关的研究成果，大都发表在有关刊物上。在非学位教育中，因为学员大部分都是来自于企业经营的第一线，因而经常会有新的问题提出，这对我的研究工作有极大的促进作用。我的基本做法是先将自己的研究成果拿到课堂上与学员讨论，在讨论中加以深化和提升，成熟之后才拿去发表，因而将不成熟的东西与学员共同讨论，将成熟的东西在杂志上发表，成了我研究工作的重要特点。教学相长是推动科研与教学工作的重要举措，我们不能总将自己放在比学生“英明”的位子上，而是要注重倾听来自于一线的声音，不断推动自身的学术提升。进入清华之后，既是我一生教学工作做得最多的时期，也是我的研究成果发表最多的时期。当时我想，在有生之年，还应该能再为中国的改革做点事吧！当然，这里要感谢学院历任领导与同仁们的帮助，给了不少荣誉，例如实行责任教授制度时评我为责任教授，实行讲席教授制度时评为同方讲席教授，还获得清华大学第十五届良师益友奖，我确实由衷感激。

亲历改革

我1977年恢复高考后考上了西北大学经济系，又在1979年9月考取了著名经济学家何炼成先生的研究生，而中国改革开放刚好从1978年的中共十一届三中全会开始，因而我完整地经历了中国改革开放的进程。作为一名经济学者，通过对中国改革开放进程的参与和观察，当然会以经济学的方法为基点，而思考中国的改革开放。

从经济学角度来看，我认为我国改革开放实际上要经历4个阶段。第一个阶段是自1978年的十一届三中全会到1992年初邓小平同志的南方谈话，这一阶段的改革实际上只是停留在经济体制的表层即经济运行机制的改革上，对经济体制的深层次改革还只停留在理论探讨与争论方面，应该属于为改革开放深入进行而打基础阶段；第二阶段是自1992年初邓小平同志南方谈话到2002年，这一阶段属于大规模经济体制改革阶段，几乎涉及传统经济体制的各个方面，例如产权制度改革、市场经济改革、收入分配体制改革、现代宏观经济体系改革等；第三阶段是2002—2012年，这10年的特征是新旧体制的磨合，新体制形成后还并未完全取得社会的共识，新旧体制还有冲突，出现了一些体制摩擦，甚至还出现了反改革的声音，因而这一阶段非常注重新旧体制的摩擦，注意强调和谐社会与科学发展观，推动包容性增长，加强以民生保障为特征的社会政策的协调，等等；第四个阶段是2012年至未来一个时期，即强起来的时代，这个时期的特点是改革从以经济建设为中心，转向“五位一体”的全方位改革，即政治、经济、文化、社会、生态五大改革。在全面改革的基础上，最终全面建成现代化强国。对于中国改革开放的历史进程的这种划分法，似乎并不太符合某些说法，但作为一名学者，我确实是有这种感悟。我想，这种感悟不应属于离经叛道之说吧。

一、经济体制改革初期的打基础阶段

这个阶段自1978年十一届三中全会开始，到1992年邓小平同志南方谈话，差不多13年左右时间。这个时期实际上又分为几个阶段：1978年十一届三中全会到1979年，实际上进行的是政治上的拨乱反正，平反冤假错案，并未完全涉及经济体制改革。1980年才正式推动了全国性的农村改革，主要有三个内容：一是由人民公社转向家庭联产承包责任制；二是农民可以从事非农的工商业，出现了乡镇企业；三是农民可以进城经商务工，从而全面启动农村经济体制改革。经过三年左右的农村经济改革，农村经济开始冲击城市经济，例如乡镇企业产品进城，农产品进城等，因而1984年10月中央正式通过了关于城市经济体制改革的决定，开始了城乡的全面的经济体制改革。

一开始改革是平稳的，但是，后来由于出现了三个现象，从而使改革在1988年到1991年之间进入到极其复杂的阶段。一个是1988年的价格闯关及双轨价带来的“倒爷”，使人们因生活负担加重及对腐败不满而对改革产生了怀疑；另一个是1989年的政治风波，还有一个是东欧发生“颜色革命”及苏联解体。这三个现象使当时出现了防和平演变的呼声，从而使改革进入复杂及艰难的时期。

总之，1978年十一届三中全会到1992年邓小平同志南方谈话这13年中，由于受传统社会主义思想的长期束缚以及各种原因的影响，经济体制改革实际上并没有触及原有传统经济体制本身，而是只对原有经济体制的表层进行改革，也就是只停留在经济运行机制的改革上。这方面有几件事值得一提。

第一，所有制改革开始松动。

人们可以开始从事个体经济，个人可以投资一些小流通与小生产，也就是说，允许从事个体经济。当时中国经济有两个压力：一个是知青上山下乡运动刚刚终止，几千万知青返城，国家根本无法靠国有企业及集体所有制企业安排这些知青，于是就只好同意这些知青自己创业，搞些个体经济，但不能搞私营经济；另一个是农村承包责任制实行之后，农业不需要那么多的劳动力，一些劳动者自己搞起了非农业的工商活动，我们只是承认这种工商活动，同意搞一些个体经济，但不能搞私营经济。如何区分个体经济与私营经济？当时一个重要规定是确定雇工数量，工商登记中明确规定雇工只能雇7个人，7个人以上就是私营经济了，是不允许的。当时我很吃惊，为什么只能是7个人，不能是7个人以上，有人告诉我说，这是马克思讲的，雇7个人是小业主，雇7个人以上是资本家，后者具有剥削性质。这些都反映了当时人们思想还并未完全解放。

第二，可以允许市场机制作用的发挥。

当时经历过三个提法，计划经济为主、市场调节为辅；计划经济与市场调节相结合；国家调节市场、市场引导企业。也就是说，可以讨论如何从市场机制上搞好指令性计划与指导性计划，像价格形成机制这样的表层问题也可以讨论。大家知道，价格实际上只是资源配置方式的表层问题。当时在不讨论改变资源配置方式基础上，讨论是完善计划定价，还是搞市场定价，或者搞“双轨价”，即一部分产品是计划定价，一部分产品是市场定价，甚至一种产品“两个价”，有的是市场定价，有的是计划定价。其结果是“双轨价”，出现了所谓的“倒爷”，引发了严重的腐败，有人以权力获得了计划的低价，转手以市场高价卖出，最终使得人们强烈不满，以至于引发了严重的社会问题。

第三，收入分配体制开始调整。

当然，分配问题只能讨论如何更好实现按劳分配，不承认按要素贡献分配的原则。改革之初实际上已经出现了体制内与体制外分配原则的差异。体制内实际上是一种行政性的忽视真实贡献的分配评价指标体系，体制外则是完全市场化的按贡献与效率为原则的分配评价指标体系，因而出现了所谓“脑体倒挂”“搞导弹不如卖茶叶蛋”的收益差距，但我们并不承认市场化的分配原则，而是强调既要效率，又要公平，提出提高收入要兼顾“左邻右舍”，因而只是在按劳分配上打转转，并没有触及收入分配体制的根本原则，一直否定按要素贡献分配的原则。

第四，开始调整政府对经济的干预。

不过，当时不能提宏观经济之类的名词，而是讲国民经济计划管理，重点讨论如何做到放权有度，调控有序。诸如货币政策、财政政策、产业政策之类的现代宏观经济名词，往往被信贷计划，国家投资计划等行政性指标所替代。因此，当时的改革并未触及现在进行的宏观调控体制改革。

第五，开始放松政府对企业的直接管理。

当然，还谈不到真正的放活企业，只是因为受农村承包制的影响，搞了所谓的企业承包经营责任制，但并未触及企业产权制度、企业财务制度、企业劳动人事制度等，甚至连劳动力市场这样的概念都不能提，更谈不到企业破产、员工失业、资产重组并购这样的现代企业制度概念，只是对企业管理做了些不痛不痒的“修正”。

总之，在1979年十一届三中全会到1992年邓小平南方谈话的这近13年中，因为各种原因，我们并未深入触及传统经济体制，而只是对经济运行机制进行了一些改革。但是，这13年改革开放的成就，极大地鼓舞了人们对改革的热情与参与精神，尤其是一些问题的深入讨论，为全面深化改革打下了良好的理论与政策基础。

讨论20世纪80年代中国改革的历史进程，有一个问题不能不专门强调。这就是，虽然因为各种原因，当时的改革举措还并未触及传统体制的深层次问题，还属于经济运行机制层面的改革，但是学术界的内部讨论却极为活跃，出现过多次在全国都引起重要影响的研讨会，可以说20世纪80年代是经济学学术讨论极为繁荣的年代，而且在讨论中触及到了传统经济体制的深层次问题。值得称道的有这样几点。

第一，不少学者从中国社会主义初级阶段的国情出发，分析了非公有经济的巨大作用，提出非公有经济应该成为中国经济的重要组成部分，要大力发展非公有经济，尤其是有的学者提出股份制是公有经济的新的实现形式，应该用股份制改革中国的公有制经济，形成以股份制为特征的中国的所有制形式。

第二，不少学者从资源配置方式的角度，提出计划经济与市场经济是资源配置的不同方式，并不具有社会性质的特征，资本主义可以搞市场经济，社会主义也可以搞市场经济，现阶段中国最佳的资源配置方式是市场经济，因而提出应该用市场经济改革中国的计划经济体制。

第三，不少学者从财富创造的角度提出创造财富的生产要素包括劳动、资本、技术、管理、资源等，应该按照它们各自的贡献分配社会财富，在微观层次注重效率，在宏观层次注重公平，实行以效率优先而兼顾公平的收入分配体制，如果考虑收入差距过大问题，还可以推进以公益为特征的第三次分配过程，以实现社会和谐。

第四，不少学者认为政府不能直接控制社会经济活动，应该放开个人、企业、市场的活力与积极性，政府管理经济应该从直接对企业与个人的管理，走向以市场为中心的间接宏观管理，政府的主要职责是制定与实施宏观经济政策，保证经济的稳定。

第五，不少学者认为当时所搞的企业承包制改革、放权让利改革等举措，都是临时性举措，并不能解决企业的根本性问题，应该推动企业产权制改革，对国有企业要解决行政干预的问题，对民营企业要注意家族血缘关系的影响，形成现代企业制度。

第六，因为在1984年中央正式提出我国要实行有计划的商品经济，因而不少学者从商品经济的属性上，对中国经济的生产、流通、交换、消费、价格等问题作了深入探讨，以商品经济的属性来分析中国经济体制改革，实际上触及到市场经济的不少问题，为后来推进市场经济改革打下了良好基础。

总之，20世纪80年代是中国改革进程中学术思想非常活跃的时代，为后来的中国改革实践打下了良好的学术基础。

从20世纪80年代经济体制改革中的学术思潮来看，大致上有四次值得一提。

第一次是在改革初期的几年，主要是批判“文革”中的各种极“左”的经济学思潮，例如批判以消灭资产阶级法权为特征的所谓收入分配理论，强调恢复按劳分配原则；批判以“一大二公”为特征的不断搞所有制升级的极“左”思潮，强调所谓的“三级所有”，等等。

第二次是20世纪80年代初期，日本的有关经济思想传入中国，以企业管理方面的理论为主。

第三次是在20世纪80年代中期，当时东欧一些国家有关改革的经济学理论传入中国，例科尔奈的“短缺理论”等，因为东欧一些社会主义国家是早于中国而开始改革传统社会主义经济体制的，而且当时这些东欧国家的经济水平也高于中国，成为中国经济学界非常关注的经济学思潮，甚至提出以这些思想改革中国传统经济体制。

第四次是20世纪80年代后期，这时因为开放的深入，西方经济学开始大量进入中国经济学界，不少西方经济学著作在中国大量出版发行，也有大量西方学者到中国讲述有关经济思想，诸如宏观经济学、微观经济学、计量经济学等课程也在中国大学开始开设。

当然，在上述学术思潮中，中国学者仍然是以中国国情为基础而思考中国问题，并没有全盘照搬，而是更多地从中国实践出发，创造性地提出了有中国特色的经济学理论。

二、大规模经济体制改革时期的任务和历史使命

这个时期以邓小平南方谈话为起点。大规模经济体制改革时

期，实际上就是我们不断冲破传统社会主义经济理论，大规模变革传统社会主义经济体制的过程。这个过程可以概括为：以有中国特色的社会主义经济体制，取代传统社会主义经济体制。在分析这个过程中，我们发现这个过程有一个非常有意思的现象，这就是我们的改革实际上是在不断地将传统社会主义经济理论所批判的理论和体制，引入有中国特色的社会主义经济理论体系中，引入我国的有中国特色的社会主义经济体制中，并用它们改革我们的传统经济体制。例如，传统社会主义经济理论将非公有制经济与社会主义经济对立起来，认为只有公有制才是社会主义的本质要求，尤其是只将国有制作为社会主义经济的本质特征和基础，而我们在改革中则抛弃了这套理论和体制，将非公有制经济引入社会主义经济之中，而且推动其大力发展，并用非公有制经济改革国有经济，使国有经济走向非国有化和股份化，实现公司化股份制改革。又例如，传统社会主义经济理论将市场经济与社会主义经济对立起来，认为市场经济就是资本主义经济，只有计划经济才是社会主义经济，因而到处"割市场经济的尾巴"，而我们在改革中则抛弃了这套理论和体制，大力发展市场经济，将市场经济作为资源配置的基础性机制，建立起现代化市场经济体制。总之，新体制大规模建立的过程，就是不断冲破传统社会主义经济理论束缚的过程和有中国特色社会主义经济理论体系建立的过程，就是传统社会主义经济体制被变革的过程和有中国特色社会主义经济体制建立的过程。

在新体制的建立过程中，我们几乎涉及了经济体制的各个方面和各个环节，如果有兴趣的话，大家可以将我国现在的经济体制与 1978 年以前的经济体制做一个历史比照，就会发现我国经济体制已经发生了翻天覆地的根本性变化，在现在的经济体制中已很难看到原有的传统经济体制的影子。不过，虽然我国的经济体制改革涉及经济体制的方方面面和各个环节，但在这场变革中，有四个方面的变革，起着基础性和框架性作用，正是因为它们的变革，才引起了经济体制的各个方面和各个环节的变革，而且也正是因为这四个方面的变革，才使得新体制的基本框架最终得以确立。这四个方面的变革是：现代产权制度改革，现代市场经济体制改革，现代收入分配体制改革，现代宏观经济体制改革。因此，我们对于新体制大规模建立时期的分析，最主要的是集中在这四个方面。

1. 现代产权制度改革

现代产权制度改革是我国经济体制改革的一项基础性改革。现代产权制度改革的主要内容包括两个方面：第一，改革原有的公有制经济，包括国有经济和集体所有制经济，但因为中国的集体所有制经济主要在农村，城市中的集体所有制经济是少数，而农村集体经济又是改革开放后最早推行联产承包责任制改革的经济成分，因而对原有公有制经济的改革，后来就主要表现为对国有经济的改革，国有经济改革成了对原有公有制经济进行改革的焦点。第二，大力发展非公有制经济，造就出一种新的经济成分，并通过发展这种新的经济成分而使中国产权制度转变成为混合经济体制。

首先讨论国有经济改革问题。在改革实践中，国有经济改革一直是中国学术界争论最多的问题。在一些同志来看，国有经济是社会主义经济的基石，是绝对不能改革的，似乎改国有经济，就是改变了社会主义经济的性质。但是国有经济严重缺乏活力和亏损巨大的事实，是谁也无法否定的，因而实践对国有经济发起了强有力的变革挑战，最终使得我们不得不改革原有的国有经济。改革过程中曾出现过不少思路和方法，但最后基本上集中在这样的改革思路上：凡是不属于国家经济安全和国民经济命脉的国有经济，都要变革成为非国有经济，实行非国有化；凡是属于国家安全和国民经济命脉的国有经济，我们也不再实行国有独资的方式，而是要发挥混合经济的作用，即走向股份化，充其量是国家控股的问题，而且控股不一定都采取绝对控制方式（即占51%以上的股份），而是要大量采取相对控股的方式（例如只控股20%～30%）。因此，自中共十五大以后，非国有化和股份化，就成了国有经济改革的基本方向，而且取得了巨大成就。但是，在2004年初，有人以国有经济改革中的某些操作漏洞和权钱交易对改革的损害为切入点，大讲国有经济改革就是“国有资产流失”，提出了所谓的“国有资产流失论”。因为这种提法最易于引发民怨，因而国有经济改革实际上在一段时间内被中断。但是人们很快发现，所谓流失论，实际上并不是表明改革改错了，而是权钱交易对改革产生了巨大的损害，这正说明了改革的重要性和迫切性，因而国有经济改革在停滞了一段时间后，又开始重新启动，并且不断获得巨大成功，例如国有银行的股份化等重大改革不断得以推进。但是最近随着一些具有着雄厚垄断地位的央企的垄断利润的上升，有人又开始大讲国有经济是可以搞好的，不一定要搞非国有化和股份化的改革，甚至提出央企要在各个产业领域占据前三名的地位，并进而强调国有经济的所谓控制力。由此可见，国有经济改革还需要不断推进，尤其是要不断冲破传统社会主义经济理论的束缚。

在推动国有经济改革的同时，我们大力推动非公有制经济的发展。可以说，大力发展非公有制经济，是我国现代产权制度改革的一项根本性战略举措。正是因为大力发展非公有制经济，才使得我国彻底摆脱了短缺经济的格局，非公有制经济在经济增长、就业、税收、技术创新等方面的巨大贡献，已成为举世瞩目的事实。

尤其是非公有制经济引发了我国传统产权制度的变革，形成了充满活力的混合经济体制。但是我们对于发展非公有制经济，并不是一种理论上的自觉行为，而是在实践的推动中才不断地从不自觉走向自觉的。大家知道，我们是在1978年的经济困境中才允许非公有制经济存在的，而且当时并没有对非公有制经济做出应有的评价，而只是将它定义为“社会主义经济的必要补充”，因而非公有制经济一开始是被限制于小生产和流通之中的。但是非公有制经济具有强大的生命力，只要你允许它存在，它就会到处发芽、开花和结果，而不会只限于被人为限制的狭小范围内，因而到了1997年中共十五大的时候，它已不再是“必要补充”，而是占据了“半壁江山”，因而我们开始承认它是“社会主义市场经济的重要组成部分”，尤其是中共十六大和十七大，我们开始承认它与公有制经济具有同等的“国民待遇”，并强调非公有制经济要在法律上和竞争上同公有制经济具有平等的地位，即人们所讲的“两个平等”。由此可见，非公有制经济的发展过程，也是我们在理论上不断创新的过程。

上述以国有经济改革和大力发展非公有制经济为特征的现代产权制度改革，引发了整个社会主义经济体制的变革和社会体制的变革。例如，资本这种生产要素不仅同其他生产要素一起创造了财富，而且也按贡献一起参与了财富的分配，最终形成了按要素贡献分配收入的分配体制。又例如，随着对产权的认可和保护，我们在人权体系上不仅仅尊重人们作为自然人所拥有的所有权利，而且也尊重人们作为财富拥有者所拥有的财产权，从而形成了以尊重人权、尊重财产、尊重契约为特征的法治社会。再例如，在现代产权制度的基础上，我们开始形成混合经济体制，这种混合经济体制不仅使得整个国民经济充满活力，而且也为社会和谐的形成创造了良好的体制基础。总之，现代产权制度改革是我国经济体制改革的最为重要的基础性改革，是新体制形成的深厚基础和出发点。

2. 现代市场经济体制改革

市场经济问题在中共十一届三中全会后我们就开始触及了，但那个时候人们往往并不直接提市场经济，而是强调市场机制和市场调节，因为那个时候我们还将市场经济当作资本主义范畴来批判，不允许公开讲我们要搞市场经济。自 1978 年的十一届三中全会开始至 1992 年邓小平同志南方谈话之前，人们似乎从实践中已经感知到我们必须要搞市场经济，但又因为受传统社会主义经济理论的束缚，不能在全党意识上突破市场经济这个理论禁区，因而曾经在党的决议上有过三个不承认市场经济，但又试图发挥市场机制和市场调节的作用的提法。一个是 1978 年提出“以计划经济为主，市场调节为辅”；一个是 1984 年提出“计划经济与市场调节相结合”；一个是 1987 年提出“国家调节市场，市场引导企业”，其中后一个提法当时因为有主张市场经济之嫌，所以在 1989 年风波后批评市场化改革方向的时候，这个提法就又被放弃了，重新回到“计划经济与市场调节相结合”这个提法上。由此可见，市场经济这个理论禁区在当时是不允许染指的。

因此，在这段时间，当时主张中国要搞市场经济的同志的理论表现分为两种情况：一种是公开主张搞市场经济，不过，他们的观点一般很难在主流媒体上发表。另一种是变相地主张中国要搞市场经济，他们将市场调节和市场机制当作与市场经济相同一的范畴来使用，将计划经济当作与宏观调控相同一的范畴来使用，强调市场调节和市场机制的基础性调节作用，把计划经济的作用限定于宏观调控的范畴之中。我曾详细地拜读过这些同志的论著及文章，他们所讲的市场调节和市场机制，和我们现在搞的市场经济在内容上并无任何区别，只不过是叫法不同而已；他们所讲的计划经济和现在人们所讲的宏观调控在内容上没有太大的差别，只不过是表达方式上有些差异而已。因此，在当时条件下，许多主张中国要搞市场经济的同志，只是因为中央还未正式承认中国要搞市场经济，所以不得不用变相的方式将中国改革向市场经济的方向上推动，这也是中国经济学界的特有现象。

直到1992年邓小平同志南方谈话之后，我们才正式承认了市场经济，在中共十四大上提出要建立社会主义市场经济体制。自1978年党的十一届三中全会开始到现在的四十多年中，我们就市场经济问题实际上主要讨论了四个问题：第一，中国到底要不要搞市场经济？争论的结果是中国必须要搞市场经济。第二，中国应该搞什么样的市场经济？曾经有过现代市场经济、社会主义市场经济、社会主义条件下的市场经济等提法，但最终的正式提法是搞社会主义市场经济，其最基本属性是现代市场经济。第三，中国如何搞市场经济？对于这个问题，中共中央曾经发过两个关于发展和完善市场经济的文件，一个是中共十四届三中全会关于建立市场经济体制的决定，一个是中共十六届三中全会关于完善市场经济体制的决定。这两个决定提出中国搞市场经济必须遵守市场经济原则，建立包括市场体系、市场机制、市场秩序在内的完善的市场制度，并根据市场经济要求而改革经济体制的各个方面，形成完善的市场经济体制，包括形成适应市场经济要求的收入分配体制、农业经济体制、区域经济体制、宏观经济体制等。第四，搞市场经济会出现什么问题？实践中人们认识到，搞市场经济最容易出的问题是腐败和行政性垄断问题，我们要防止和消除在从计划经济向市场经济转轨的过程中，出现各种权力寻租的问题，要把反腐败和消除行政性垄断作为重要问题来抓。市场经济本身并不会引发腐败和行政性垄断，腐败和行政性垄断恰恰是市场经济的对立物，但在从计划经济向市场经济转轨的过程中，确实某些体制漏洞会引发腐败和行政性垄断，因而要大力反腐败和反行政性垄断。

市场经济改革现在虽然在我国取得了巨大的成就，那种以姓社姓资的观点来批评市场经济的观点已经基本上丧失了市场，但是仍然有人对市场经济存有偏见和疑虑，例如 2004 年就有同志公开发表文章说市场经济搞多了，计划经济搞少了。这种观点虽然已经没有了意识形态方面的色彩，不再将市场经济作为资本主义范畴来批判，但却往往以关注民生的面貌而出现，例如认为市场经济带来了收入差距过大，引发了下岗失业，降低了一些人的生活水平，等等，因而这种观点是有社会基础和容易引起民怨的。因为现在还有不少人经常把破产和失业同市场经济联系在一起，将收入差距同市场经济联系在一起，似乎市场经济给人们带来的不仅仅有效率，有财富的快速增长，还有痛苦和麻烦。实际上，这种观点是不对的。因为，市场经济作用的结果确实会引发企业破产和个人失业，但这并不是市场经济的错，而是某些企业和个人的经营行为及能力已经不能适应经济发展的需要了，需要“退场”了。市场经济只是作为裁判而将他们罚下场而已，因此，错在被“罚下场”的人和企业的自身，而并不在于市场经济。市场经济在这里只是作为一个评价和处罚的指标体系而存在，我们不能把破产和失业的账都算在市场经济的头上。尤其是我们应该看到，市场经济在将有些企业和个人罚下场的同时，也强调对被罚者要有各种各样的保障，例如要有各种保险和再保险，因而市场经济本身也是社会稳定器，因为它在使一些人失业和破产的同时，也在千方百计地消除破产和失业所带来的各种社会问题。由此可见，市场经济改革的方向绝不能动摇。

3. 现代收入分配体制改革

收入分配体制是由产权制度和资源配置方式决定的，因而我国经济体制改革中的现代产权制度改革和现代市场经济体制改革，也就必然引发了现代收入分配体制的改革。可以说，现代收入分配体制改革是我国经济体制改革的重要内容。当然，同现代产权制度改革和现代市场经济体制改革一样，现代收入分配体制改革也经历了一个缓慢变革的过程。

在改革开放刚刚开始的几年中，我们对于收入分配体制改革的讨论，基本上集中在两个方面，一是清理极“左”思潮在收入分配体制上的影响，例如“文革”十年中“四人帮”鼓吹按劳分配也反映着资产阶级法权，要破除资产阶级法权，连按劳分配原则都要否定，所以在刚刚改革开放的时候，人们所讨论的所谓的收入分配体制的改革，实际上就还只是强调要恢复和坚持按劳分配的原则而已；二是批评传统收入分配体制是一种平均主义的“大锅饭”体制，认为形成这种大锅饭体制的主要原因，是因为没有真正贯彻按劳分配原则，没有反映人们在劳动上的效率差异，因而改革开放刚刚开始后，人们在讨论收入分配体制改革时，还只是认为收入分配体制改革的关键，是在于真正贯彻和完善按劳分配原则。由此可见，在改革开放刚刚开始后的最初几年，我们实际上还并没有真正进入现代收入分配体制的改革中，基本上还停留在完善传统收入分配体制的基本原则的问题上。像按要素贡献分配这样的原则，尤其是像按资本贡献分配这样的原则，当时还根本没有触及到，因为那时人们还认为按资分配是资本主义经济原则，只有按劳分配才是社会主义经济原则，因而当时人们认为收入分配体制改革的基本方向，是应该更好地贯彻按劳分配原则，按照每个人的劳动贡献而分配财富。

不过，由于我们在改革开放一开始，就推行了农村的联产经营责任承包制，就承认和允许了非公有制经济在一定范围内的发展，就注重了市场机制在一定程度上的作用的发挥，所以现代收入分配体制的某些原则和机制，在当时也就随之开始发挥作用了。例如，市场机制开始发挥按效率分配的作用，按资本贡献分配收入的原则也开始起作用，那些拥有财产的人也开始获得了资本性收入。正是因为现代收入分配体制的某些原则和机制开始起作用，所以就很快打破了原有的收入分配上的平均主义格局，使社会上出现了收入分配差距开始拉大的趋向。但是，由于当时现代收入分配体制的某些原则和机制还仅仅是在体制外起作用，而体制内（包括政府与事业单位、国有经济和集体经济、高等院校和科研机构等）当时还基本上实行的是传统的行政性收入分配体制的原则，所以当时的收入差距主要表现为体制内与体制外的收入差距，出现了“搞导弹的不如卖鸡蛋的”这类所谓的脑体倒挂现象，也出现了“国有收入不如集体收入多，集体收入不如个体收入多”的这类体制差异现象。正是由于这种收入差距的吸引，所以当时出现了大量的从体制内“跳入”体制外的所谓“下海”现象。

对于收入差距拉大，在20世纪80年代后期和90年代初，学术界产生了一场争论，主要有两种观点：一种观点认为，这种收入差距形成的主要原因，是因为经济生活中存在着“双轨”制，有两种不同的收入分配原则在起作用——一种是传统收入分配体制中的行政性收入分配原则，体制内的收入分配主要是这种原则在起作用；另一种是新体制的市场化收入分配原则，体制外的收入分配主要是这种原则在起作用，因而我们解决问题的关键，是要实行体制“并轨”，实行统一的新体制的市场化收入分配原则。另一种观点则认为，市场化收入分配原则属于资本主义经济范畴，例如按资本贡献分配收入这类原则，就是资本主义收入分配制度的主要原则，因而我们绝不能实行“并轨”性改革。我们解决问题的重点，在于限制甚至取消市场化收入分配原则，真正实行按劳分配的体制。由此可见，对于建立现代收入分配体制的问题，当时人们还并没有取得统一认识。

一直到了邓小平同志南方谈话之后，尤其是中共十四大之后，我们才开始真正进入现代收入分配体制的改革中，逐渐提出了下述重大改革决策：我们要按照要素的贡献分配收入，既要按劳动贡献分配收入，也要按资本贡献分配收入，实现按劳分配与按资分配的有效结合；我们既要在收入分配中强调效率，同时也要强调公平，实现效率与公平的有效结合；现代收入分配体制体现于整个国民经济运行的全过程，因而它既包括初次分配过程和再分配过程，也包括第三次收入分配过程，是三次分配过程的有效结合。

按照上述的原则，我国在中共十四大之后，逐步形成了现代收入分配体制的基本框架：初次收入分配过程表现为市场对企业的分配，企业对各种生产要素的分配。其分配基点是按贡献分配，包括市场按企业贡献给企业分配。也包括企业按要素贡献给要素分配，因而这里实行的是效率原则。谁的效率高，谁的收入就高，公平在这里表现为按效率分配，越坚持了按效率分配的原则，就越体现了公平精神。但是初次分配的收入还属于不可支配收入，其分配结果还要经过再分配过程的调节。调节的重点是解决收入差距过大的问题，调节的机制包括累进的所得税制度、转移支付制度和社会保障制度，前者是将过高收入调节下来，并通过转移支付制度而使低收入者的收入能达到应有的水平，而且使低收入者享有各种应有的社会保障，因而再分配过程贯彻了公平原则，即防止收入差距过大的原则。因为收入差距过大，会使人们有不公平感，但是这里讲的公平与初次分配过程中的公平有所不同。不过，再分配过程完成之后，并没有标志着收入分配过程的终结，再分配过程还要经历第三次收入分配过程的调节，也就是有些高收入者还会根据自身的价值取向，以道义性的慈善事业方式，向社会进行各种捐赠，这种道义性的收入分配过程，虽然没有强制性，但随着社会经济的发展，也会成为收入分配过程的重要环节，它有效地促进了和谐社会的形成和国民经济的可持续发展。

由上述分析可见，现代收入分配体制充分体现了效率原则与公平原则的有机结合，是国民经济高效快速发展和建立和谐社会的基础，对经济发展和社会进步都具有重大作用，因而我们应该坚定不移地发展它和不断地完善它。但是，近期有人以收入差距过大问题为由，开始指责甚至试图否认现代收入分配体制，认为这套体制虽然带来了效率，但也损害了公平，硬是把损害了公平的帽子戴在了效率的头上。这是不对的。引发我国收入差距过大的重要因素是权钱交易性腐败和各种行政性垄断，因而我们现在的问题不是要否定现代收入分配体制，而是要深化改革，消除腐败和各种行政性垄断。当然，收入差距过大确实也与现代收入分配体制有某种关联，例如在按要素贡献分配收入的条件下，那些资本拥有量太少甚至没有资本的人，其资本性收入就会显得太少甚至没有资本性收入，所以他们的收入就低。与拥有大量资本收入的人的收入相比，就会显得收入差距过大，但是我们并不能为此而否定按要素贡献分配的原则，因为这并不是由于实行按要素贡献分配的原则而引发的，而是由于有些人的资本数量太少甚至没有资本而引发的，所以我们的选择只能是深化改革，有效增加人们的财产，使人们都能拥有应有量的财产，提高人们的财产性收入在自身收入中的比例，从而缩小收入差距。总之，我们必须要坚持现代收入分配体制的改革方向。

4. 现代宏观经济体制改革

现代宏观经济体制改革，是我国经济体制改革的四项基础性改革之一。宏观经济体制改革的重点，在于重新塑造政府与企业的相互关系，减少政府对企业的行政干预，充分放活企业，让企业成为市场主体，而不再是被政府直接进行行政干预的“生产车间”。因为，在现代产权制度和市场经济体制下，企业作为独立的法人主体，有权根据自身的利益要求和价值取向，在市场经济中选择自身的经营方向和经营规模，接受市场经济的调节，实现自身利益和社会利益的最佳组合。由此可见，在现代产权制度和市场经济体制下，国家宏观调控既不可能再直接控制企业，也不可能再直接控制市场价格机制，而只能调控宏观经济变量，通过宏观经济变量的变化而影响市场价格机制，并通过市场价格机制再影响企业，从而使得国民经济高效而有序地运行。

在现代宏观经济体制下，国家调控宏观经济的重点在于调控首要的宏观经济变量，即总供给与总需求的相互关系，既要防止出现总需求膨胀，也要防止出现总需求不足，最终要实现总量平衡。因为影响总供给与总需求的相互关系主要有三个因素，一个是货币因素，一个是财政因素，一个是国际收支因素，因而国家调控总供给与总需求的相互关系的举措，主要是三大宏观经济政策，即调控货币因素的货币政策，调控财政因素的财政政策，调控国际收支因素的国际政策（包括国际贸易政策和外资外汇政策）。这三大宏观经济政策是相互联动和相互影响的。例如，从 1998 年起，我们为了调控当时的总需求不足，在国际政策上实行了旨在扩大出口的出口退税政策，在外资政策上实行了旨在吸引外资的更加优惠的政策，从而通过扩大出口而缓解了总需求不足的压力，并且最后解决了总需求不足问题，但是这种政策调整也使中国经济产生了过度依赖出口的倾向，形成了以出口、投资、消费为序的拉动经济的增长模式，结果导致国际收支严重失衡。国际收支失衡又引发了货币发行上的“外汇占款”过大，最终引发了流动性过剩，总需求过速上涨，严重供不应求，价格全面上涨，也就是形成了需求拉动型价格上涨，因而我们现在必须要调整国际政策，减少顺差和外资的过度流入，解决国际收支失衡问题，从而减少人民币发行“外汇占款”的过大压力，解决流动性过剩问题，并进而稳定价格体系。由此可见，现代宏观经济体制需要三大宏观经济政策的有效配合。

现代宏观经济体制的建立，需要全面改革政府管理经济的体制和财政金融体制。改革政府管理经济的体制的重点，在于使政府彻底地退出资源的配置活动。资源配置的基础性机制是市场而不是政府，从而使政府从生产经营性主体转变成为社会经济活动的公共管理者，重点在于服务，成为服务型政府。金融体制改革的重点，在于实行货币政策制定主体、金融企业、金融监管这三者彻底分开的三分开金融体制，强化央行在货币政策上的独立性，并使包括银行及券商在内的所有商业性金融机构彻底企业化，建立现代企业制度，而金融监管机构的职责在于对金融性企业的经营活动实行有效的监管。财政体制改革的重点，在于从经营性财政，转向公共性财政。财政的重点不在于创办和扶持国有企业，而在于对公共产品的投资和维系。正是基于这样的认识，我们在改革开放以来，不断推动了政府体制、金融体制、财政体制的改革，初步形成了现代宏观经济体制的基本框架。

在现代宏观经济体制下，国家对于总供给与总需求的相互关系的调控，虽然也涉及对总供给的调控，但最主要的还是通过对总需求的调控而调控总需求与总供给的相互关系，因而有时人们将这种调控称之为需求管理。但是自 2003 年以来，这种需求管理似乎还不足以保证总供给与总需求的相互关系的协调，尤其是有时需求管理似乎还难以有效实现对国民经济的快速调控，因而有人据此认为，仅有这种需求管理还是不够的，我们还应该注重供给管理。这些人士敏锐地发现问题是对的，但是出现问题并不是因为仅有需求管理不行，而是因为我国的经济体制的改革还没有全部完成，体制上还仍然存在不完善的地方，正是这种体制的不完善而使得需求管理难以到位，达不到应有的调控效果。例如，我国近几年导致需求管理效果不佳的重要原因是土地问题，拥有土地的农民实际上并不是土地的所有者，土地的最终所有者实际上是政府，尤其是土地出售所带来的好处的享受者是各级地方政府。各级地方政府为了自身的发展利益，往往以便宜的价格从农民手中拿走土地，并以高价转让给开发商，从而获得了巨大的收益。这种巨大的收益推动了投资需求的不断超常上涨，从而使得需求管理难以奏效，但这里的问题并不是需求管理不行，而是体制的严重扭曲导致了问题的发生。又例如，我国目前的收入分配体制导致了居民收入在国民收入分配中的比例太低，在初次分配中的比例太低，尤其是居民收入中的财产性收入比例太低，所以使得居民消费需求不足，这种居民消费需求不足又导致了大量企业将出口作为重要的市场战略，从而使得出口顺差太大，人民币发行的“外汇占款”太大，流动性过剩，价格全面上涨，但这并不是需求管理的效力不够，而是由于体制的不完善而导致的。因此，我们在宏观经济体制上要调整的并不是加强供给管理的问题，而是要深化改革，即供给侧结构性改革。需求管理与供给侧结构性改革并不矛盾，是相辅相成的。优化供给是市场经济的功能，只要体制完善，市场经济是能发挥好此功能的。如果不深化改革而只强调加强供给管理，势必会影响到市场经济主体的权益，从而有损市场经济。供给学派强调优化供给，但它是认为优化供给是市场经济的功能，而不是政府的功能，因而供给学派是属于制度学派，即强调制度的创新和技术的创新，而不是强调政府的“英明”。总之，我们应该坚持现代宏观经济体制的改革方向，不能动摇。

5. 企业改革

企业改革一开始因为受农村承包责任制的影响，基本上采取了承包责任制的方式。这种承包责任制虽然对提高企业经营效益发挥了较大的促进作用，但是很快暴露出其缺陷。第一，工商企业经营活动不像农业生产经营活动那样简单，仅仅是依靠土地，而是更多地依赖于设备及技术，在设备折旧及技术贡献方面，当然也不像确定土地贡献那样简单，而是很复杂的。这就决定了承包者与企业所有者必然存在实在难以很好处理的各种纠纷，承包活动也就难以正常地有效维系。第二，工商企业承包者往往只考虑承包期自身的收益，不会考虑企业的长远发展利益，因而在设备投资及技术创新上不会有长期战略，这就导致依赖于设备更新及技术创新的工商企业难以长期高效发展，甚至出现设备被过快折旧及技术被盲目淘汰的情况，也就是企业短期利益与长期利益是冲突的。第三，承包者因为并没有企业的股权及控股权，因而受股权及控股权所制约的企业技术创新及设备更新，实际上很难进行，这就导致企业缺乏持续性，没有长期的发展后劲。承包期一到，企业可能成为一堆废铜烂铁。第四，承包者没有所有权，因而对企业的深层改革缺乏动力，诸如涉及企业产权制度及公司治理等方面的改革就难以进行，劳动人事制度及收入分配等问题当然也难以进行真正的改革，而这些改革恰恰是国有企业所需要的。第五，承包制不涉及企业产权制度变革及企业公司治理改革，当然不可能解决国有企业深层次的问题，只能进行表层的一些调整，这种调整往往会因为承包者在利益上的较高收益，而引起相关利益者的不满，也就是所说的“红眼病”，因而最终会因为各种原因而终止承包，使承包制无法深入持续推进。

总之，因为各种原因，以承包制为特征的国有企业改革最终消失了。到了90年代中期，国有企业改革逐渐形成了以“抓大放小”为特征的改革，包括“放小”与“抓大”两个部分。

第一，“放小”。

所谓“放小”，就是使大量中小国有企业在改革中走向了非国有化方向。当时我国的国有企业户数达几百万之多，有中央政府创办的，也有省、市、县、乡镇政府及相关行政事业单位创办的，但绝大部分是中小企业。这些中小国有企业当时有五个特征：一是亏损严重，二是负债率高，三是技术设备落后，四是人浮于事，五是效率极为低下。根据这种情况，对中小企业实行了非国有的改革举措，主要推动了两种非国有化方式：一是资产重组，即由民营企业以资产重组方式将一些中小国有企业转变为民营企业；二是股份化，即由企业经营者或者全部员工以股份制方式将一些中小国有企业改革为非国有的股份制企业。

在推动中小企业的非国有化过程中，主要是处理了三件事：一是以资产收益的定价方式将国有资产全部出售；二是除了有偿债能力的企业承担应有债务外，以资产冲销债务的方式处理了那些债务过高的企业的债务，有些债务过高的企业甚至是“零资产收购”；三是以买断工龄的方式将国有企业职工身份转变为市场化身份，打破了国有企业的“铁饭碗”人事制度。

在“放小”的改革中，虽然也出现了一些反对声音，例如质疑国有资产流失，甚至出现了一些社会动荡，但总体推进很顺利。这种“放小”的改革实际上为民营经济发展带来了巨大的社会基础及发展空间，所以当时出现人们称之为民进国退的重要社会现象。对于“放小”的改革，虽然现在仍然有些人有质疑，但总体应该是成功的，对国有企业改革有重要战略意义。

第二“抓大”。

所谓“抓大”，就是对大型国有企业不搞简单的非国有化改革，而是搞“系统性”改革，其中主要包括以下举措。

一是调整领导体制。相继组建了国家国有资产管理局、经贸委来管理国有企业，最后是组建了国资委管理企业，将原来管理国有企业的政府机构全部取消。原来我们管理国有企业实行产业部方式，基本上一个产业一个部，例如纺织有纺织工业部、化工有化工部、煤炭有煤炭部、冶金有冶金部，等等。这次“抓大”的改革对政府体制改革起到了不可估量的作用。

二是推动公司化改革，将工厂制全部转向公司制，而且推动一些国有企业改为股份制，并使一些国有企业上市。公司制改革当然涉及企业产权制度及公司治理等方面的改革，已经涉及企业的深层次改革。尤其是后来提出混合经济体制改革，为国有企业开启了更为深层次的改革。

三是剥离社会，使国有企业真正成为企业。企业办社会是国有大企业的重要特征，例如不少企业有工人子弟学校，有职工医院，甚至有自己的公安系统，完全是一个封闭的“小社会”。这样既导致企业效益低下，而且所办的“社会”也效益低下。因此，在改革中逐渐剥离了这些“社会”，完成了向真正的企业的转化。

四是改革用工制度，使国有企业职工身份发生根本转变。国有企业员工原有的身份特征是“铁饭碗”，干好干坏一个样，一旦成为国有企业员工，国家就必须“全保”，医疗、养老、子女教育及就业，企业都必须承担。这种劳动人事制度与市场经济完全对立。因此，在改革中逐渐改变国有企业职工的身份，使他们从国有化身份转向市场化身份。企业可以自由选择职工，职工也可以自由选择企业。这个改革过程中曾经出现过买断工龄的做法，而且一年工龄给一个月工资，这种做法对于在国有企业就业不长的人来说是可以的，但对就业较长的人是不公平的，应该为他们建立相应的社会保障制度。这种做法后来导致一些职工不满而上访，并引起了一些社会动荡，后来国务院根据实际情况，提出凡是在上述改革中所涉及的职工，只要在退休前补缴够 15 年的退休保障金就可以享有退休保障。

五是降低国有企业负债率。在国有企业改革中，我们曾经实行过一个拨改贷的做法，即国有企业资金来源不再依靠国家财政拨款，而是改由向银行贷款，据说为了增加国有企业的责任，因为借钱是要还的，而财政拨款则可以不还。这种做法实际上是有问题的，因为既然国家创办了企业，就应该拨付资本金，不能只让企业向银行增加贷款。这种做法的结果是国有企业负债率过高。因此，后来启动了债转股的改革，并因此成了四大国有资产管理公司，帮助企业逐渐降低了负债率，当然国家也为此承担了责任，冲销了几万亿的国有企业呆坏账。

总之，20 世纪 90 年代到 21 世纪初“抓大放小”的国有企业改革，为后来国有企业改革打下了很好的基础，并形成了一些为未来改革很有指导意义的共识：强调国有企业应该从竞争领域撤出，国有企业要走向混合经济，县市级政府不宜再创办国有企业等等。

三、新体制磨合期的任务和特点

从上述分析可以看出，新体制是以强调效率，强调竞争为特点的，因而新体制必然会使失业、破产、收入差距拉大等现象产生。这些现象虽然不是新体制带来的，而是因为某些企业及个人适应不了竞争需要而形成的，但是社会必须要解决这些问题，要形成解决这些问题的体制。这个过程，就是我们讲的新体制磨合期。新体制磨合期不是要改变和放弃新体制的某些内容，而是要巩固和完善新体制。巩固和完善新体制，与新体制框架的大规模建立，虽然在基本思路和做法上没有什么根本性区别，但确实也存在着一些差异，例如和谐社会、科学发展、民生问题、社会公平等问题，都会成为新体制磨合期的热点问题，不像新体制框架大规模建立时期那样，讨论最多的是产权制度、股份制、市场经济体制等问题，这就需要我们认真分析和研究新体制磨合期的新的热点问题，从而使得新体制能在磨合期得以巩固和完善。

1. 构建和谐社会

如上所述，新体制有两个重要的组成部分，一个是财产制度上的多种经济成分并存，一个是经济运行上实行市场经济体制。这两个重要组成部分的显著特征是承认差别，并强调差别，因而新体制的推进必然会形成以财产拥有量而区分的不同的社会阶层。这些不同的社会阶层虽然在根本利益上是一致的，但它们之间也会有摩擦甚至出现矛盾。如何面对这些不同社会阶层之间的摩擦和矛盾？一种方式是否认多种经济成分并存的财产制度和市场经济体制，也就是否认改革和新体制，回到没有任何阶层差异的传统体制；另一种方式是承认多种经济成分并存的财产制度和市场经济体制，也就是承认改革和新体制，并在此基础上通过社会和谐而使新体制能够有效运转，实现各个不同社会阶层的和谐。很显然，第一种方式是“死胡同”，它不会有任何民众基础，因为任何一个民众，无论是高收入者，还是低收入者，都不会想再过过去那种传统体制下的穷日子和苦日子。因此，我们只有选择第二种方式，也就是通过推动社会和谐而巩固多种经济成分并存的财产制度和市场经济体制。

社会和谐的前提是承认多种经济成分并存的财产制度和市场经济体制，承认由于这两者而形成的不同社会阶层，因为只有它们的存在，我们才需要强调社会和谐，通过社会和谐而实现它们之间的协调发展。如果没有它们，或者不承认它们的存在，那就无所谓社会和谐问题，而是社会同一了，因而强调社会和谐就失去了应有的基础和意义。无阶层差别是强调社会同一的问题，有阶层差别才需要强调社会和谐。因此，我们强调社会和谐，并不是要否认多种经济成分并存的财产制度和市场经济体制，而是要为它们的有效运行创造良好的社会基础。由此可见，那种认为强调社会和谐就是要改变多种经济成分并存的财产制度和市场经济体制的思潮是不对的。这种思潮是以民众利益为幌子的新“左派”思潮，实际上是利用民众对新体制的某些不完善之处的不满情绪，而试图否认新体制，因而这种以民众利益为幌子的新的“左”的思潮值得人们警惕。

正是因为社会和谐并不是否认多种经济成分并存的财产制度和市场经济体制，而是要有效协调在它们运行中而形成的各社会阶层之间的相互关系，从而为新体制运行创造良好的社会基础和环境，因而社会和谐的真正含义得以体现。

第一，承认和保护各个社会阶层的应有经济利益，任何人和机构都不能任意剥夺和危及任何个人及阶层的财富，要通过《物权法》等法律制度平等地保护各种类型的财产，对不同社会阶层的经济利益一视同仁，没有财产上的任何歧视。因此，“打富济贫”并不是社会和谐的要求，它恰恰有悖于社会和谐的基本原则。保富消贫才是社会和谐的目的。所谓保富消贫，就是指要承认富有阶层的经济利益，但同时要消灭贫穷，在承认富有阶层的经济利益增长的同时，也要更加注重贫穷者的经济利益的有效增长，把贫穷者的经济利益的增长，作为社会发展的重要任务，从而不断推动贫穷者的利益上升，实现有利益差异的全社会不同阶层的经济利益的共同增长。因此，承认不同社会阶层的应有经济利益，并保证他们在经济利益的差异下而实现利益的共同增长，是社会和谐的内在含义。

第二，实现不同社会阶层的利益共同增长的经济机制，就是累进的所得税制度、收入保障制度和转移支付制度的内在统一。这套制度可以通过转移支付而使高收入者的收入的一部分转变成为低收入者的收入，从而实现人们在经济利益上的有差异性的和谐。高收入者的一些收入通过累进所得税而转向低收入者，这表明高收入者是最有效率的人，同时也是最有社会公德的人，因为它们将自己的一些收入贡献给了社会，因而这种体制虽然使高收入者的收入转向了社会，但它却肯定了高收入者的社会贡献，即：他们既有效率，又能兼顾公平，是应该受人尊敬的社会群体。这里需要强调的是，我们应该大力表彰那些高纳税者，因为他们是实践社会公德的重要群体。最近看到我们有的单位在搞社会公德的评选活动，但评选出来的人，并没有高纳税者，而是一些帮老扶幼者。帮老扶幼者有社会公德，应该表扬，但为社会高纳税者，也是具有社会公德的群体，也应该得到社会尊重。

第三，维系不同社会阶层的经济利益和谐的关键，是要尊重人权和财产权。在人权和财产权面前，人人平等，没有任何社会阶层的差异。因此，任何个人及社会阶层，不能以任何原因而危及别的社会阶层及个人的人权，当然也不能以任何理由剥夺别的社会阶层或个人的合法财产。所谓人权面前人人平等，就是指各个社会阶层在人权上平等，特别是要求社会必须关注弱势群体的人权，要使他们拥有和别的阶层相同的致富机会，在机会上均等，同时也要使他们的最基本生活条件能得以保障。他们的最基本医疗卫生条件能得以保障，他们的子女的义务教育及其他教育能得以保障。一句话，要保障弱势阶层的人权。所谓财产权面前人人平等，就是指社会要维系各个社会阶层的合法财产，任何人都不能侵犯和剥夺别人的合法财产，在财产权面前人人是平等的，不存在剥夺者和被剥夺者的问题。人类社会的发展史告诉我们，维系财产权，是非常有利于社会和谐的，因为如果不尊重财产权，合法财产不能得以有效保护，那就会使有些人总想不通过自身的努力而获得财富，这就必然助长社会的不正之风，从而就会使社会不稳定，人们都有恐惧心理，尤其是高效率者有恐惧心理，这就必然很难稳定社会关系的和谐，难以稳定社会秩序。总之，社会和谐的关键是尊重人权和财产权。

2. 坚持科学发展观

新体制的最主要特征和最大贡献，是将经济发展和社会发展作为了第一要务，强调“发展是硬道理”，因而新体制极大地推动了中国经济和社会的快速发展。其发展成就举世瞩目，不仅使中国民众乐享其成，而且成为世界关注的亮点。因此，发展是第一要务的基本战略不能变，放弃了发展是第一要务，就等于放弃了新体制。当然，我们的发展中也存在着某些不尽如人意的地方，尤其是当发展使我国的经济总量已在GDP上突破20万亿元人民币之后，也就是发展总量十分巨大之后，也遇到了新的挑战。如何面对这些不尽如人意的新挑战？唯一的选择就是推进科学发展。科学发展并不是不发展，更不是放弃新体制，而是要完善发展和应对发展中的新挑战，也就是要巩固和完善新体制，使发展具有更高的质量和雄厚的基础。有人试图用科学发展观而否定新体制，似乎新体制所推动的发展是有问题的。这种思潮值得重视。实际上，中央所强调的科学发展的第一要务，仍然是发展，发展是不能动摇的，现在的问题只是如何完善发展和应对发展中的新挑战，而不是要不要发展的问题。因此，科学发展观的真正含义在于如下内容。

第一，在发展中注重增长方式的转变，要从过去的粗放型增长方式转向高效益型增长方式。粗放型增长方式有两个严重不足：一是高消耗资源；一是高污染环境。这两个严重不足在经济发展的总量还不大的条件下，其弊端和危害似乎表现得并不十分明显，但是当发展到了经济总量十分巨大的时候，这种弊端就充分暴露出来了。例如，当经济总量较小的时候，污染并没有成为人们极为关注的焦点，但是当经济发展总量非常巨大的时候，污染就已经成为足以威胁到我们生存条件的因素了，我们必须要调节发展与环境的关系了。又例如，当经济发展总量较小时，高消耗资源并没有引起我们的充分关注，但当经济总量十分巨大的时候，资源就已成为严重阻碍我国经济发展的瓶颈了，因为人类社会已没有那么多资源供我们消耗了，我们必须要改变高消耗资源的发展模式了。因此，必须要转变经济增长方式，需要强调节约型经济，推动循环经济，调整人与自然的关系，使发展建立在人与自然关系相和谐的基础上。

第二，在发展中求得人与人的关系的和谐，使人们都能享受发展所带来的好处。也就是说，发展必须使人们的利益都能得到相应的增长，虽然我们不可能也不应该使人们的利益相同地等量增长，但必须使人们的利益在发展中都要有所增长，尤其是弱势阶层的利益也要得到有效提升。可以说，人们的利益在差异存在的条件下的共同提升，是发展中人与人的关系相和谐的最基本原则。对此问题，我已在本书的几个地方都会做深入的分析。发展不可能长期建立在利益不和谐的基础上，因而协调利益关系，是科学发展观的重要内容。

第三，在发展中协调好中国经济与世界经济的关系，尤其是处理好国际收支方面的问题。在中国经济的发展总量还比较小，其国际收支还不会对国内经济产生太大的影响，尤其是还不足以影响国际贸易和世界经济的时候，发展中的国际收支失衡问题显得并不突出，但是现在中国的经济规模已经很大，而且其国际收支失衡状况不仅影响到国内经济，而且也影响到国际贸易和世界经济的时候，国际收支失衡就成了我们在发展中必须要解决的问题。例如目前的国际收支失衡所引起的流动性过剩问题，以及流动性过剩引发的需求拉动型价格全面上涨的问题，就属于此类问题，需要我们认真解决。所以，科学发展观也包括了中国经济与世界经济关系的协调。

第四，在发展中协调好成本优势与技术优势的关系，注重提升经济发展的质量和水平。我国的经济发展在较长时期内都是靠成本优势而获得竞争力，也就是我们的劳动力成本及土地等生产要素较便宜，因而具有竞争上的成本优势，这也就是有些人士所讲的我们的比较优势。但这种比较优势已经开始丧失了，尤其是我们也不能再依靠劳动力成本的低廉而推动经济发展了。劳动力成本过于低廉，这不仅使得我国以劳动这个要素为生的人，收入长期不能得以提升，从而加剧了国内劳动与资本的矛盾，而且也使中国经济长期内需不足，迫使我们不得不开发国际市场，而出口过多所形成的顺差过大又增加了我国经济的流动性过剩的压力。尤其是成本优势往往表现为农民工的收入长期低下，基本生活难以提升，这就加剧了我国工业化与城市化的压力，因而是非常不利于发展的。我们不能靠牺牲农民工的利益而搞成本优势，把竞争力放在农民工收入低下的基础上。因此，我们必须在发展中实现发展方式的转轨，要从成本优势转向技术优势，推动技术创新。再造发展的新优势，是科学发展观的重要内容。

3. 实现社会公平

对于新体制所充满的活力以及它所带来的强大的效率作用，人们似乎基本上是认可的，并没有太多的分歧，但有人认为新体制过分强调了效率，而忽视了公平。注重效率而忽视公平，似乎是现在不少人对新体制的一种流行性评价，但这种评价是没有实践根据的，而且也不符合理论逻辑。这种评价的最根本错误，是将效率与公平绝对地对立起来了，似乎只要强调效率，就必然会有害公平，而要强调公平，就必然要放弃一些效率。实际上，效率与公平不是对立的，而是融合在一起的。试想，如果一个体制缺乏公平，那么它还能形成效率吗？如果一个体制没有效率，那么我们还能将其称之为公平吗？有人需要并认可那种没有效率的所谓公平体制吗？我想，不会有人想要那种没有效率的所谓的公平的。因此，效率与公平实际上是相统一的，不可分割的，效率包含着公平，公平反映着效率，它们之间不是相对立的，因而不是注重了公平，就会损害效率，更不是注重了效率，就会损害公平。所以，要科学地理解公平的问题。我们现在强调的公平，包含了以下的要点。

第一，公平并不是指社会收入的均等。在讨论社会公平问题时，有人经常将收入差距作为评价社会公平的重要指标，因而据此认为现在收入差距过大，从而引发了社会不公平。这种观点是非常值得商榷的。其实，传统体制下的“大锅饭”，虽然实现了人们收入的均等化，但它同样也是一种严重的社会不公平，因为它损害了贡献大的人的应有利益，多贡献而不能获得更多收入，这也是一种极度的社会不公平，正是因为这种严重的社会不公平，所以才极大地挫伤了人们的积极性，从而使得国民经济失去了活力，没有效率。因此，不能将收入差距作为评价社会公平的唯一指标，实际上收入均等不仅不能反映社会公平，而且还往往会严重地损害社会公平。我们评价社会公平的最主要指标，是看人们的机会是否均等，机会均等下的收入差异是正常的。当然，机会均等在现实中往往是很难以做到的，充其量只能是一种趋向，因而我们也要在承认收入差距的条件下，注重对收入差距的调节，但这种调节并不是因为收入差距反映了不公平，而是因为机会均等的条件没有充分实现，因而需要调节。我认为，在机会均等条件下，因为个人禀赋与努力而形成的收入差距，并不反映社会公平不公平的问题。这种差异的存在是正常的，这种差异本身就是公平。社会公平在于机会的均等，而不在于收入差距本身，从收入差距上很难判定公平与不公平。

第二，坚持公平的关键是消除行政垄断和权钱交易。人们对新体制有意见，例如有人认为新体制有些不公平，但这种意见并不是说效率本身引起了不公平，而是指未能加以改革的传统体制弊端带来了不公平。现在人们有不公平感的主要原因，是因为人们认为行政性垄断及权钱交易，使得一些人获得了并不是靠自身努力而获得的利益，因而人们反感的是行政性垄断和权钱交易。对于那些靠自身禀赋和努力而获得较多利益的人，人们并不反感，并没有认为这种情况也是不公平。因此，人们的不公平感并不是来自于效率本身，而是恰恰来自于和效率相对立的行政性垄断与权钱交易，因而不能把缺乏公平的帽子戴到新体制头上，不公平的现象是由传统体制的未能真正改过来的弊端而形成的。因此，要实现社会公平，关键是要深化体制改革，重点在于打破行政性垄断和消除权钱交易，这就要求我们必须在推进经济体制改革的同时，大力推进政府体制改革，完善民主政治，从而消除行政性垄断和权钱交易的体制基础，可以说，没有政府体制改革的深化，没有良好的民主政治，就不可能有真正的社会公平。

第三，公平并不是笼统地比较人们的财富。在讨论收入差距及社会公平时，人们经常将某些企业所有者的财富与普遍劳动者的收入相比较。这样比较的结果，当然使人们感到社会收入差距太大，似乎社会很不公平。但这种比较方法并不合理。因为，在企业所有者的财富中，有一种财富是属于企业法人财产，我们不能将这种法人财产完全等同于自然人财产。自然人财产与企业法人财产并不是一回事，甚至有本质性区别。企业法人财产虽然会给所有者带来一定的财富，但企业法人财产的主要作用在于维系企业的投资与经营活动，在更大程度上是为社会作贡献，例如为社会创造就业机会，为市场提供产品和服务，为政府提供税收，企业法人财产只有在完成这些社会贡献的基础上，才能给有所有者带来一定的自然人收入。因此，企业法人财产并不像自然人财产那样，全部是为个人利益服务的，例如，如果一个人有50万元的自然人财产，就可以直接将它们用于自己的个人消费，但是当个人财产表现为法人财产的时候，人们就不能随便将它用于自然人消费了。因此，不能将企业法人财产作为自然人财产，并用它去同普通人的自然人财产相比较，从而得出收入差距太大、社会不公平的结论。比较收入差距需要有科学的方法，切不可盲目将不应比较的收入放在一起胡乱比较，这样会得出错误结论的。

第四，公平是与法治社会相统一的。在讨论收入差距，进而评价社会公平问题的时候，我们应该有法治意识。所谓法治意识，就是要承认所有的合法性的事实。也就是说，我们现在在讨论收入差距，从而评价社会是否公平问题的时候，要看人们的收入是否具有合法性。在法治社会条件下，人们评价收入是否公平的标准，就是法律，所有合法性的收入都应该是公平的。无论高收入，还是低收入，只要合法，就是公平的，不能将合法的高收入看成是不公平的。收入的公平性不在于收入水平的高低，而在于收入是否具有合法性。影响人们收入的因素多种多样，但收入必须合法。合法的，就是公平的。公平性与合法性是相统一的范畴。因此，我们只有将法治观念引进社会公平问题的时候，才能真正分清何谓公平，何谓不公平。离开法治标准，就很难讨论社会公平问题。社会公平以法治为基础，以合法性为准则。因此，社会公平不是一般的道德问题，而且即使是道德问题，也必须以法治为基础。合法性与道德状况也是相统一的，例如合法性的道德习惯就应该称之为有道德，要将道德放在法治的基础上。总之，不能离开法治而讨论社会公平，合法的就是公平的。

4. 有效关注民生

新体制在其运行过程中，由于竞争与效率规律的作用，必然会产生像企业破产和个人失业这类传统体制所没有的现象，因而在有些人看来，似乎新体制没有像传统体制那样关注民生问题，所以把忽视民生的帽子戴到了新体制头上。其实这是不对的。新体制下所发生的破产和失业，并不是新体制带来的，而是因为有些个人或企业不能适应新的要求了，被“罚下场”了，问题在于被罚下场的人和企业，而不在于新体制。因此，我们现在强调和关注民生，并不是说新体制就有悖于民生，而是指新体制在进入磨合期后，民生问题显得更为重要，新体制本身所具有的关注民生的内在要求，这时会充分地显现出来。因此，不能将新体制与关注民生对立起来，而是要看到它们实际上是相互融合的，是一个问题的两个方面。

第一，新体制为关注民生问题提供了强大的物质基础，可以说，没有新体制的建立，就不可能有能力真正关注民生问题。在传统体制下，我们的民生问题实际上是很糟糕的，许多人吃不饱和穿不暖是正常情况。传统体制下的民生问题为什么搞得如此不好，就是因为传统体制不仅使国民经济严重缺乏活力，而且使国民经济结构严重失调，从而使我们长期处于严重的短缺经济之中。在这种情况下，根本没有关注民生的物质基础和能力。而改革开放以后，新体制创造了巨大的经济活力和强大的物质基础，从而使得我们真正有能力关注民生问题了，例如像取消农业税，为弱势阶层提供更好的社会保障和公共产品这些关注民生的举措之所以能够实行，就是因为新体制为我们创造了强大的物质基础。因此，只有新体制的不断巩固和完善，才能使民生问题不断地得到有效解决。

第二，新体制本身就包含了对民生的关注，新体制并不排斥和损害民生问题。例如，市场经济虽然强调效率原则，但同时也强调社会保障原则，因而市场经济越发达，社会保障体制就越健全。在人类发展历史上，社会保障体制几乎是同市场经济体制同步完善的。因此，关注民生也是新体制的必然要求，我们现在完善新体制的重要内容，就是关注民生问题。为此，应该注重完善医疗卫生体制，完善教育体制，完善收入保障体制，完善再就业体制，完善住房体制，等等。总之，要全方位地关注民生问题，通过关注民生而为新体制创造深厚的民众基础，从而使民众利益与新体制紧密地结合在一起。

第三，民生问题有赖于新体制的巩固和深化，我们应该使民生与新体制之间相互有效配套。我们现在强调民生问题，并不是因为新体制的形成损害了民生，而是指新体制恰恰需要注重民生问题，同时民生问题也有赖于新体制的完善。因此，不宜把新体制与民生问题对立起来。现在有人非常喜欢作为弱势阶层的代表，经常讲所谓的穷人经济学，穷人教育学，似乎讲穷人问题就是关注民生，实际上这是不对的。我们关注民生问题，并不是要将它同新体制对立起来，将强者与弱者对立起来，因而在推动民生的进程中，我们既要强调关注弱势阶层，但同时也要关注在竞争中处于强势地位的阶层，使他们在竞争中更强。强者更强，才有利于社会解决弱势群体的问题，抑制强者未必就是扶持弱者，而是要使他们都能拥有充分发挥自己作用的体制和政策，这才是我们关注民生的本来意义。关注民生问题，不是为了加剧强者与弱者之间的不协调，而是要推动他们之间的和谐，因此，虽然强者更多地依靠自身的竞争，弱者则需要社会的更多帮助，但他们实际上都需要社会的关注，不过前者是希望竞争更充分和更公平，后者则希望有更多的扶持和救助而已。从这点上讲，关注民生，就是关注各个社会阶层的社会诉求。

第四，关注民生虽然要强调通过转移支付而有效地保障弱势群体，但关注民生并不仅仅如此。关注民生更重要的是要为弱势群体提供更为公平的机会，使他们的创新能力能够得以有效提升，从而使他们通过自身的努力而改善自己的生存和发展条件。这是民生问题与福利主义的重大区别。我们不能无条件地把提高弱势阶层的福利作为关注民生的主要内容。如果一味强调提高福利，而不去设法提升弱势阶层的竞争能力的话，那就必然会加大社会进步的成本，并且对于推动社会和谐毫无疑义，甚至还会使社会产生“福利病”，从而降低经济发展和社会进步的动力。不关注民生问题是错误的，但将民生问题等于福利主义也是有害的。我们应该记取有的福利国家的教训，尤其是南美一些国家的教训。我们要告诉人们，任何人都只有依靠自身的努力才能最终改变自己的地位和生存状况，努力工作是社会进步和自我提升的基础，是国强民富的前提条件。如果一个社会中的人不是强调努力工作和竞争，而是都试图依靠享受福利而生活，那么这个社会就没有前途。总之，关注民生不能削弱社会进步的动力，更不能导致“寄生性”的社会习惯，而是要强调竞争和自我奋斗。如果我们不强调竞争和奋斗，而是为了迎合所谓的“民心”，去无限制地满足一些人的福利要求，其结果只能是有损于新体制，有损于社会经济发展的活力。因此，要正确理解关注民生问题，切不可把关注民生当成福利主义。这个问题是我们必须要警惕的，不可掉以轻心。因为有些为吸引眼球而说话的人，往往会利用福利主义而吸引所谓的“民心”，从而会在关注民生的幌子下使中国经济过早地丧失发展的动力，使中国经济丧失的良好发展机遇。因此，新体制磨合期既要关注民生问题，也要防止将民生问题变成福利主义，从而导致中国经济放慢增长速度，出现新体制的变态性回潮。

四、全方位改革时期的任务及特点

经过大规模经济体制改革阶段与新体制磨合阶段，中国人民逐渐在经济上富有起来，实现了富起来的目标。在经济上富有之后，人们当然就越来越重视自己在政治上、文化上、社会上、生态上的各种需求。为了满足人们这些日益增长的需求，中国改革当然就要从以经济建设为中心走向全方位改革。也就是在继续推进与深化经济体制改革的同时，走向全方位改革，更加重视与推进政治上、文化上、社会上、生态上的改革。如果说在1978—2013年这30多年的改革中，我们还是以经济建设为中心而推动改革的话，那么自2014年起，尤其是从2017年的中共十九大起，中国改革就主要表现为经济改革基础上的全方位改革，包括政治改革、文化改革、社会改革、生态改革。

1. 推动政治体制改革

人们在政治上的一个极其重要的需求，就是能看到一个公平公正的社会秩序，体会到社会的正义感。我国是一个以人民当家做主、法治社会、共产党领导相统一为特征的政治体制，因而要满足人们在政治上的这种需求。首先，必须坚持推动法制社会的建设，形成包括宪法、民法、刑法在内的完整的法律体系，有法可依，并且形成高效的执法体系，彻底消除以权代法、以政代法、以情代法的现象。其次，从严治党，推动与深化党内民主与监管。因为共产党是中国的实际领导者，只有党内民主才能集中各种智慧与各方面的诉求，保证党的正确领导，它比一般的社会民主更重要，当然，它的监管也比一般社会监管更重要。再次，民意的动向及诉求的传递必须快速准确，在各种新媒体及信息传递通道上要保证民意畅通顺达，不能因各种原因而形成阻滞。

人们在政治上的一个普遍需求，就是看到政商清亲，社会廉洁高效，贪腐得以严惩与消除。近几年人们为什么政治上满足感较强，就是因为反腐治贪取得了巨大成就。因此，必须将权力关在笼子，建立高效的防腐治贪体制，既防止资本介入政治生活，也防止政治权力介入商界活动，真正实现政商清新。为此，必须对政商的运行轨迹加以严格界定，消除权钱交易、权色交易，在制度上真正实现防腐治贪。可以说，建立一个高效廉洁的政府，是人们在政治上的普遍愿望。目前中国构建国家监察委员会，就是将所有公务人员的行为纳入监管之内，保证公共权力与公共财产为民所用；治理公权私用，有权不为；既治贪，又治懒的重要制度安排，人们对此极为支持。

人们在政治上的一个最基本需求，就是国家统一，民族团结，在国际上能得以尊重，有民族自豪感与国家荣誉感。因此，我们必须要解决问题，真正实现国家统一。一个不统一的国家，很难使人有真正意义上的政治满足感。同时，还要不断使中国得到国际上的真正认可，提高中国护照的“含金量”，使人们拥有民族自豪感与国家荣誉感，这也是人们重要的政治满足感。

2. 实施文化改革

文化改革在我国包含三个问题。

（1）文化经济问题

大家知道，文化需求是人们的重要需求。要满足人们的文化需求就必须放开和推进文化经济的发展。所谓文化经济，就是生产人们所需要的精神产品而满足人们精神需求的经济。人类生产分物质产品生产与精神产品生产，生产精神产品的就是文化经济。文化经济首先表现为文化产业，主要包括影视、音乐、戏剧，收藏、非遗、博物馆，出版、美术、传媒，旅游、体育、娱乐等。

文化产业的载体是文化企业。文化企业作为生产人们精神需求的企业，不同于一般生产物质产品的企业，有着自身的特点。首先，文化企业必须要正确把握不同时期、不同阶层、不同年龄群体的精神需求，根据人们的精神需要而生产出文化产品，一旦把握不好人们的精神需求，任何文化产品将失去市场需求，就像那些所谓的艺术片严重脱离现实而没有票房价值一样。其次，满足人们精神需求需要具有很强创新意识的人才，因而文化企业的公司治理会更加重视人力资本，货币资本需要以人力资本为基础。再次，文化企业所生产的产品受制于意识形态的约束，要体现正能量的价值，不能颠覆社会的主流“三观”。

文化产业作为生产精神产品的产业，虽然不同于其他生产物质产品的产业，例如其运行过程并非是纯粹的市场经济原则，但文化产业作为产业，其运行又必须建立在市场经济基础上，因而文化产业同样涉及文化市场、文化金融的问题。文化市场的形态是各种各样的，既有线上的，也有线下的，例如线下的有文化小镇等，应该允许文化市场走向多元化，不要搞行政性垄断或者行政性阻滞。文化金融也要有创新，不能简单使用物质产品生产企业的融资方式，例如文化企业一般并不具有用于抵押贷款的资产，更多的是无形资产，因而需要有创新性融资方式，应该允许这方面的金融创新。

（2）经济文化问题

经济文化不同于文化经济。经济文化是人们在经济活动中必须坚持的价值理念，它也是文化问题的重要内容。大家知道，经济活动是人类有目的的社会活动，当然有着人们所必须坚持的价值理念，就是经济文化。经济文化的要点包括：契约精神、法治意识、诚信理念、责任约束、敬业精神等。良性的经济活动需要经济文化的支撑。中国虽然经济高速增长，但人们为什么还缺乏成就感与认同感，就是因为还没有良好的经济文化，表现为快速增长下的混乱，因而必须形成良好的经济文化。

（3）传统文化问题

中国传统文化博大精深，是中华民族的瑰宝。我们对于中华传统文化既不能全盘否认，也不能食古不化，因为全盘否定就没有根了，食古不化则难以与时俱进。对于传统文化中的“农耕文化”“君臣文化”“抑欲文化”等因素需要扬弃，要根据工业文明、法治文明、人权文明等人类的价值理念进步，加进新的元素，从而形成中华现代文化。这是文化改革的重要内容。

3. 加快社会体制改革

任何人都希望自己生活于一个充满活力而无生存恐惧的社会

之中，因而在市场经济条件下，人们的社会需求表现为无生存之忧并期望竞争有序与社会和谐。如何满足人们的这种社会需求？首先应该建立良好的社会保障制度。在教育、医疗、养老等方面建立符合人们需要的保障制度，让人们免除上学难、就医难、养老难等忧虑。社会保障制度应该实行行政化与市场化的有效结合，也就是政府要在教育、医疗、养老等方面实行最基本保障，即现在所讲的“兜底”，同时也鼓励人们购买相关商业保险，建立更为“优越”的各种保障，形成多层次的社会保障制度。

追求社会和谐是人们的重要社会需求，因为任何人都不希望自己生存于一个充满仇视与争斗的社会之中，无论是有钱人还是穷人，其本质都要追求和谐。要实现社会和谐，就必须认真处理好社会各阶层之间的关系，除了处理好各阶层之间的收入关系，例如要让各阶层收入都能随着经济发展而相应增长，更要注重处理好各阶层之间的思想关系，例如必须相互尊重并能自我约束，在相互理解的基础上协调人们之间的思想差异及行为差异，实现和谐相处，消除阶层对立。

社会改革的重要内容是放开民间组织，让社会实现自我治理。现代社会由三大组织构成，企业、政府、民间组织。我国民间组织的发展鲜明滞后，应该加快此类改革，推进社会的自我治理。

4. 完善生态体制改革

人类的幸福生活离不开良好的生态环境，因而对美丽中国的需求是每个中国人的强烈愿望。要实现美丽中国，必须坚持生态改革。生态改革的任务有三。

一是必须真正处理好工业化与城市化所带来的废水、废气及固体垃圾，只有这样才能真正实现工业文明与城市文明。治理废水、废气、固体垃圾必须坚持产业化与企业化的路子，通过技术创新而消除污染，单纯的行政性“关停并转”的强制方式只能解决一时一事的问题，只有走产业化、企业化、技术化的路子，才能真正解决问题。

二是大力推进自然生态环境的修复。近些年来因为盲目追求GDP，已经使得自然生态环境受到巨大破坏，因而要建成美丽中国，就必须尽快修复自然生态环境。对于那些事关中国生态环境的关键区域，必须禁止开发；对于重点区域要以国家公园形式加以严格保护。应该建立国家自然资源资产的集中管理体制，防止某些地方政府及企业或个人，因为局部利益而对自然生态的破坏。对于自然生态环境有关的区域的政府业绩评价体系要取消GDP这个指标，而且国家要以预算形式对这些地方的财政收支予以支持与帮助，使自然生态环境保护真正落到实处。应该说，国家组建自然资源部正是应顺了历史发展趋势，必将有利于生态自然资源的修复与保护。

三是大力推进农村与农业改革。农业与农村已成为中国生态环境保护的薄弱环节，也是恶性污染事件的高发区，因而必须推进农村与农业改革。农村与农业改革包括对农业的化肥及农药的使用要有严格的标准，对农村生活的“上下水系统”及垃圾处理要有新举措，对非农的污染严重的农村工业体系要进行真正的“关停并转”，促进农村工业体系的升级换代。当然，美丽乡村的实现，最终要使农民富、农村强，因为美丽乡村最终是以经济实力为后盾的。

5. 深化经济体制改革

我们强调政治改革、文化改革、社会改革、生态改革，并且不再单纯强调以经济建设为中心，并不是不需要经济改革，面是要在全方位改革的基础上更加深入地推进经济改革。在全方位改革的基础上，经济改革的核心是，按照新发展观，构建现代化经济体系。什么是现代化经济体系？现代化经济体系包括五个组成部分，即：实体经济、现代金融、技术创新、人力资源、市场经济、全方位开放。实体经济是现代化经济体系的基础与脊梁，现代金融是现代化经济体系的助推器与润滑剂，技术创新是现代化经济体系的动力源泉，人力资源是现代化经济体系的人才基础，市场经济是现代化经济体系的基本运行规则，全方开放是将中国经济融入世界经济之中。

现代化经济体系的重要特征是具有很强的防风险能力，能够对风险做出预警并能及时修复引起风险的各种经济漏洞。因此，在构建现代化经济体系中，要将防风险作为重要的指标。例如，构建现代金融，要将各种防风险的举措考虑其中，把握好金融与实体经济的关系、金融与房地产的关系、金融与各种债务的关系，金融与杠杆率的关系、金融内部各种融资通道的关系，等等。

现代化经济体系是中国进入强起来的时代的经济体系，因而现代化经济体系必须助推中国建立现代化强国。现代化强国必须在经济上要拥有技术话语权与金融话语权。要拥有技术话语权，中国就必须能够创新出颠覆性技术与原创性技术，这就要求中国要进行前瞻性基础性研究，形成强大的技术创新体制。要拥有金融话语权，中国就必须全方位开放，不再单纯强调出口与吸引外资，而是也要强调进口与中国资本走出去，深入推进“一带一路”倡议，推进人民币的国际化。总之，强起来的目标要求现代化经济体系要有新的特征与内容。

一辈子的追求：教好书

经济学工作者分为四类：第一类，在政府工作的经济学工作者。这类人主要为各级党政机关的决策及政策解释服务，当然，他们中的一些人最后成为了各级党政机关的负责人，属于从政之列，已不属于经济学工作者这个范畴了。第二类，在企业中工作的经济学工作者。例如企业的首席经济学家，这些人主要为企业的经营决策及战略选择服务，是属于最接地气的、活跃于经济实践最前沿的经济学工作者。第三类，在相对独立的研究机构工作的经济学工作者，像中国社科院系统，这些研究机构虽然也办了一些研究生院，招收学生，因而这类经济学工作者也有一些教学活动，但他们最主要的工作还是为各级党政机关的决策提供研究与咨询服务。第四类，在高校工作的经济学工作者。这些人虽然也要从事经济学的研究工作，例如职称评定主要看研究成果，但这些人的主要工作是经济学教学，工作的主要平台是课堂，因而是典型的“教书匠”，人称“口力劳动者”。

我就是属于第四类经济学工作者，是典型的“教书匠”“口力劳动者”。参加工作至今，一直活跃在经济学教学的第一线。回顾“教书匠”的生涯，似乎没有像政治家及企业家写回忆录那样，给人跌宕起伏的感觉，尤其是没有权力及金钱这些吸引人眼球的因素，当然也没有因这些因素而引发的猎奇式的生活，无非是给谁上了课、上了什么课之类的再平常不过的话题，因而好像是并没有什么好讲的平淡人生，但事实并非如此。几十年能够始终如一地站在课堂上为学生授课，并能够获得学生的满意和称赞，并不是一件很容易的事，而是以辛劳与不断探索为基础的。尤其是对我国改革开放以来的这个历史时期的经济学教学来说，更是不容易，因为我国的经济实践及经济理论在改革开放以来，一直处于非常剧烈且快速变革的时代，要在教学中跟上这样的时代，绝非易事。授课者需要不断地根据变革调整和充实自己的教学内容，一旦跟不上改革开放的新变化，就无法面对学生，无法解释现实中的新情况和新变化，无法在学生的满意中愉快地站在讲台上。最为痛苦的事是，有时经济实践会对自己已有的认识发生颠覆性的冲击，这就要求授课者要在不断进行自我否定中提升自己，这是需要支付极其艰辛的劳动和代价的，是非常辛苦的事。因此，中国改革开放以来的经济学教学，并不是照本宣科，不是“传声筒”，而是以授课者的自身艰辛研究为基础的。只要你不想误人子弟，想要在教学中能较为科学地解释新的经济现象和经济实践，你就必须付出艰辛的劳动。有人在形容艺人时，说他们是“台上一分钟，台下十年功”，经济学教学何尝不是如此。

改革开放以来，中国经济学教学从思想体系和实践这两个方面不断受到冲击和挑战。从思想体系上讲，首先在20世纪80年代初受到当时东欧经济学家的影响，像匈牙利经济学科尔奈等人的著作传入中国经济学界，使中国经济界在经济范畴及思维方式上发生了重要变化，经济学教学也随之变化。后来在20世纪90年代初又受到当代西方经济学的影响，货币主义和新自由主义的经济范畴与分析方法对中国经济学界影响就很大。尤其是2000年后，大量西方的宏观经济学、微观经济学等成套教材进入中国，使经济学教学内容发生了重大变化。当然，对中国经济学教学影响更大的是中国的经济实践，从农村的联产承包制、国有企业改革、民营经济发展、产权制度改革、收入分配体制改革等，到市场经济制度的确定和宏观经济体制的变革，都一浪接一浪地冲击着经济学教学，要求经济学教学体系不断发生根本性变革。

经济学教学变革的核心内容，是不断冲破传统社会主义经济理论的束缚。具体表现在下述几个方面。

第一，传统社会主义经济理论强调以阶级斗争为纲，无视经济建设和生产力发展的要求，淡漠人文关怀和民众的个性发展，盲目地追求所谓的生产关系和上层建筑上的“继续革命”，从而严重地阻碍了我国的经济发展和社会进步。我们在改革开放之初就坚定地抛弃了这套“左”的理论，提出以经济建设为中心，把以提高人民生活水平为内容的人本主义作为出发点，并且以有利于生产力发展为标准，强调“发展是硬道理”，尤其是随着改革的深入和经济的发展，逐渐将科学发展、可持续发展、和谐发展的观念不断注入到发展之中，从而极大地推动了我国经济的繁荣和社会的进步。从以阶级斗争为纲而转向以经济建设为中心，既是中国改革开放真正开始的标志，也是我们开始冲破传统社会主义经济理论束缚的起点。

第二，传统社会主义经济理论在财产制度上把纯而又纯的公有制经济作为社会主义经济的追求目标，认为非公有经济就是社会主义经济的对立物，并试图在中国消灭所有的非公有经济，甚至在“文革”后期连农民养的鸡鸭都要当作“资本主义尾巴”割掉，因而极大地破坏了生产力的发展，把中国经济推到了崩溃的边缘。我们在改革开放一开始就首先冲破了这种理论桎梏，开始承认非公有经济的作用，并不断深化对非公有经济的认识，从认为非公有经济是社会主义经济的“必要补充”而发展到认为非公有经济是社会主义市场经济的“重要组成部分”；后来发展到对非公有经济要实行完整的国民待遇，强调要使非公有经济在法律上和竞争上同公有经济具有同样的平等地位，从而形成了非公有经济与公有经济相互补充，相互竞争，相互融合，相互兼并重组的格局，最终推动了混合经济体制的形成和快速发展。突破传统社会主义经济理论只将公有经济作为社会主义经济的本质特征的“教条”，是我们思想解放取得的巨大成就，正由于此，我们才有效地深化了所有制体制的改革，形成了新的财产制度。

第三，传统社会主义经济理论错误地认为只有国有经济才是社会主义的基础和本质特征，因而将不断地人为拔高公有程度作为发展社会主义经济的出发点，搞所谓的“穷过渡”，试图在我国全面地建立纯而又纯的以国有经济为主体的财产制度。我们在改革开放中逐渐抛弃了这套理论，大力推动了对传统国有经济体制的改革，其中主要包括：一是调整国有经济的战略布局，对那些不涉及国民经济命脉和国家经济安全的国有经济实行非国有化改革，对那些涉及国民经济命脉和国家经济安全的国有经济实行股份化改革；二是改革国有资产管理体制，最大限度地减少政府对国有经济的行政干预，建立充满活力的国有资产管理体制；三是改革国有企业，按照现代企业制度的要求而重塑国有企业体制，使国有企业完全实现公司化股份制改制。在对国有经济的改革中，我们逐渐形成了一个重要的思想，这就是：国家调控经济和保障公众利益的最基本手段，已不再是国家通过国有制所拥有的财产权，而是国家通过政权制度所拥有的一般公共权，因而国家要彻底退出对经济的具体经营，不能再创办和经营国有企业，而要将重点放在对经济的宏观调控上，平等地对待所有经济成分，公平地维系经济运行。这个思想对于国有经济改革和现代宏观经济体制的建立，有着无法估量的作用。

第四，传统社会主义经济理论在资源配置方式上将计划经济作为社会主义经济的一个本质特征，而将市场经济作为社会主义计划经济的“对立物”，认为市场经济就是资本主义经济，因而把彻底消灭市场经济作为传统社会主义经济体制的重要目标，其结果是既使我国经济丧失了应有的活力，又使我国经济难以长期保持结构协调。改革开放后我们先是逐渐认可了商品经济，认可了市场机制的作用，后来最终在1992年彻底认可了市场经济，并将市场经济改革作为经济体制改革的基础性内容，强调要按照市场在资源配置中起决定性作用的要求而全面改革整个经济体制，形成全面反映市场经济内在要求的现代市场经济体制。据此，中共中央十四届三中全会和十六届三中全会上通过了两个关于建立和完善市场经济体制的重要决定，中共中央十八届三中全会通过的全面深化改革的决定提出要让市场在资源配置中起决定性作用，全面地推进了市场经济体制的形成，并提出要在2020年彻底建立完善的现代市场经济体制。可以说，市场化改革是中国经济体制改革的一条主线，也是我们对传统社会主义经济理论一个最重大的突破。

第五，传统社会主义经济理论在收入分配体制上不承认除了劳动之外的各种生产要素在社会财富创造中的作用，认为劳动是创造社会财富的唯一要素，因而强调按劳分配而排斥按资本贡献分配，甚至到“文革”时期，连按劳分配也被戴上了反映资产阶级法权的帽子，提出要限制资产阶级法权即限制按劳分配。我们在清除“文革”时期的“极左”思想的时候，将有关按劳分配反映资产阶级法权理论的“发明权”，放到了“四人帮”身上，实际上“四人帮”并不是此理论的发明者，只是该理论的宣扬者和鼓吹者，故意夸大和曲解了该理论。这种理论的根源实际上在传统社会主义经济理论那里。改革开放中我们彻底放弃了传统社会主义理论关于收入分配体制的错误设想，提出按要素贡献分配的原则，强调既要坚持按劳分配，也要按资本贡献分配，而且各种生产要素参与收入分配的准则是各自的效率，谁的效率高，谁就收入高，效率原则充分发挥着分配收入的作用。当然，这种效率原则还要同公平原则相结合，因而我们在经济体制改革中逐步建立了初次分配、再分配和第三次分配的收入分配体制，使整个收入分配过程既体现了效率，又反映了公平，实现了效率与公平的有效结合。

第六，传统社会主义经济理论认为任何个人都不能拥有财产，所有财产都归国家所有或集体所有，作为无产者的个人只能通过自身的劳动而获得仅供自身消费的消费性收入，从而形成了国家拥有财产而个人只有劳动的所谓社会主义经济体制。这种经济体制的巨大弊端已在实践中为人们所共识，所以我们在改革开放中不断注重推动人们的财富的积累，提出贫穷不是社会主义，强调合法财富的增加是一种光荣，并将个体私营经济的所有者称之为社会主义经济的建设者。尤其是我们不仅在思想上尊重个人财富，而且也在法律上尊重个人财富，修改了宪法并实行了《物权法》，在整个法律体系上强调个人财产与公有财产一样不能侵犯。在尊重和保护私人财产的同时，我们还在改革开放中非常注重不断推动个人财富的增加，例如中共十七大政治报告提要创造条件，有效增加人们的财产性收入。提高财产性收在个人收入中的比例，也就是在劳动性收入与财产性收入的关系上，我们将更加关注人们的财产性收入。财产性收入既包括动产收入，也包括不动产收入，因而我们要大力发展和完善与动产收入相关的资本市场，大力发展和完善与不动产收入相关的房地产市场。国家拥有财产而个人只有劳动的经济体制实际上是很难有活力的，因而我们要通过股份经济等方式让公众普遍地拥有财产及其收入，当每个人既有财产性收入，也有劳动性收入的时候，我们才能彻底消除资本与劳动的对立，从而形成和谐社会。

第七，传统社会主义经济理论既过分强调了私人财产的利己性，又过分夸大了私人财产的排他性，因而不承认甚至要彻底消灭私人财产，所以导致我国传统社会主义经济体制下只存在有职业差别的社会群体，而没有财产性差别的社会群体。这种状况随着我国改革开放的不断深化和国民经济的不断发展而被彻底改变，我国形成了以财富性差别为特征的不同社会群体。如何面对这种状况？根据传统社会主义经济理论，这些因为财产性差别而形成的不同社会群体，当然只能是敌对的，因而我们必然是要打富济贫。但是我们并没有拘囿于传统社会主义经济理论的这种认识，而是提出了要承认和尊重各种社会群体的应有权益，并在此基础上有效协调他们之间的相互关系的和谐社会理论，强调不同社会群体之间既有和谐的必然性，也有和谐的可能性，因而完全可以实现有效的和谐。尤其是值得称道的是，依据“三个代表”思想，提出我们党要代表各个社会群体的应有利益，并且修改了党章，不再以个人财富的拥有量而判断人的政治觉悟和思想品德，这就使得非公有经济中的那些承认中国共产党党章的优秀分子，也可以加入中国共产党。所有这些都表明，我们的目标是要建立承认各种社会群体权益并有效协调他们之间的相互关系的和谐社会，这是对传统社会主义经济理论的重大突破。

第八，传统社会主义经济理论过分夸大了市场调节的所谓“破坏力”，同时也过分夸大了个人及企业的“自私自利倾向”，似乎只有代表公众利益的政府是英明的，因而一直将政府对经济的直接控制作为出发点。政府不仅控制了企业生产什么、生产多少和怎么生产，而且也通过票证手段控制了民众的消费行为，从而形成了既严重缺乏活力，又无法保持经济结构协调的行政性国民经济计划管理体制。在改革开放后的较长一段时间里，我们一直将我国国民经济管理称之为国民经济计划管理，甚至连宏观经济调控这样的概念都不能提，这在高校的招生目录和课程名目上都充分地反映了出来。不过，随着市场经济和现代产权制度的改革，这种行政性国民经济管理体制开始被逐渐打破，现代宏观经济体制得以逐步形成。现代宏观经济体制的建立，引发了包括金融体制与财政体制在内的政府体制的改革。金融体制改革的特点是央行、商业银行、金融监管机构的三分开，中央银行作为货币政策的操作主体而从金融体制中独立出来，金融监管机构作为专门监管机构而对金融经营活动发挥监管职能，商业银行则彻底走向企业化，而且实现了公司化股份制改革。财政体制改革的重点是从原有的生产经营性财政体制转向公共性财政体制，也就是国家财政不再以创办企业和经营企业为中心，而是主要将为社会提供公共产品作为中心，发挥自己应有的宏观调控功能。

第九，传统社会主义经济理论违背生产力的内在要求，过分夸大所谓生产关系对生产力的反作用，不仅在农村推行以盲目拔高公有程度为特点的所谓生产关系变革，而且以户籍制度为手段而割断了城乡经济之间的应有的互动关系，严重阻滞了农业生产要素在城乡之间的有效流动。例如不准农民进城经商和务工，更不允许农民投资创办工商企业，甚至将农民务工和经商当作“资本主义尾巴”来割，当作不务正业的破坏农业生产的活动予以打击，因而使农村经济和农业生产长期处于停滞不前的状态中，甚至连生产粮食和棉花的农民的温饱问题都解决不了。在改革开放一开始，我们就尊重农民的首创精神，不仅在农村大力推动农业生产经营责任制，充分调动农民的积极性，而且也放开了农村生产要素在城乡之间的流动，允许农民创办工商业，例如创办乡镇企业，并允许农民进城务工经商，使大量民工进城，从而推动了新型的城市化和工业化的进程。尤其是随着国民经济的进一步发展和改革的深化，我们提出了城乡一体化的目标，认为应该推进城乡民生体系一体化、城乡土地制度一体化、城乡户籍制度一体化，并同时强调让工业反哺农业，城市反哺农村，进而以各种方式不断推动了户籍制度及社会保障体制等方面的改革，力争从体制上推进城乡一体化进程，实现农村与城市、农业与工业的共同进步和发展。

第十，传统社会主义经济理论极端地将包括国际经济关系在内的所有的经济关系都阶级化和阶级斗争化，而且曲解了独立自主与自力更生的精神实质，忽视全球分工协作的世界经济一体化的大趋势，割断了我国经济与世界经济的应有联系，使我国经济自我封闭几十年，未能充分利用人类社会在当时所创造的物质文明和精神文明，从而严重影响了我国国民经济的快速发展。改革开放后我们抛弃了在对外经济关系上的“左”的教条，开始使我国经济不断融入国际经济之中，不仅国际贸易不断增长，成为国际贸易大国，而且也使外资不断地进入我国，从而使我国成为世界上利用外资最多的国家之一。尤其是我们加入WTO，自觉推动中国与世界的一体化进程。在对外开放的进程中，我们首先实行的是充分利用国内资源，争夺和占领国际市场的战略，例如将扩大出口和吸引外资作为主要目标，但是随着我国经济的发展和我国对外开放的实际情况的需要，我们调整了这种战略，实行了整合国际资源，开发国内市场的战略，强调有选择地出口和吸引外资，要着力提高我国国际贸易和利用外资的水平和档次，而且提出中国资本必须走出去，在更高水平上融入国际经济之中。也就是既强调出口，也注重进口；既强调吸引外资，又注重中国资本走出去，形成与世界的深度融合。实际上，我国改革开放的几十年，就是我国经济不断以新形式和新水平而融入国际经济的几十年。

上述的经济学教学变革，我都经历过。回顾从事经济学教学的几十年，除了同大部分“教书匠”有共同的经历与感悟外，还有五件事值得专门一叙。

一、工作量决定的教学生涯

教师的最基本职责当然是教书，教学是第一位的任务。但高校的教学又分为两大类，一类是按个人工作量要求所规定的必须完成的教学，学生一般都是常规性大学生和研究生；另一类是不计入教学工作量的教学，例如非学位教学、EMBA 教学、社会讲学等，都不计入教学工作量，没有强制性，而且薪酬另计，是个人与有关教育机构双向选择的结果。

因为由工作量决定的教学有强制性，是教师必须首先完成好的最基本任务，也就是教学工作的底线，所以我们先谈这类教学。我 1982 年 9 月研究生刚一毕业，就按规定开始了这类教学活动，开始为西北大学经济系的本科生上课，一直到 1984 年考取中国人民大学博士研究生而离开。这两年中为学生开设的课程有《资本论》解读、政治经济学及中国宏观经济分析，大约有四个班，学生有 200 人左右。1987 年我在中国人民大学博士生毕业后留校任教，开始为全校研究生开设大课，一直到 1996 年 6 月份离开，大约上课时间是 9 年，每学期一个班，一年两个班，每班的学生都在 50 人以上，因而粗略算下来学生数在千人左右。开设的课程主要是宏观经济分析、中国经济体制改革的理论与实践、市场经济通论、企业经济学等。1998年底到清华后，自1999年开始到现在，我一直在教学第一线，主讲宏观经济分析、中国经济前沿问题、社会主义经济理论与实践、企业战略创新等课程，开始每学期至少有一个班，每年要有两个班，后来因为工作量增加，每年需要上三个班。我的课堂基本是大课堂，像MBA的企业战略创新课每个班都在七八十人以上，甚至百人以上，每学期研究生的社会主义经济理论与实践课，学生都在百人以上。从1999年开始到清华任教，到2020年的这20余年间，听课学生的数量大约在6000多人。我最近匡算了一下，从我开始任教到现在的几十年间，因工作量所决定的教学，听课学生人数有万余人之多。

我所从事的这部分教学活动，基本上属于理论经济学范畴，而理论经济学又是受改革实践冲击和挑战最大的学科。可以说，无论是改革的"正能量"，还是改革中暂时出现的负面效应，都会反映在课堂上。因为改革实际上并未完全实现真正共识，再加之改革所引发的不同社会阶层的利益关系变革及利益损益度的不同、改革"走样"及贪腐加剧等原因，学生实际上对不少问题有不同的认识和理解，尤其是学生来自不同的地区和不同的社会阶层，其家庭生活及亲朋好友在改革中的不同境遇，也会反映在他们对许多的问题的认识上。可以说，课堂上面对的实际上是思想上多元的学生，虽然学生中的大多数能对改革有一个正确的评价，但也有不少人有异议，其中既有反对改革的极端认识，也有不顾及中国现有国情的"浪漫性"改革设想。因此，对一些问题的讲解，既不是我的分析不够深入，也不是逻辑体系不强，更不是语言表达水平不高，而是学生有自己的判断或某些偏见，从内心里有抵触情绪，这就加大了教学上的难度，要取得好的教学效果实属不易。我在2007年出版的《动摇不得：中国经济改革若干问题》一书的前言中，曾较为系统地分析过这个问题。但是，我总体上还是取得了良好的教学效果，未出现教学“事故”，甚至几乎每年都获得学院的各种教学奖，这其中的酸甜苦辣，只有我经历过这种过程的人才能体会得到。

二、非学位教学

在我的教学生涯中，有很大一部分时间投入到非学位教育之中，尤其是到清华就职之后，参与的非学位教育就更多。清华大学经管学院高培中心搞得很好，每年有大量的非学位教育学员来学习，我作为经管学院的教师，当然参与的活动就非常多，授课量很大，一年竟有几百个学时。除此之外，清华大学的校企合作委员会、国际交流中心、继教学院、职业经理人培训中心、河北研究院、公共管理学院、人文社科学院、深圳研究院、长三角研究院等单位，也有大量的非学位教育，这些单位也邀请我参与授课，作为同校和兄弟单位，我也在时间允许的条件下，积极地为这些单位开设了一些课程，包括宏观经济分析、中国经济改革发展趋向、企业发展战略创新、公司治理与产权制度等课程。对这些单位的授课基本是大课堂，通常听课者都是好几百人，甚至最多时达到800多人。听课者主要是企业高管及政府一些机构的负责人。我大致算了一下，这些年来大约有几十万人听过我的课。

非学位教育的课实际是很难上的，因为听课者往往来自不同的领域及地区，水平也参差不齐，授课者必须照顾不同人的需求和水平。授课内容既要“深”，又要“新”，而且还要“浅”，即易懂，真做到大道至简。这对教师提出了非常高的要求，要讲好这种课并不容易。尤其是这种非学位教育的内容，并不属于常规性的知识范畴，而是基本围绕中国改革开放中的热点及难点问题而展开的，时效性很强，这就要求授课者能跟上时代的要求与挑战，处于高度敏锐的状态，捕捉新思维与新信息，这实际上是很辛苦的高付出性活动，是很艰难的。但是这种教学活动对于推动中国经济发展和改革又是必需的，其作用不可小看。许多企业及政府之所以非常重视这类教学，其原因也正是在于此。

三、EMBA 教学

在我的教学生涯中，EMBA 教学，即高级工商管理硕士的教学很值得一提。

EMBA 教学既不同于本科教学，也不同于一般的研究生教学。因为 EMBA 的学员非常特殊，大都是我国改革开放几十年来涌现出来的企业精英，用现在的流行语来说，都属于成功人士。具体来说，EMBA 的学员大致有这样几个特点：第一，都有很好的知识储备，因为这些学员都接受过良好的大学教育，而且还有各种各样的非学历教育或者培训背景。第二，都经过七八年或者十几年甚至二三十年的创业经营实践，有着丰富多样的工作及人生的历练，实践感悟很强，对中国社会有着自己的判断和认识，世界观已经成形。第三，都是企业的最高领导或者高管，在企业所在地、所从事行业甚至全国都有相当的知名度和地位，其中不少都属于思想性企业家，在社会上很活跃。第四，都已经有了相当数量甚至是数额巨大的财富积累，用社会上流行语言来评价，就是都是属于富人俱乐部成员，因而其工作与生活的动力已不再是简单地追求财富，而是有了更为丰富的人生追求和社会参与，有着自身独特的生活方式。第五，学费高昂，而且要付出极其宝贵的资源即时间，尤其是这些学员来学习的目的已不简单是为了获得学位，而是为了自我提升，因而学员必然有着选择老师的权力与冲动，可以不顾情面地随时让老师下岗，在师资上有着最优选择的必然性。

正是因为 EMBA 学员的上述特殊性，因而 EMBA 教育对教师有着很高的要求：第一，要有非常雄厚的理论基础，对许多社会经济活动的认识要能上升到哲学的层面；第二，对与课程相关的社会经济生活中的新动向、新经验、新问题、新信息要非常敏锐，而且能进行系统性的梳理与辨析；第三，教学不简单是传播知识，阐述结论，而是更加重视新信息与新思维的交流，能对学员有思维上的启迪，引发思考；第四，对授课内容要能够系统性地熟练掌握，对所涉及问题的来龙去脉要非常清晰，能够从全局上和内在逻辑上把握问题；第五，教学要有极强的逻辑性和生动的语言，接“地气”，能将学术思维与实践思维相统一，实现教与学这两方在逻辑思维上和语言上的有效对接；第六，对有不同认识甚至严重分歧的问题，要心平气和地与学员交流，强调学术民主，进行换位思考，尊重并倾听学员的意见，不能教师至上，而是要充分注重发现分歧的焦点，即使是不能暂时形成统一认识，但最起码要做到明白为什么有分歧。

EMBA 教学不仅有上述特点，而且 EMBA 教学是集中上课，每门课的课时都在两天或者四天内完成，一个教师要连续上两天或者四天，每天授课七八个小时，因而 EMBA 教学不仅是脑力劳动，而且也是体力活，再加之面对这些特殊学员要精力高度集中，教师的脑力与体力确实会出现透支。这与一般的本科与研究生教育简直没有可比性，对教师在脑力与体力上都提出了挑战。人有说 EMBA 教学的课酬比较高，但要与教师的脑力及体力的付出来比较，其实并不高。EMBA 教学确实极其辛苦，以至于有人自觉地逐渐退出了这种教学活动。

我国的 EMBA 教育是从 2002 年开始的，我所就职的清华大学是首批实行 EMBA 教育的学校。我作为主讲教师一开始就参与其中，到现在上课已经有二十年了。后来受兄弟院校邀请，我相继在长江商学院、对外经贸大学、北京交通大学、北京邮电大学、上海交通大学、北大汇丰商学院、华东理工大学、浙江大学、暨南大学、南京理工大学、重庆大学、电子科技大学、四川大学、中山大学、哈尔滨工程大学、内蒙古大学、郑州大学、华中科技大学、西安交通大学、北大医学院、华中政法大学、厦门大学、西北工业大学等大学为 EMBA 授课，主讲中国经济体制改革的理论与实践、中国经济前沿问题、宏观经济分析、公司治理与产权制度等课程。在有的学校已连续上了近二十年，像上海交通大学、对外经贸大学、浙江大学、长江商学院等都已连续上了二十年。最近翻阅学员名单，大致搂算了一下，在 EMBA 教学中，竟然有好几万人听过我的课，所以经常在机场和火车站等公共场所有人向我打招呼，说是我的学生。

曾经一段时间，有人对 EMBA 教育提出质疑，甚至对学员有人格性攻击，例如有人讲，EMBA 学员中有老板、官员、美女，将壮汉与美女放在一起能不出事吗？在有人看来，似乎 EMBA 教育就是所谓“权钱交易”“色钱交易”的地方。我不知道这些人从哪里得出这种结论。我在对 EMBA 的教学中，并未看到这种情况。我认为，官员要不要以公款来读 EMBA、国有企业领导要不要公款来读

EMBA，这是要讨论的问题，但这种问题同EMBA教育本身是否要搞是两回事，不能混为一谈。我们不能否定EMBA教育这种教育方式，它对中国经济发展有着不可估量的作用。

四、社会讲学

社会讲学，不同于别的教学及学术活动，这种讲学活动最基本规则是市场价值规则，相当于影视圈的票房价值规则。也就是说，听讲者要获得自己所需求的有价值的东西，听讲者需要新思想、新信息、新思维，需要那些能提升自己和能有助于自己工作的启迪性思维与观念，再加之这种听讲者都是要通过各种方式支付费用的，有的是自己支付，有的是单位支付，有的是亲朋好友支付。既然听讲者不仅要支付费用，而且还要花费时间，因而听讲者必须要获得相应的有价值的收获。试想，谁愿意花钱耗时而去听那些无用的讲学？因此，这就要求讲学者必须有良好的理论修养和较高的学术水平，以及高超的演讲能力，当然还要有敏锐的观察能力和很强的创新能力，能将新动向、新思维、新信息及新的实践经验融会于讲学之中，紧跟时代的步伐。面对几百甚至几千的听众，演讲者要取得听众的会心笑声和热烈掌声，是非常不容易的。听讲者稍有不满，就会用自己的方式“反击演讲者”：要么大声聊天，要么干脆直接退场。当然，邀请方也就不再邀请那些不成功的演讲者。这里贯彻的是非常残酷的优胜劣汰原则。我这几十年来，之所以还能活跃在这个领域，能获得听讲者的会心笑声和热烈掌声，能获得使自己非常忙碌的频繁邀请，就是因为自己在不断地紧跟时代并努力提升自己，使自己在思想观点、信息、思维方式及经济实践的剧烈变化中，能跟上时代的需求，所以演讲是以自己背后非常艰辛的研究为积淀的。我对自己的原则是，一旦自己不能给听讲者提供应有的内容，无法满足听者的需求，就自我淘汰，离开这个领域。

在社会上讲学是既费脑，也非常耗费体力的累活儿，我这几十年在社会上的讲学，可以用辛苦奔波这四个字来形容。虽然中国航空事业的发展为我们在全国各地讲学提供了方便，可以打“空中的士”，但坐飞机很消耗体力，尤其是因为各种原因飞机不能按时起飞甚至取消时，会严重干扰自己的行程，会让人焦虑与不安，心情烦躁。全国几乎没有我没有去过的机场，一旦遇到飞机不正点时，我就形单影只地徘徊在机场中。我几乎跑遍了中国的大中城市，甚至也跑了不少县城，但我几乎没有去看当地的名胜古迹，行程基本上是三点一线：机场、会场、宾馆。经常是上午讲完，下午走；下午讲完，晚上走，坐夜班飞机是常事，晚上十一二点甚至凌晨到达一个城市也是常有的事。这种疲劳只有在演讲中听到听众的笑声及掌声时，才感到累得有价值。在有些人看来，这种“走穴”式的讲学是为了赚钱，这确实误解了我。我并不是为赚钱，更不想这么忙碌，而是因为邀请单位的不断邀请，而且经常通过我的朋友找我，我如果不去就“得罪”人。对我来说，这种活动越少越好，但是实在是无奈，无法推掉。尤其是年龄大了之后，我更想安静一些，但有些讲学实在是推不掉。

社会讲学的内容基本上以中国的改革开放为主线，都是与中国的改革开放相关，是围绕不同时期的中国改革开放的热点或难点问题而展开的，因而其特点是为改革鼓与呼。我在上文曾经讲过，经济学家表达自己的思想主要靠两种方式，一个是写，例如发表论文和论著；另一个是讲，例如在研讨会和报告会上发表演讲。因为我的文笔一般，但口才还算可以，所以我喜欢用讲这种方式来表达自己的思想。在改革开放以来的几十年中，我也不知道自己究竟参加了多少次的研讨会和报告会，而且我是逢会必讲，喜欢讲。我在研讨会与报告会上一般都不用讲稿，有时最多只有一个简单的提纲，而且往往讲完之后就将提纲随手扔了，所以我自己并没有留下我在研究会和报告会上的讲话的任何文字材料，现在回想起来确实有些遗憾。

但是，有些研讨会和报告会的组织者，却非常细心，专门录了音，而且还根据录音整理出了文字稿，这些文字稿有的送给了我，帮助我留下来了一些在研讨会和报告会上所讲的话的文字材料。有些出版社对这些讲话录音整理稿很有兴趣，所以就拿去出了一些我的演讲集，前后共出了七本。

第一本是1997年7月经济科学出版社出版的《为改革声辩》，收录了我1992年初至1996年在有关研讨会和报告会上的讲话录音整理稿，涉及到当时改革中的有关理论问题与实践中的热点问题。

第二本是新疆青少年出版社在1998年初出版的《谋划资产》，收录了我1996年至1998年在中国西部几个省市的有关讲话录音整理稿，主要涉及西部开发的问题及资产重组的问题等。

第三本是1999年6月广东经济出版社出版的《中国经济的盛世忠言》，收录了我1993年到1999年在有关研讨会和报告会上的讲话录音整理稿，主要涉及到有关宏观经济及企业改制与发展等方面的问题。

第四本是中国经济出版社在2000年1月出版的《中国企业二次创业》，收录了我在1999年至2000年在有关研讨会和报告会上的讲话录音整理稿，主要涉及到中国企业在新形势下的再次创新及改制等方面的问题。

第五本是中国经济出版社 2001 年 10 月出版的《新经济与企业裂变》，收录了我 1997 年至 2000 年在考察有关企业时的讲话录音整理稿，主要涉及到有关企业案例的评价问题及企业改制重组的相关问题。

第六本是中国经济出版社 2005 年 7 月出版的《企业裂变》，收录了我 2001 年到 2005 年在有关研讨会和报告会上的讲话录音整理稿，主要涉及到有关企业制度创新及战略创新等问题。

第七本是郑州大学出版社 2006 年 1 月出版的《转型中国》，收录了我近些年关于工业化和城市化的有关讲话录音整理稿，涉及到新型工业化和城市化及结构调整等问题。

当然，还有些讲话录音稿被收入别人主编的有关著作中，其中值得一提的有：广东经济出版社 1996 年出版的《中国经济大裂变——京城“四才子”指点社会转型的新财路》，广东人民出版社 1999 年出版的《新头脑风暴——中国少壮派经济学家演讲集》，中国时代经济出版社 2003 年 1 月出版的《让梦腾飞——清华北大 MBA 讲坛》，中国经济出版社 2004 年出版的《星星点点——中外名家系列讲座演讲集萃》，中国经济出版社 2009 年 3 月出版的《长安论坛第三辑》，党建读物出版社 2012 年 5 月出版的《干部选学大讲堂》，中国经济出版社 2011 年 2 月出版的《中国长期经济增长与转型》，中国经济出版社 2013 年 2 月出版的《中国未来经济改革与发展路径》，中国经济出版社 2011 年 1 月出版的《长安论坛第五辑》，社会科学文献出版社 2012 年 9 月出版的《华大讲堂》等等。

最近在翻阅这些讲话录音整理稿时，非常想回忆起当时发表这些讲话的具体场所，所以就拿来了地图，想统计一下我为了参加研讨会和报告会到底去了中国哪些城市，我发现我大致上走过了我国众多的城市，当然有的不仅去过一次，而是去过多次，像上海、广州这样的城市去过百余次。

统计我讲学的地方，首先当然要从我自 1984 年就开始一直生活与工作的北京市算起。

北京是首都，因而讲学与研讨会分为两个层次，一个是有关中央机构的，以及各类中央金融机构和央企的；另一个是北京市的，包括北京市有关市级机关及各区县，例如包括未进行区域改革之前的东城、西城、崇文、宣武、朝阳、海淀、大兴、通州、延庆、密云、怀柔、石景山、房山、丰台、平谷等区县。

除了我所居住的北京市之外，讲学去过的地方，直辖市有上海市、天津市、重庆市；还有回归祖国前后的香港、澳门，我国台湾的台北市、花莲、南投、台南、台中、高雄市。

河北省的石家庄市、张家口市、秦皇岛市、唐山市、黄骅市、涿州市、高碑店市、保定市、廊坊市、沧州市、邯郸市、邢台市、承德市。

山西省的太原市、吕梁市、阳泉市、晋中市、运城市、大同市、长治市、五台山市、太谷县、忻州市、晋城市、临汾市。

内蒙古的呼和浩特市、包头市、赤峰市、通辽市、兴安盟、阿拉善盟、呼伦贝尔、鄂尔多斯、满洲里市、二连浩特市、阿尔山市、乌兰浩特市。

辽宁省的沈阳市、营口市、大连市、抚顺市、兴城市、锦州市、盘锦市、鞍山市、辽阳市。

吉林省的长春市、梅河口市、图们市、珲春市、吉林市、四平市、通化市、延边市。

黑龙江省的哈尔滨市、牡丹江市、齐齐哈尔市、大庆市、鸡西市、佳木斯市。

江苏省的南京市、镇江市、常州市、徐州市、南通市、海门市、连云港市、淮安市、盐城市、扬州市、泰州市、无锡市、苏州市、海门市、启东市、张家港市、常熟市、昆山市、江阴市、扬中市、宜兴市、江都市。

浙江省的杭州市、湖州市、宁波市、舟山市、绍兴市、金华市、衢州市、台州市、温州市、丽水市、瑞安市、苍南县、余姚市、德清县、上虞市、临安市、富阳市、嘉兴市、义乌市、东阳市、慈溪市。

安徽省的合肥市、巢湖市、淮北市、淮南市、马鞍山市、芜湖市、铜陵市、寿县、安庆市、黄山市、含山、和县、池州市。

福建省的福州市、厦门市、莆田市、武夷山市、漳州市、泉州市。

江西省的南昌市、景德镇市、井冈山市、吉安市、万载、宜春市、鹰潭市、九江市、上饶市、赣州市、瑞金市。

山东省的济南市、德州市、聊城市、青岛市、滨州市、寿光市、东营市、泰安市、淄博市、潍坊市、青州市、昌邑市、高密市、胶南市、烟台市、威海市、荣成市、邹城市、海阳市、临沂市、招远市、日照市、菏泽市、曲阜市、济宁市、临朐、枣庄市、蓬莱市、章丘市、梁山县、阳信县。

河南省的郑州市、新郑市、开封市、长葛市、许昌市、南阳市、三门峡市、洛阳市、商丘市、焦作市、济源市、安阳市、修武、驻马店市、新乡市、平顶山市、中牟县、荥阳市、夏邑、濮阳市、信阳市、漯河市。

湖北省的武汉市、孝感市、襄樊市、神农架、黄冈市、黄石市、恩施市、宜昌市、鹤峰、荆州市、鄂州市。

湖南省的长沙市、岳阳市、吉首市、张家界市、常德市、保靖、花垣、望城、凤凰、醴陵市、益阳市、湘潭市、衡阳市、株洲市。

广东省的广州市、深圳市、佛山市、珠海市、中山市、东莞市、韶关市、惠州市、梅州市、汕头市、茂名市、清远市、湛江市。

广西壮族自治区的南宁市、钦州市、北海市、柳州市、桂林市、贵港市、百色市、防城港市、玉林市。

海南省的海口、三亚、五指山。

四川省的成都市、攀枝花市、广元市、南充市、绵阳市、达州市、德阳市、眉山市、乐山市、泸州市、阿坝、广安市、宜宾市。

贵州省的贵阳市、遵义市、凯里市、大方、仁怀市。

云南省的昆明市、楚雄市、曲靖市、玉溪市、开远市、元江市、元阳市、个旧市、蒙自市、弥勒市、文山市、红河市、丽江市、腾冲、大理市、保山市、潞西市、瑞丽市。

陕西省的西安市、宝鸡市、咸阳市、铜川市、榆林市、延安市、渭南市、汉中市、神木。

甘肃省的兰州市、白银市、嘉峪关市、敦煌市。

青海省的西宁市、格尔木市。

宁夏的银川市、石嘴山市。

新疆的乌鲁木齐市、喀什市、伊犁、库尔勒市、和硕、吐鲁番市、和田、克拉玛依市、独山子、昌吉市、石河子市、阿勒泰市、米泉市。

由上述我去过的地名可以看出，在改革开放的四十多年中，中国的直辖市及省会城市和地级市，我几乎走遍了，尤其是经济较发达的江苏、浙江、山东、广东等省，我几乎走遍了所有的地级市，还去了不少的县级市。这倒不是因为我嫌贫爱富，主要是因为经济学家总是跟踪经济体制改革中的热点问题的，一般来说，经济较发达的地区的热点问题往往较多。因此，在上述这些地方参加研讨会和报告会，在会上基本上讲的都是经济体制改革中的热点问题。我曾为我的一本演讲集《为改革声辩》写了一个序言，这个序言能反映我在这些研讨会和报告会上的心声，因而特引用如下，作为我在社会讲学中对中国经济改革的鼓与呼的表白。

我的这本文集之所以称为《为改革声辩》，是因为文集中所收入的东西，要么是我在有关研讨会上的讲话，要么是我在有关报告会上的演讲，这些东西从内容上讲，都是与改革有关的；从形式上讲，都是首先用口讲出来，然后通过录音或录像而整理成文的，口讲即声辩也，所以用了《为改革声辩》这个书名。

经济学家同普通人一样，在交流思想中有两个最基本的工具，一个是笔，一个是口。人们通常讲的口诛笔伐，就是指人们在思想交锋中要综合使用这两件最基本的工具。著名经济学家肖灼基曾形象地称自己是口力劳动者，也就是指口是经济学家的一个重要工具。口和笔都很重要，因而这两个工具我都使用。尤其是口这个工具使用起来最为方便，成本也最低，所以我经常使用它。用它在不少研讨会上发言，用它在不少报告会上演讲。听的人觉得很有意义，就录了音，录了像，而且还把录音或录像而变成了文字。这些录音或录像的文字整理稿，有的被作为文章而发表，有的则被作为内部参考资料而传播。我非常感谢那些将我的口力劳动成果转化成为笔力劳动成果的人。但形成文字的发言稿或演讲稿，大部分都并未直接送我，都是我在偶然的机会发现或间接地得到的。久而久之，就有了不少这类文稿。闲来阅读时，自我感觉良好，发现这类文稿中的思想“火花”不少。这类文稿都是在没有稿子的条件下顺口而讲的，然后由别人根据录音或录像整理的，并未经过我加工修饰，可能正是因为这样，所以这些文稿比较真实地反映了我的思想：写文字稿时，往往是千琢磨万考虑，写的过程中首先是要考虑到哪些话不能讲，哪些话要讲得圆滑些，总之是要将自己包装起来，因而写成的稿就往往是无棱无角，甚至还会把真实想法埋藏起来；但顺口而讲就没有机会考虑了，往往不会顾虑太多，而是在环境与情绪的影响下，毫无修饰地脱口而出，真实思想一下子就捅了出来，因而“火花”往往会多一些。正是因为这样，所以我感到将这些东西出版出来会有一定的意义。再加之它是口语化的，都是一些大白话，没有理论语言的修饰，因而非常适合大众阅读。

人常说，病从口入，祸从口出。这句话非常正确，尤其是对祸从口出，我有深切的体会。我这个人不会包装自己，尤其是爱讲一些真话，总感到自己是为了中国经济的发展，为了中华民族的强盛，也不是为自己的任何私利，为什么不讲真话？结果是祸从口出。我总感到自己凭本事吃饭，不求助于人，而且自以为讲什么话都是为了中华民族的强盛，因而往往不注意处理各种关系，不注意讲话的方式，结果是常常遭到非议。我这里所讲的祸，主要是指我们所遭受的一些“左”祸。在实践中我深深感到，在学术自由制度还并不健全的条件下，任何超前的理论创新，对于创新者来说，都是要付出代价的。这个代价就是创新者要遭到那些“左”派人物的非议及诬告，这种非议及诬告常常会影响到创新者的提职及晋升。但当实践证明创新者的理论是完全正确的，而且已变成国家政策时，并没有人去给创新者“平反”。1994年初我就提出，国有企业不仅要加快改革，而且还要注重租、变、卖、送，通过各种方式彻底放活那些中小企业。这个提法当时就被几个人扣上私有化的帽子而大加批判。但后来中小企业改革恰恰正是按照这个路子而放活中小企业的，而且实践也证明这个路子是切实可行的，并不是什么私有化，而是那几个批判人的人将非国有化与私有化这两个不同的范畴混淆了。我也不知道对我大加批判的人，在实践面前现在有何感想。

1995年初，我在接受一位记者采访时，曾说了这样一段话：现在个体及私营经济在国民生产总值中贡献已很大，而且他们为社会创造了大量的就业机会及税收，他们也应该是我们这个国家的一个不可忽视的基础。没有想到这段话引起了个别同志的极大“愤怒”，认为这就是鼓吹私有化，是赫鲁晓夫的全民国家的老调重弹。我不知道，这几位同志当看到那些在夏天的烈日下，在冬季的寒风中，整日辛勤劳作的以小商小贩为生的个体人员时，有何感想。我想，这些以小商小贩为生的人恐怕不是不想进入政府或国有制大企业，而是政府或国有制大企业没有就业机会给他们，他们是在自己为自己创造就业机会，而不是依靠政府为他们安排就业，这实际上是在为政府分忧。如果认为这些人连国家的基础都不是，那么不从其他角度去讲，就是只从人的感情上讲，恐怕也属于无情无义之列。

总之，我们正处在一个变革的年代，这个时代需要我们用新的观念去看问题，切不可逆潮流而行。我将永远用革新的标准来要求自己！

五、不能误人子弟的教改

改革开放以来的中国经济学是处于不断变革之中的。大家知道，我国的传统经济体制是以传统经济理论为基础的，因而传统经济体制的变革，必然要求经济理论的变革。但是因为各种原因，经济理论的变革往往滞后于经济实践的变革，尤其是经济理论的教学更滞后于实践的变革。因为经济理论教学滞后于经济实践变革的原因，比经济理论滞后于经济实践的原因，还要多，而且还要复杂。例如，作为已经熟练掌握某种经济理论的教师，往往就会因为不熟悉适合于实践的新的经济理论的教学而不愿意改革教学内容，甚至还有些人因为各种原因而只会教原有的经济理论，根本无法用新的经济理论从事教学，因而他们会因为工作的原因，也就是因为“饭碗”的原因，而反对经济理论教学的改革，所以经济理论教学滞后于实践的情况，就比经济理论本身滞后于经济实践的情况更为严重。在我们这样一个经济体制快速变革，但传统经济理论又非常顽固存在的国家，这种状况就显得更为明显。在这种情况下，如何使经济学教学能跟上时代的变迁，就成了大问题。如果我们不注重这个问题，就会严重出现误人子弟的状况，不仅使许多学生因为不能学以致用而无法获得自我价值的实现，而且也会使学生花了很大的代价，却学了一些已被实践所抛弃的根本无用的经济学理论，造成人才的巨大浪费，当然也会使实践所需要的有用人才却极大地短缺。

因此，如何能使经济学教学跟上经济实践的变迁，使学生能学以致用，最大限度减少人才浪费和资源浪费，就成了中国经济体制改革中的经济学教学的重大问题。我在中国改革开放的几十年中，除了只有短短的几年时间离开过高校外，基本上一直在高校中学习和工作，对经济学教学滞后于实践的危害，有着深切的体会，因而一直非常注重如何使经济学教学能跟上实践变迁的问题。我除了在自己的教学中尽量能使教学内容能跟上实践的变迁之外，非常注重教材的改革。1987 年我刚刚从中国人民大学博士毕业之后，就同洪银兴同志一起组织当时全国十几家高校的年青教师，编写了《社会主义政治经济学》，由中国青年出版社 1989 年 2 月出版，试图能使社会主义政治经济学的教学跟上时代的要求。后来我就任中国人民大学经济系主任以后，就更加注重将经济学教学的改革作为我的一项重要工作。我在中国人民大学担任经济系主任期间，曾经组织了两套教材的编写，试图使教学更能符合实践变革的要求。

一个是社会主义政治经济学系列教程。其中计划出版涉及社会主义经济基本制度、社会主义市场经济、社会主义宏观经济、社会主义微观经济等方面的教材，其中有三本是我担任主编，并先后出版。它们是《社会主义市场经济通论》，中国人民大学出版社 1993 年出版；《社会主义宏观经济分析》，中国人民大学出版社 1993 年出版；《股份经济通论》，中国金融出版社 1993 年出版。

另一个是现代经济学系列教材。这套系列教材原计划出十本，包括经济学、现代金融制度通论、现代财政制度通论、产权与企业制度通论、产业组织经济学、信息经济学、计量经济学、数理经济学、国际经济学、政策经济学。但后因为各种原因，这十本教材并未出齐，只出了前四本。《经济学》（上下），高等教育出版社 1995 年 9 月出版，我担任主编；《现代金融制度通论》，高等教育出版社

1996年6月出版，我同他人合著;《现代财政制度通论》，高等教育出版社1998年4月出版，我同他人主编;《产权与企业制度分析》，高等教育出版社1998年4月出版，我与他人合著。

在人民大学主持编写上述两套教材的目的，是为了使经济学的教学能跟上时代的发展，从而造就能适合时代需要的经济学人才。我当时为后一套教材写了一个序言，这个序言非常明确地反映了我们的这个目的，到现在我也认为这个序言并没有过时，所以引用于后，以便于说明我们为了使经济学教学能跟上时代要求的心情和目的。

我国正处于从传统计划经济体制向现代市场经济过渡的体制转轨时期，随着这个体制转轨时期的深入推进，我国经济必然会加快由封闭经济向开放经济发展的国际化进程。改革开放所带来的经济发展冲动和活力，必然会使我国经济在较长时期内能够保持高速增长的态势，促使我国国民经济在21世纪进入发达国家的经济行列。由此可见，在改革开放与经济高速增长中迎接21世纪的挑战，是中华民族面临的首要历史使命。中国民族要顺利地完成这个首要历史使命，就必须要具有雄厚的人才基础，而这种雄厚的人才基础，又离不开现代化的教育体系，尤其是离不开作为现代化教育体系的极为重要组成部分的经济学教育。

中华民族所面临的上述首要历史使命，以及完成这种历史使命所必须具备的人才基础，决定了我国经济学教学必须要做到四个面向。

第一，面向现代化市场经济的实践，即经济学教学必须要与我国的现代市场经济的改革实践相结合，充分反映现代市场经济的内在要求与运作过程，充分反映我国建立现代市场经济体制的历史进程，使经济学教学摆脱严重脱离经济实践的现状，让经济学的受教育者真正懂得市场经济体制，掌握市场经济运行规则的一般知识，成为自觉的现代市场经济主体。

第二，面向世界，即经济学教学必须充分反映经济国际化的进程，充分反映经济国别化及区域化与世界经济一体化相结合的要求，充分反映国际经济的内在规律与运作过程，使受教育者掌握有关国际经济的知识与国际惯例，能从国际经济的角度分析问题，成为熟悉国际经济运行与发展的开放型人才。

第三，面向21世纪，即经济学教学必须加快知识更新，改变教学内容与教学体系陈旧化的状况，充分反映21世纪经济变动的格局与发展趋向，使受教育者成为能够敏锐接受新生事物与具有长远眼光的跨世纪人才。

第四，面向教学，即经济学教学必须把培养能进行经济实践操作的高素质有用人才作为教学的基点，使经济学教学能符合受教育者自身的思维规律，不能再采用违背教育者思维进程的强制灌输的方式，而是应该采取循序渐进的方式，将经济学自身的发展规律与受教育者的思维接受进程相结合，形成良好的教学体系。

经济学教学要实现上述的四个面向，需要做多方面的工作，其中最为关键的是要有一套现代化的系列教材，因为教材是教学之本。正是基于这种原因，我们编写了这套现代经济学系列教材。试图通过这套系列教材，能够使经济学面向现代市场经济实践、面向世界、面向21世纪、面向教学，寻找出一条有中国特色的现代经济学发展之路，为中国的现代化建设服务。

编写一套能够面向现代市场经济实践、面向世界、面向21世纪、面向教学的现代经济学教材，首先要自始至终坚持开放的意识，能够吸收与包容世界各国在经济实践中升华出来的经济学理论。世界各国经济实践对经济理论的丰富与发展，也是人类的共同精神财富，我们不能以各种理由去狭隘地拒绝它们。我们认为，那些世界各国经济实践都所具有的经济范畴与经济运行规则，以及经济运行过程中的一般操作方式及政策，我们都应该将其吸收与升华，反映到我们这套教材中来。因此，我们在编写这套教材中自始至终坚持了国际化的方法论，使教材能面向世界，形成开放的体系。

其次，我们在编写这套教材中，自始至终坚持了发展的观点，力争将经济实践所创造的新知识、新范畴、新运行规则、新方式，等等，都充分地反映到教材中来。经济实践会不断地向人类社会提出新问题，而人类社会也在不断地解决这些新问题。这个过程不断地推进了经济制度创新、经济体制创新、经济运行创新、经济政策创新，从而也就不断地出现了经济理论创新。经济学教学当然要反映与体现人类社会的这些理论创新。因此，我们在编写这套教材中，自始至终力求反映经济实践与经济理论的创新，使这套教材能够面向21世纪。

再次，我们在编写这套教材中，自始至终坚持了实践的观点，使这套教材能充分反映我国正在建立的现代市场经济的实践要求，实现实践与理论的内在结合。因此，我们按照现代化市场经济的实践要求来安排这套教材的基本框架与内容，力争能够全面地而且系统地将市场经济范畴及市场经济规则等体系化，并将市场经济的一般规律与中国市场经济的特殊性相结合，从而使这套教材能够面向现代市场经济的实践。

最后，我们在编写这套系列教材中，始终坚持了教学第一的观点，没有将这套教材写成一般的理论著作，而是充分考虑了教学的需要。在编写教材中谈坚持教学第一的观点，似乎有些画蛇添足，难道编写教材不是为了教学吗？但是这在我国确实不是画蛇添足，而恰恰是强调得太少了。我国现代经济学教材的一个重大缺陷，就是往往不顾及教学，而是大都要自成为一种理论体系的理论著作，不注重学生的思维接受规律。因此，我们在编写这套教材中自始至终坚持了教学第一的观点，充分反映了循序渐进等学习的思维规律要求，从而使这套教材能面向教学。

总之，开放的观点，发展的观点，实践的观点，教学第一的观点，是我们编写这套教材的指导原则。但是，因为编写一套能面向世界，面向21世纪，面向现代化市场经济实践，面向教学的系列教材，是一项非常复杂而艰巨的工作，需要克服许多意想不到的困难，因而我们这套教材肯定有许多错误与不足，还需要完善，我们恳切地欢迎各种批评，使这套教材在批评中不断完善。

从上述的序言可以看出，我们当时的想法及做法都是对的，后来的经济学教学改革也基本上是沿着这个方向走过来的。因此，我对于我们在教学上试图适应实践变革的需要而改革经济学教学的想法和做法，从来无怨无悔。但因为当时人们对此问题的争议甚大，而且有些老一辈的经济学家反应强烈，认为这样搞会使马克思主义经济学丧失在经济学上的指导地位，因而就个人来讲，这些教学改革对我自身的伤害是非常大的。当然，现在回想起来，我当时的做法也有不足的地方：一个是过于急躁了一些，应该再等等比较好，水到渠成、瓜熟蒂落这些话是有道理的。当时教改如果推迟到2000年以后，可能不会出大的问题，因为2000年以后教改普遍推行了，力度比原来还要大，但却没有出什么问题；二是未考虑到这种知识体系的巨大变革，会使一些中老年同志在知识储备上难以承受，面临按新教材难以上课的问题，有“失业”的危险，改革触及深层次利益关系，必然引起强烈反弹，因为动了别人的“一亩三分地”；三是过分自信，自以为改革是为了不误人子弟，不是为了自己的私利，理应得到各方面的支持，但实际上当改革遇到意识形态方面的指责时，许多人都会采取规避的方式，并不是像想象中的那样，会直面支持改革的，这也是许多改革者最后没有好结果的重要原因。尤其是当后来的实践证明你的改革是对的，也没有人为你当时所受的指责与委屈说句公道话的，甚至忘记了你当时所做的改革对后来改革的推动作用。改革者要自身承担不应有的负面影响和损失，这也正是中国改革者的悲哀所在。如果我当时按部就班地做自己的系主任，不去触动别人已有的“地盘”和“领地”，用新教材代替老教材，尤其是能和某种并不主张更新教材的势力相妥协，而且能很好地迁就性地协调好各种关系，当然就不会发生对自己不利的局面，甚至还会荣登某些职位。最近与有些朋友谈起此段历史时，朋友总是为我当时的选择有些惋惜。但我对自己当时的选择并不后悔，因为作为教师，总应该要遵守不能误人子弟的最基本职业操守吧！

我到清华任职后，看到清华经管学院大堂立着清华经济系创始人陈岱孙老先生的塑像，而且塑像上有陈老的一句话，“我这一辈子只作了一件事：教书”。我对陈老这句话有深刻的感受，教书在有些人看来，似乎并不是惊天动地的大事，但要教好书也并不容易，因为这件事的社会责任重大，如果搞不好的话，就会误人子弟，有罪呀！因此，到清华任教后，我仍然关注经济理论的教学内容的变革，曾经和北大刘伟教授一起主编过一套教材，名为《北大清华学经济》，其中包括《经济学导论》《宏观经济学》《微观经济学》《发展经济学》《国际贸易》《投资银行学》等15种，于2002年开始陆续由中国发展出版社出版。

改革开放是我教研的沃土

如前所述，我真正进入经济学界的时间，刚好与中国改革开放启动的时间相吻合，这就决定了我的经济学人生与中国改革开放的大业必然紧紧地联系在了一起。我的经济学人生是被时代选择的经济学人生，因而改革开放尤其是经济体制改革成了我经济学人生的主线。可以这样说，我的所有经济学研究与教学，都与中国的改革开放相关，基本上涉及的都是中国经济体制改革中的热点及难点问题，因而中国改革开放成就了我的经济学人生，我的经济学人生融于中国的改革开放大潮之中。用一句流行语言讲，就是在改革开放中成长。

正因为如此，我的学术生涯就和改革开放紧密地融为一体，基本上是以改革开放为中心，将中国改革开放中的经济现象上升为经济概念与范畴，再寻求概念与范畴上的逻辑联系，最终探讨体制规范与政策建议。在中国改革开放的大潮中，我的研究基本上是以问题为导向，针对中国改革开放中的问题，先后涉及到如下十多个问题的研究。

一、国有经济研究

国有经济、国有企业、国有资产方面的改革，是我国经济体制改革的重要内容，因而也是我在经济体制改革进程中关注和研究得最多的一个问题，先后出版了下述著作:《国有制经济的实践与改革》，河北人民出版社 1995 年 7 月出版，同他人合著;《中国国有经济总论——历史沿革、改革历程、发展趋向》，经济科学出版社 1997 年出版，担任副主编;《国有资产管理教程》，经济科学出版社 1997 年出版，担任副主编;《资产重组的政策与途径》，经济科学出版社 1997 年出版，担任副主编;《改制 · 重组 · 运营——十五大后的中国国有经济》，同心出版社 1998 年 2 月出版，担任主编;《未来的国有企业》，经济科学出版社 1998 年 2 月出版，担任副主编;《中国国有经济对外投资发展战略》，经济科学出版社 1998 年出版，担任副主编;《资产重组与股份化——国有企业改革的两大突破》，河北人民出版社 1998 年 7 月版，担任主编;《构建新的国有资产管理体制》，江苏人民出版社 1998 年 5 月版，专著;《资本经营论纲》，上海远东出版社 1998 年 11 月出版，专著;《国企改革与发展的重大理论和现实问题》，中共中央党校出版社 1999 年 10 月出版，担任主编;《国有资产管理教程》，当代世界出版社 2003 年出版，担任主编;《现代产权制度辨析》，首都经济贸易大学出版社 2000 年 2 月出版，独著。

在对国有经济、国有企业及国有资产方面的研究中，主要形成了如下的认识。

第一，国有经济并不是社会主义经济的特有范畴，它实际上是与国家这个范畴相关的一种经济形态。在自然经济时代，它是皇权实施统治的重要手段。正因为如此，皇权引发的土地兼并，往往是农民起义的根本原因与导火线。在市场经济时代，它是市场经济的重要补充，市场经济作用不到或者不能有效作用的时候，往往需要有国有经济的作用，例如当国家经济安全与国民经济命脉受到威胁时，往往需要国有经济发挥应有的作用。但是我国过去却将国有经济当作社会主义财产关系的最高形式，因而导致了许多问题，出现了盲目追求所谓的所有制形式升级的“左”的倾向，搞“一大二公”，试图将整个国民经济都纳入国有经济范畴之中，实行所谓的“穷过渡”，使中国经济陷入低效率又结构失调的困境中。实际上，国有经济并不是社会主义特有的经济范畴，它是与国家这个范畴相联系的。有了国家，就有了国有经济这个范畴。国有经济这个范畴的具体属性是由国家的具体属性所决定的。

第二，社会主义国有经济模式的设想者试图通过国家控制财产权而协调社会化与私人占有的社会矛盾，但实践证明这种设想并不能有效协调这一社会矛盾，而且还带来了低效率和贪腐严重的恶果，并不是良好的选择。后来人类实践证明，国家可以通过对公共权力的控制而对宏观经济及再分配过程进行有效调节；控制公共权力，比控制财产权更有利于协调社会矛盾，更有利于在效率的基础上实现社会公平。因此，国有经济实际上已失去其设想者的原有意义。我们发现，国家控制财产权无法实现政资分家、政企分家及政经分家，在国家控制财产权的条件下，国有经济再改也无济于事。中国一些央企在改革后的低效率及贪腐状况充分证明了这一点。

第三，国有经济作为国家控制的经济力量，其主要目的是要弥补市场经济的不足，为市场经济的充分作用提供服务，因而国有经济往往以投资公司形式存在，而且投资的重点是公益性事业，特别是对国家经济安全及国计民生要有很大的保障，但它并不代替市场经济的作用，不妨碍市场在资源配置中起决定性作用，而是为市场在资源配置中起决定性作用而服务。从这点上讲，国有经济并不是单纯以经济效益为中心，而是以社会效益为中心，因而它不能具体经营竞争性行业，不能与民争利，而且涉及垄断性行业时也并不以利润为中心，而是以追求社会公平为原则。

第四，在市场在资源配置中起决定性作用的条件下，国有经济必然要服从市场经济的内在要求，带有市场经济的“烙印”，表现为国有经济市场化。一是规模市场化，也就是国有经济规模不能太大，针对我国国有经济规模太大的情况，要通过“一租二卖三变四改”的方式推动国有经济非国有化与股份化。当然，在推动非国有化与股份化的过程中，要处理好国有资产定价、国有资产负债、国有企业员工安排与社保等问题。二是运行方式市场化，也就是要根据委托—代理理论，处理好作为国有经济最终所有者的人民与国有经济管理机构与经营机构的关系，淡化它们之间的行政关系，形成真正反映产权原则的责权利关系，在国资管理体制方面实行全方位的改革。三是占有方式市场化，也就是要根据国有经济在经济调节中发挥作用的要求，不断改变国有经济形态，有时要从资产形态变为资本形态，甚至变为股票或债券的有价证券形态，当然有时也要从土地资源资产变为经营性资产或者非经营性资产，或者从一种形态的经营性资产变为另一种经营性资产，等等。总之，在占有方式上要有形态的转变，以适应市场经济的要求。四是收益方式市场化，也就是国有经济的收益要归作为它的所有者的全体人民享受，不能成为某些利益集团独享的财富，这就要求国有经济必须将其收益的30%上缴国家财政并转向社会保障账户，甚至可以将一些国有股权作为优先股划归社会保障账户，收益由社会保障账户享有，因为社会保障账户是全体人民都能享有利益的账户，从而使国有资产收益最终归全体人民享有。

第五，市场经济配置资源强调效率基础上的平等原则，即对所有经济成分都平等相待，没有效率之外的优惠或歧视原则，因而与市场经济相对应的财产制度实际上是混合经济。在混合经济条件下，独资国有企业会越来越少，再加之政府从经济建设中心转变为社会公共管理主体之后，地方政府基本上将不再办企业，因而典型的传统形式的国有企业将会逐渐消失，充其量只会存在基金会形式的国有投资公司。国有投资公司只是根据有关调控需求参股或控股企业，国有参股或控股的企业实行现代企业制度，具有清晰的产权制度和完善的公司治理，高管人员实行市场化的“海选”，而不再由政府任命，而且其身份是企业经营人员，而不再是行政性公务人员。即使是国有独资的投资公司，也是以现代企业制度的方式建立，类似于新加坡的淡马锡公司，而并不是原有的传统性国有企业，其运行方式是现代企业运行方式，属于现代企业范畴。

第六，在对国有经济进行改革中，我们一直把调整国家与企业的关系作为一个重点问题，并且对如何调整国家与企业关系作了三次大的探讨。一是调整国有企业的隶属关系，在这方面曾作过四种探讨，例如，将国有企业由中央政府管下放到地方政府管，将国有企业从地方政府管上收到由中央政府管，将国有企业由政府管改变为由行政性行业集团管，将国有企业由行业性政府管理机构管转向由综合性政府部门管。二是调整国有企业的利益关系，例如曾经搞过三种尝试，利润分成、利改税、利润承包。三是调整国有企业的权力关系，例如所有权与经营权分离、最终所有权与法人财产权分离。后来的实践证明，上述改革并不能真正解决国有企业的根本问题。因此，在研究中，我一直认为国家与国有企业的关系只能通过现代产权制度来梳理，现代产权制度是唯一的有效选择，其中包括产权清晰、产权结构多元化等现代产权有关制度的建立。为此，我曾经从各方面探讨国有企业实行现代产权制度的问题。

第七，国有经济的最终所有者是全体人民，属于全民财产，但全体人民又不可能每个都去管理和经营归自己所有的财产，所以国有经济只能以委托—代理制的方式来实施管理与经营。如何实行委托—代理制？在改革开放之前，是将国有经济委托给国务院，国务院又根据自身的政府组织机构委托给自己的有关机构。例如，当时的财政部管国有经济的资产，经贸委管国有经济的具体经营，国家计委管国有经济的投资，组织部管国有经济的管理经营者，然后再根据行业分别由当时的纺织工业部、轻工业部、石油部、化工部、煤炭部等产业类政府机构具体经营管理；有的国有经济归地方政府，根据政府级别再层层委托—代理，由某级政府管的国有经济，再委托给自己相关的政府机构。因此，改革开放前我国国有经济的委托—代理制是行政性的委托—代理制，而且多头委托—代理制和多环节委托—代理制。这种委托—代理制导致政企不分，政经不分，而且是多头委托—代理与多环节委托—代理实际上就是无人负责，争权夺利，即有利益和权力时都来拼命为自身争取，而有问题时则相互推诿，无人负责，其结果是国有经济既丧失了活力，又损失严重。因此，改革开放后我们试图对国有经济的这种委托—代理制进行改革，例如，20 世纪 80 年代后期成立国家国有资产管理局，2002 年成立国资委等，都是试图进行改革，但收效并不太好。现在看来，国有经济委托—代理制的改革要做到这样几点。

一是委托—代理制要与政府脱钩，全国人民将国有经济委托给最高的立法及民意机构即全国人大，全国人大再委托给相关的企业。

二是将国有经济监管与国有经济运营分开，全国人大成立专门机构对国有经济实施监管功能，国有经济运营则交由有关企业来进行。

三是全国人大作为监管者是对国有经济的资本收益进行监管，不再涉及企业的具体经营事务。

四是全国人大对国有经济的监管目标不再是把国有经济做大做强，而是让国有经济为中国经济发展的全局服务，为全体人民的民生服务。

五是全国人大要对国有经济进行分类监管，实行不同的监管评价指标。对于那些主要用于公益性事业的国有经济，要将社会效益作为评价指标；而对于那些主要以盈利为目标的一般性商务活动中的国有经济，则要将经济效益作为评价指标。当然，随着国有经济在公益性事业与一般商务经营中的流动，监管指标也要随之变化。

总之，要形成新的国有经济的委托—代理制度。

二、非公有经济研究

承认并推动非公经济发展，是我国改革开放最重要的内容，也是中国经济在改革开放以来快速发展的最重要动力。非公经济问题是我研究中国经济时钻研的一个重大问题，在我国经济改革的30多年的不同时期，我写过不少相关的论文，不少观点反映在下述这些著作中:《魏杰集》，黑龙江教育出版社1995年12月版;《社会主义市场经济通论》，中国青年出版社1993年3月版;《中国经济改革的主线》，经济科学出版社1997年8月版;《为改革声辩》，经济科学出版社1997年7月版;《私有经济与中国》，中国城市出版社1998年11月版;《新头脑风暴》，广东人民出版社1999年1月版;《中国经济的盛世忠言》，广东经济出版社1999年6月版;《中国企业大趋势》，中国经济出版社1999年2月版;《动摇不得: 中国经济改革若干问题》，中国发展出版社2007年1月版;《崛起中的磨合》，中国发展出版社2008年1月版;《亲历改革》，中国发展出版社2009年1月版。

非公有经济在我国传统经济体制下的命运是被改造和直至全部被消灭，尤其是到“文革”时期，我们甚至荒唐到连老百姓养的鸡鸭也要作为“资本主义尾巴”被割掉。直到改革开放之后，我们才开始慢慢承认非公有经济存在。从改革开放到现在，非公有经济在我国大致上经历了三个阶段。

第一个阶段是“必要补充阶段”。这个阶段自十一届三中全会后开始，也就是在十一届三中全会以后，我们在不同程度上开始承认非公有经济，直到1982年党的十二大，我们正式承认非公有经济是社会主义经济的必要补充。从不承认到承认是“必要补充”，这是巨大的进步，但是这时的非公经济还被限制在很小的范围内，尤其是非公经济的重要形式即私营经济还并未被完全承认，获承认的仅有非公经济的个体形式，这当然非常不利于非公有经济的发展。

第二阶段是“重要组成部分”阶段。这个阶段从1997年党的十五大开始，较之“必要补充”，“重要组成部分”有了很大进步，尤其是开始承认非公经济的重要形式即“私营经济”。但是这时的“重要组成部分”是被限定在市场经济这个范畴上，即认为非公有经济是“社会主义市场经济的重要组成部分”。并没有被作为社会主义经济的重要组成部分。社会主义经济与社会主义市场经济不是一个相同的范畴，因而非公有经济仍然是被放在作为与公有经济相对立的被歧视的框架内，其发展当然还有很多限制。

第三个阶段是“国民待遇”阶段。这个阶段从党的十六大开始，党的十六大明确提出“两个坚定不移”，即“坚定不移地发展公有经济”和“坚定不移地发展非公有经济”。这标志着非公有经济与公有经济取得了平等的地位，具有了与公有经济相同的“国民待遇。”尤其是党的十八大报告，强调非公有经济同公有经济在政治上、法律上、资源配置上、投资经营上和竞争环境上的平等，更加明确了“国民待遇”。

在我国非公有经济的发展中，我们逐渐形成了一套新的非公经济理论，这套理论将指导我国非公有经济的快速稳定发展。具体来说，这套新的非公有经济理论有如下十大要点。

1. 非公有经济不是同公有经济相对立的

我国在改革开放以前根本不承认非公经济，将非公经济作为资本主义经济范畴，从而把消灭非公经济当作社会主义革命的最主要内容。改革开放以后，我们终于承认了非公经济，开始注重发挥它的作用，首先是提出非公经济是社会主义经济的必要补充，后来在党的十五大报告中提出非公经济是社会主义市场经济的重要组成部分，所有这些，都是我们对非公经济理论的创新。

但是，这些理论创新似乎还没有从根本上解决非公经济的问题，因为这些理论创新只是从非公经济的作用上来说明其重要性的，只是指出社会主义经济建设需要有非公经济的发展，但并没有从根本上对非公经济的社会经济性质做出清晰而明确的界定。由于传统社会主义理论的长期影响，人们在思想深处还是把非公经济与公有经济看成是在性质上相互对立的经济形态，姓社姓资的问题没有解决，发展非公经济仍然心有余悸，所以对非公经济还有严重的政策歧视。党的十六大报告明确指出，公有经济与非公经济不是相互对立的，是完全可以统一于社会主义经济的建设之中的，因而我们必须既要毫不动摇地发展公有经济，而且还要毫不动摇地发展非公经济。在改革开放以来，我们虽然多次强调要注重非公经济的作用，但是非常明确地提出公有经济与非公经济并不是对立的经济形态，十六大报告是首创。

明确提出公有经济与非公有经济不是相对立的，对于大力发展非公经济和确立非公经济的完整法律地位，具有非常重要的作用和意义。不承认公有经济与非公经济不是对立的，就是仍然把非公经济当作剥削经济；既然是剥削经济，当然谈不到应有的法律地位问题。只有承认公有经济与非公经济不是对立的，才能解决非公经济的剥削性质问题，才能使非公经济有完整的法律地位。

如前所述，我国改革开放以来虽然已承认了非公经济的作用，但对于非公经济的社会经济性质并没有做出清晰界定，因而把公有经济与非公经济当作两种对立经济形态的传统社会主义经济理论，仍然保留在人们的思想深处，由此导致人们对发展非公经济心有余悸，不能把发展非公经济与发展公有经济放在同等重要的地位上，例如有人认为首先应该发展公有经济，然后才是发展非公经济。

正因为如此，我们往往在处理公有经济与非公经济的关系时，歧视非公经济，甚至有的领导不敢公开支持非公经济的发展，不敢去非公经济中视察，似乎只有公有经济才是“亲儿子”，而非公有经济则是“后娘养的”。党的十六大明确提出公有经济与非公经济并不是对立的，是可以统一于社会主义经济建设之中的，我们应该充分发挥它们的各自的比较优势和作用，不仅要毫不动摇地发展公有经济，而且要毫不动摇地发展非公经济，绝不能有所偏废。

我们第一次提出了非公有制经济和公有制经济不是对立的，是可以融合在社会主义建设之中的。这个判断非常重要。过去我们虽然也讲大力发展非公有制经济，但更多地是从税收及就业上讨论其发展的必要性，认为不发展非公有经济，就没有税收，就没有就业机会，但实际在很大程度上仍然把它当作对立面，因为我们一直有一个重要的理论观点：非公有制经济是剥削经济。如果是剥削经济的话，那么显然非公有制经济和公有制经济是对立的，因而就很难讲统一的问题。因此，这几年以来，我一直在琢磨这个问题，要从理论上澄清非公有制经济和公有制经济的关系问题，就要对剥削的问题做一个清晰的研究。而对这个问题的研究，又不能否定劳动价值理论，因为没有劳动价值理论，就没有剩余价值理论，就没有消灭资本主义的问题了。因此，研究了几年时间，可能大家都知道，我们想用一个办法来解决它，就是提出来我们要重新正确认识劳动价值理论。意思是指，劳动价值理论没有错，我们理解错了，只要修正我们的理解就可以解决剥削经济的问题。由此可见，这个提法的目的是想解决它们对立的问题。按照劳动价值理论，由于劳动创造价值，别的要素都不创造，因而非公有制经济中的资本获取利益，显然就是剥削的问题。因此，提出“重新正确认识劳动价值理论”这个口号，就是想把这个问题加以解决。前几年，我们曾经有一个重要的课题就是研究劳动价值论，其主要目的就是想解决非公有制经济和公有制经济相对立的问题，结果引发了一场大争论。我们现在没有时间争论，我们和平崛起的时间是有限的，因而十六大报告和十六届三中全会的决定，换了个提法来重新讨论这个问题，就是认为创造社会财富需要有四种生产要素，有劳动、有管理、有资本、有技术，从这个角度来讨论问题，就能更好地解决问题，总之，用新思维讨论的结果，也就是与时俱进。我们提出来非公有制经济和公有制经济不是对立的，是可以融合在社会主义建设之中的。这个要点是我们从理论上做的深层次的思考和分析。现在，人们慢慢地开始认可这一要点了，即非公有制经济和公有制经济不是对立的，是可以融合在社会主义建设之中的。这是第一个要点。

2. 非公有经济要长期发展

第二个要点就是，强调非公有制经济是要长期发展的。那么长期要发展是指多长时期？我们不再讲50年不变、100年不变的问题了，而是提出了另外一个标准，这就是生产力标准。也就是说，非公有制经济究竟要存在多长时间，不是某个领导说了算，不是某个思想家说了算，而是生产力说了算。只要非公有制经济能容纳生产的发展，能够推动生产的发展，那么非公有制经济就会存在。总之，非公有制经济是要长期发展的，到底多长时间，生产力说了算。这个要点的提出是有意义的。因为现在老有人担心非公有制经济能不能长期发展，非公有制经济人士觉得你们发展非公有制经济是无奈的选择，因为不发展就没有税收，不发展就没有就业，但是消灭非公有制经济是你们伟大的理想，所以很害怕是不是将非公有制经济养肥了再一宰。这种状况导致我们大量的非公有制经济资本向国外流动。我们在2002年到2005年每年吸收580多亿美元的外资，但实际上1/3多不是外资，是我们国内的资本转一圈回来了。在国内害怕被人剥夺，所以采取别的什么办法转到国外，然后再以外资身份回来，因为以外资身份回来有国际法的保护。其实啊，大可不必绕这么大的圈子。非公有制经济是要长期发展的，多长，生产力说了算。这是新的非公有制经济理论的第二个要点。

传统社会主义经济理论认为只有公有经济才是社会主义，而且公有的程度越高，社会主义经济制度也就越完善，因而我们在改革开放之前搞“穷过渡”，强调从低级的公有制即集体所有，过渡到高级的公有制即国有制，结果使我国的国民经济越来越缺乏活力，人民的生活极为贫穷。

改革开放以后我们虽然承认了非公经济，但是对于为什么要发展非公有经济的问题，则主要是从增加就业机会、缓解国有企业压力、提高人们收入、增加税收的角度来回答的，并没有承认非公经济的社会主义性质，因而给人的感觉是，只有公有经济才是社会主义经济，非公有经济并不属于社会主义，现在发展非公经济是无奈的选择，因为不发展非公经济就无法解决国民经济中当前存在的问题，但我们的最终目标是要发展公有经济，一旦条件成熟，我们就会放弃非公经济。这种无奈选择和最终目标的关系，被有的人通俗地形容为：是不是非公经济这只羊一旦养肥，我们就要宰？

因此，我们虽然承认了非公经济，但给人的感觉是发展非公经济并不是长期的任务，而只是短期的一种迫不得已的选择。党的十六大报告明确提出发展非公经济是长期的，并不是临时性举措，非公经济同公有经济一样，都是长期存在的经济形态，统一于社会主义经济建设之中。

任何一种经济形态的存在，都不是由任何一个人的价值取向所决定的，而是由生产力的发展状况所决定的。也就是说，任何一种经济形态，只要它能够促进生产力的高效发展，它就会必然存在，这是不以任何人的意志为转移的。因此，只要非公经济能容纳生产力的发展，能满足生产力发展的内在要求，它就必然存在和发展。我们过去习惯用姓社姓资的原则来评价各种经济成分，似乎凡是姓社的，就可以长期发展；而凡是姓资的，就要马上消灭。这种“左”的思维方式甚至发展到“宁要社会主义的草，不要资本主义的苗”的状态。实际上，评价和判断一种经济形态能否存在和发展的唯一标准，就是生产力标准，只要一种经济形态能够促进生产力发展，这种经济形态就会必然存在。因此，非公经济在它能促进生产力发展的长时期里，必然会长期存在和发展。由此可见，非公经济的存在和发展不是由某些人物的判断和价值取向决定的，而是最终由生产力所决定的。

3. 承认非公有经济中资本的贡献

第三个要点就是我们承认了非公有制经济中的资本，认为资本是有贡献的，因而既要按劳分配，还要按资分配。不过，对于这个要点的论述，不再是以价值的创造开始分析，而是以财富的创造为起点，提出创造社会财富的力量包括各种生产要素，有劳动，有资本，有管理，有技术，资本也是创造社会财富的一种重要因素。各种生产要素都创造了社会财富，因而当然要按照各种要素的贡献分配社会财富。这里需要强调的是，我们讲按资分配，是指资本有贡献，按照资本的贡献分配。基于资本在社会财富创造中的贡献，我们提出了按资分配的问题。也就是说，经济生活中不仅仅是按劳分配，还有按资分配的问题。我们承认按资分配，等于承认了资本，承认了非公有制中的资本在社会财富创造中的作用和地位，这是新的非公有制经济理论的第三个要点。

非公经济发挥自身作用的最为重要的要素就是资本。资本是非公经济存在的现实载体，可以说，没有资本，就谈不到非公经济对生产力的推动作用。但是，传统社会主义理论恰恰是忽视或者否定了资本的作用，认为只有劳动者的劳动最为重要，资本不仅不创造财富，而且还具有剥削性质，甚至是压榨人的劳动的工具。党的十六大报告明确提出，我们要充分发挥各种生产要素的作用，要让劳动、技术、知识、管理及资本都充满活力，充分发挥它们在财富创造上的活力。承认和尊重资本的作用，是十六大报告的重要创新之处，我们必须要建立新型的资本理论。

承认资本在财富创造上的作用，当然就要承认资本在财富分配上的地位，因而十六大报告明确提出按要素分配的原则，不仅强调要尊重劳动的贡献，还要尊重知识、技术、管理及资本的贡献。我认为，十六大报告提出尊重资本的贡献，并指出要按要素分配社会财富的理论创新，可以使我们重新正确认识非公经济的所谓剥削问题，把非公经济从剥削性质中解脱出来。

我们应该看到，非公经济的资本不仅创造了应归自己所有的资本的收入，同时也为人们创造了就业机会，为政府创造了税收，为社会创造了产品和服务，如果再考虑到有的资本所有者把资本的一些收入捐献给社会，那么资本实际上还在为社会创造着福利，因而不能随意将非公经济划入剥削范畴。如果将非公经济界定为剥削经济，那么非公经济就不可能拥有完整的法律地位，非公经济也就难以真正快速发展。

4. 承认非公有经济中的各种劳动

第四个要点就是我们承认非公有制经济中的各种劳动，提出劳动有四种，有体力劳动、脑力劳动，有简单劳动、复杂劳动。这些劳动都很重要，因而我们现在承认各种劳动。不过，这些劳动哪一种劳动更值钱？对于这个问题，我们把评价劳动的重要性的标准重新做了一个界定。原来我们评价劳动的时候，也就是评价哪一种劳动更值钱的时候，评价标准是体力劳动，认为体力劳动是最值钱的，甚至认为只有出大力，流大汗的劳动才是劳动，因而不承认脑力劳动是劳动，所以总要改造知识分子，非要把工程师赶到车间里抡大锤，认为抡大锤才是劳动，而实验室里的研究不是劳动。正是因为我们以体力劳动为评价劳动的标准，因而提出来一些原则，比如收入分配向一线工人倾斜。其实这些话在现代化生产条件下都是错的。为什么要向一线工人倾斜？因为体力劳动最重要，所以要向体力劳动倾斜。但在现在的条件下，企业都是哑铃式的企业，即两头大中间小，也就是新技术研究重要，市场开拓重要，制造已经是一个并不占主导地位的环节，怎么向一线工人倾斜？因此，现在我们明确提出评价劳动的标准不是体力劳动而是市场，就是说市场的供求关系决定哪一种劳动值钱，哪一种劳动不值钱。具体来说，就是劳动的短缺程度决定哪一种劳动值钱，哪一种劳动不值钱，即哪一种劳动越短缺，哪一种劳动就越值钱。

比如说，在2000年左右，珠江三角洲技术工人的收入翻了两番后还在继续上涨。原因在哪里？就是这种劳动在市场上短缺。哪一种劳动值钱或不值钱，是市场的短缺程度来定的。所以，我们提出建筑工人应该被全社会关爱，因为他们遭受风吹雨打，非常辛苦，但是刚改革开放时，他们的收入就是不高，为什么？因为我们国家还没有实现充分就业，这种劳动供给无限，你不干有人干，因此收入就是提不高。关爱他们和他们收入不高是两个概念。哪种劳动值不值钱，是这种劳动的市场的短缺程度决定的，而不是别的什么东西决定的。这是个重要的认识。因为如果不这样讲的话，非公有制经济中有好多事情说不清楚。只有承认各种劳动，而且认为评价各种劳动的标准不再是体力劳动而是市场，才能解释好多问题，这是新的非公有制经济理论的第四个要点。

传统社会主义经济理论只注重体力劳动和简单劳动，不注重甚至歧视脑力劳动和复杂劳动，因而忽视知识、技术、管理的作用，把知识分子当作需要改造的“臭老九”，从而严重阻碍了我国国民经济的高效发展。党的十六大报告明确提出要尊重各种形式的劳动，不仅不能歧视脑力劳动和复杂劳动，而且要高度地重视脑力劳动和复杂劳动，在工业化和信息化为特征的现代化进程中，脑力劳动和复杂劳动具有举足轻重的作用，甚至可以说是现代化所依赖的基础。

因此，我们必须尊重脑力劳动和复杂劳动。党的十六大报告关于尊重各种形式的劳动的论述，是我们对传统社会主义经济理论的重要创新。我们过去对于非公经济的不正确认识，就理论根源来讲，是与我们对于劳动的不正确认识有深刻联系的。由于非公经济的所有者和经营者主要从事的是非体力性的复杂劳动，例如主要是从事管理、经营、技术等形式的非体力复杂劳动，因而当我们把非体力劳动与体力劳动对立起来，把复杂劳动与简单劳动对立起来，歧视脑力劳动和复杂劳动的时候，必然会将非公经济的所有者和经营者的劳动当作剥削性质的劳动，从而将非公经济纳入剥削经济的范畴。因此，要真正为非公经济正名，就必须对脑力劳动和复杂劳动正名。正是从这一点出发，党的十六大报告对于脑力劳动和复杂劳动做出了科学的评价。我认为，尊重各种形式的劳动的理论，是非公经济理论的重要组成部分。

非公经济中的各种劳动是相互联系和共同发挥作用的，不同形式的劳动的收入是由市场根据不同形式的劳动各自的贡献决定的，因而不能因为脑力劳动和复杂劳动收入多，而认为这是社会不公平，甚至认为脑力劳动和复杂劳动具有剥削性质，更不能人为地为在脑力劳动和复杂劳动的收入，与体力劳动和简单劳动的收入之间，确定差别的比例。例如不能认为非公经济的经营管理者的劳动收入不能超过多少个体力劳动者的收入。各种不同形式的劳动的收入是由市场自行确定的，市场会自动地根据不同劳动的贡献确定各自的收入，不能人为地以某个价值理念去确定。我国有句成语叫

“三个臭皮匠顶一个诸葛亮”，这句话的含义是指要集思广益，除了这个含义，这句话是不对的，因为诸葛亮就是诸葛亮，臭皮匠就是臭皮匠，他们之间是不具有可比性的，不是几个顶一个的问题。因此，不能将不同性质的劳动作数量上的比较，它们是由市场来评定的。

总之，只有将非公经济的所有者和经营管理者的非体力劳动和复杂劳动，界定为同体力劳动和简单劳动一样，都是具有同等地位的劳动，而且前者比后者更为重要，那么非公经济才能具有真正的地位。劳动没有姓社姓资之分，评价劳动的标准是看劳动的贡献，有贡献的任何劳动都应该受到尊重，非公经济的所有者和经营者的劳动具有极大的贡献，因而应该得到承认。

5. 承认非公有经济中的各种合法收入

第五个要点就是我们承认了非公有制经济的各种收入，而且调整了评价收入的标准。过去我们评价收入的标准是劳动，认为劳动收入最光荣，强调劳动致富的问题。现在我们评价收入的标准不再是劳动，而是法律。所有合法的收入，我们都承认，因此既承认劳动收入，也承认合法的非劳动收入。我们是第一次公开承认合法的非劳动收入。对于非公有制经济，仅仅用劳动是不能说明收入问题的，因为在非公有制经济里面，风险、机遇等都会影响收入，仅仅用劳动是讲不清楚的。所以评价收入的标准不再是劳动，而是法律。也就是说，所有合法的收入我们都承认，既承认合法的劳动收入，也承认合法的非劳动收入，只有这样才能解释非公有制经济的许多问题。这也是一个很重要的认识。因为在市场经济条件下，有些风险的选择，甚至机遇的获得都会在很大程度上影响收入，仅仅用劳动这个要素是说不清问题的。所以我们评价收入的标准是法律。因此，这样一来，我们就既承认劳动收入，也承认合法的非劳动收入。这是新的非公有制经济的第五个要点。

传统社会主义经济理论只注重劳动这种生产要素的作用，不承认劳动之外的别的生产要素的作用，因而更多地强调了劳动收入，而不注重甚至歧视非劳动收入，把非劳动收入划入所谓剥削收入范畴之中，似乎只有劳动收入才是阳光性收入，是光荣的，而非劳动收入则是非阳光性的收入，拥有非劳动收入是不道德的甚至是可耻的。正是因为如此，所以从非劳动收入的理论上就把非公经济打入了另册，因为非公经济的收入主要表现为非劳动收入。

因此，要真正承认非公经济的合法地位，就必须对非劳动收入做出正确的解释，如果将非劳动收入作为与劳动收入相对立的范畴，不承认非劳动收入的真正地位和作用，那么非公经济就不可能成为我国经济的重要组成部分，而是被作为临时性的迫不得已的举措而已。党的十六大报告明确提出必须要尊重合法性非劳动收入，无论劳动收入还是非劳动收入，只要是合法的，就必须要受到尊重和保护，这就从根本上奠定了非公经济的合法地位。

传统社会主义理论着重于以劳动为基点而评价收入，因而往往把劳动收入当作社会主义性质的，把非劳动收入当作非社会主义性质的，由此为社会主义经济发展带来了严重的阻滞。党的十六大报告在这方面有了很大的创新，调整了评价收入的基点，不再把是否是劳动收入作为评价收入的基点，而是强调各种要素的贡献，按贡献分配收入，指出按贡献收入就是合法的，从而将法律作为评价收入的基点，强调收入的合法性，认为凡是合法性收入，都应受到尊重和保护。

从要素贡献及合法性的基点上评价收入，是我们在收入理论上的重大创新，非常有利于促进国民经济的发展。在现实经济生活中，劳动之外的生产要素的作用是极其重要的，因而我们只有尊重非劳动收入，才能真正调动劳动之外的生产要素的积极性。让合法的非劳动收入成为阳光性收入，必将极大地促进我国国民经济的快速发展。

另外，从思维方式的角度来看，我们从法律的角度思考经济范畴问题，强调评价任何经济范畴的标准是看其是否具有合法性，而不再将法律之外的别的标准作为评价标准，这既是依法治国的重要举措，也是思维方式上的重大拨乱反正，从而可以使我们摆脱无休止的收入上的姓资姓社的毫无意义的争论，因而必将有利于推动我国国民经济的发展。

6. 非公有经济要有充分的要素获取市场

非公经济创造社会财富需要有各种生产要素，因而非公经济必须同任何社会经济成分一样，能够顺利地获得各种生产要素，包括土地、劳动力、技术、资金等，这就要求我们应该全面地向非公经济开放要素市场。

这里我们以资金的融通方式为例。

非公经济的投资及经营活动不能仅仅使用自己的资金，而是还需要融通债务资金和资本金，因而非公经济需要有充分的融资方式：既要有融通债务资金的间接融资方式，又要有融通资本金的直接融资方式，因此，我们要全方位地为非公经济放开银行融资和资本市场融资。对此，党的十六大做了充分的承诺，提出全方位地为非公经济放开金融市场。

可以说，充分地为非公经济放开融资方式，在融资方式上不歧视非公经济，是非公经济理论的重要组成部分。党的十六大报告强调从融资方式上支持非公经济发展，不能对非公经济实行歧视政策，这是对非公经济理论的创新和完善。

在改革开放之后，我们虽然在政策上鼓励非公经济发展，但是在融资方式上并没有对非公经济实行真正的支持，甚至存在着严重的歧视倾向。例如在银行融资上歧视非公经济，在资本市场上不支持非公经济，强调上市融资为国有企业脱困服务，因而在一定程度上阻碍了非公经济的发展。党的十六大报告提出不能在融资方式上对非公经济实行歧视政策，要对非公经济实行国民待遇，以效率来确定资金的流通方向，无论任何经济成分，只要有效率，就应获得应有的银行融资的支持，获得资本市场的支持。

实际上，我们过去不以效率为融资原则，而是以是否是公有经济为原则的融资政策，结果不仅没有有效促进非公经济的发展，反而将有限的金融资源投入到没有效率的一些公有经济企业之中，造成了大量的银行呆坏账和资本市场的严重低迷，从而严重影响了国民经济的高效发展。因此，我们必须彻底改变融资政策，把效率作为融资的准则，使非公经济得到高效发展。

总之，我们要向非公有制经济放开所有的融资渠道。非公有制经济要发展就需要融资，不能只用自己的资本投资。因而我们要放开所有的融资渠道，既包括间接融资，也包括直接融资。间接融资就是银行融资，现在我们要全面放开。我看像温州这样的地方，民间借贷非常发达，因而只要我们一旦认可民间借贷，那么私营银行就会产生。从2006年开始，外国人可以在中国办银行。外国人可以办，我们为什么不可以办？这是完全可以办的，因此，现在放开了民营银行的设立。所以间接融资应该进一步的全方位放开，尤其是必须承认民间信贷，这是市场经济的必然要求。

当然，不仅放开间接融资，还要放开直接融资。应该说，直接融资已经开始放开了，比如在1997年以前，我们是不允许非公有制经济在股市上融资的，现在基本都放开了。尤其我们很希望非公有制经济企业重组我们已经上市的国有制企业。因为有些国有制企业是很糟糕的，亏损得很厉害。当然现在非公有制经济企业比较理性，他们不愿意重组我们的上市公司，因为我们有的上市公司问题很多。股市有问题与我们的政策失误有关，例如，我们过去有一个重要的讲法，叫上市为国有企业脱困服务。这个话实际上是有问题的，因为资本市场是大家投资的地方，不是为谁服务的。结果上市为国有企业脱困服务，谁有困难才来上。有困难怎么能上，应该要按照上市标准来确定谁上市谁不能上市，有问题的企业就不能让上。不能上怎么办，我们就搞包装，包装还可以，但最后发展成伪装，男扮女装，因而一大堆不该上市的企业上市了，后来问题全暴露出来了。我们的上市如果有2/3企业都好的话，那股市就不是这个样子了。我们股市缺乏投资价值，或者说就没有投资价值，因而股民不买股票，股市低迷。总之，股市一直很麻烦，我们现在很需要非公有制经济进来重组。不过非公有制经济比较理性，往往不愿意。从根本上讲，我们的国有上市公司根本就没进行制度的调整，体制没有活力，因而很糟糕。不过，我们希望非公有制经济来重组它，这就充分说明我们要把直接融资向非公有制经济放开。当然，我们还将完善股市中的几年前放开的创业板，创业板其实是为非公有制经济搞的，因为这个板块是为中小企业搞的，我们规定创业板的公司净资产值不能超过1个亿，现在已没有这么小的国有企业，因而基本上是非公有制经济企业的板块。既然中小企业板块基本都是非公有制经济板块，这说明我们在融资体系上已经全面放开了。这是新的非公有经济的第六个要点。

7. 全方位向非公有经济放开投资领域

第七个要点就是我们进一步放开非公有制经济的投资领域。投资领域必须要进一步放开，竞争性领域的全面放开已基本上没有问题了。几年前主要讨论城市基础设施向非公有制经济放开的问题，包括自来水、天然气等等，现在这方面也向非公有制经济放开了。我们现在已经成为资源消耗大国，近年来消耗石油的数量在世界上排名第二。这么大的数量靠中国本身资源很难解决这个问题，所以要走向能源国际化。走向国际化当然就不能光靠国有企业，有一个要向非公有制经济放开的问题。其实，在能源开发上，在国际上靠国有企业运作是非常艰难的。有一次我去开会，会上一个同志告诉我，你知道我们现在打国际官司难在什么地方吗？难在国有企业问题上。本来国有企业出去了，谁亏了就谁赔，但是我们这个国有企业出问题了，老外抓住另外一个国有企业要求这个企业赔。因为他们认为中国的国有企业就是一个老板——中华人民共和国，所以有许多事就很难办。我认为能源领域要向非公有制经济放开，调动各种力量来解决我们的能源问题。向非公有制经济开放各种投资领域显然是大势所趋，所以十六届三中全会提出，凡是法律没有明确禁止非公有制经济进入的领域，非公有制经济都可以进入。我经过调研，发现我们法律上明确不允许非公有制经济进入的真的不多，这就是说要大规模放开。按照国民待遇来讲，最低的开放的标准，就是向外资放开的项目，也要向中国的非公有制经济放开。所以我们可以进一步放开非公有制经济的投资领域，包括铁路、民航、地铁、城市地下管网、石油石化、医院等民生领域。这是新的非公有制经济的第七个要点。

市场经济的内在规律就是以效率配置资源，任何高效的资源都可以选择自己的投资经营范围，在竞争中求得发展。但是我们过去却是按照是否是非公有经济来确定投资经营范围，规定有些领域只能由公有经济来投资经营，而不允许非公经济投资经营，因而严重阻碍了非公经济的发展和国民经济的发展。后来明确指出应该充分放开所有投资经营领域，允许非公经济充分发挥自己的作用。应该说，这是我们在非公经济理论与实践上的又一个重大突破，对于非公经济及国民经济的发展将起到不可估量的作用。

我们对于非公经济的投资经营范围，在改革开放之初只局限于拾遗补阙的领域，例如只允许小商小贩和小餐饮等经营活动，后来慢慢放开了一些竞争性领域，例如放开了一些加工制造业，但是对于所谓涉及国计民生的领域，却仍然限制非公经济的介入。十六大之后，我们将按照市场配置资源的原则，将全方位地向非公经济放开所有竞争性行业，而且对于垄断性行业，也开始向非公经济逐步开放，从而使市场发挥配置资源的基础性作用。如上所述，决定资源流向的准则，不是资源的性质，而应该是资源的效率，因而只要非公经济具有效率，就可以向任何领域投资。

实际上，对非公经济限定投资经营范围，不仅不符合公平竞争的市场经济原则和国民待遇的世贸组织原则，而且也是并没有完全抛弃姓社姓资的极“左”思想的重要表现，因而我们必须全面放开非公经济的投资经营范围，非公经济可以合法地从事任何经营项目。行政性垄断必然导致活力下降，按照经济成分性质规定投资经营范围，是最大的行政性垄断，其结果必然是既造成腐败，又导致经济效益低下，因而只有彻底放开非公经济的投资经营范围，才能使所有经济主体都只有通过技术创新及管理创新而获得利益，从而使所有经济主体在创新中推动国民经济高效率发展。

8. 承认非公有经济的政治和法律地位

第八个要点就是我们要承认非公有制经济的政治和法律地位。对于非公有制经济的政治地位，十六大对党章已经做了修改，提出了允许非公有制经济中那些承认中国共产党党章的优秀分子加入中国共产党的决定，应该说这是最高的政治地位，因为我们党是执政党，这一决定就标志着非公有制经济的政治地位已得到了应有的提升。为了这一条，我们还修改了一个理论，这就是提出评价一个人的政治觉悟和思想水平的标准不仅仅是个人所拥有的财富量，因为决定人的政治觉悟和思想水平的因素除了个人的财富拥有量这一条以外，还有别的因素。总之，围绕这一思路做了应有的理论调整。

对于非公有制经济的法律地位，我们已经修改了宪法。在宪法中承认私人财产的合法性。在过去，实际上非公有制经济没有完整的法律地位，所以同样一个犯罪行为发生在国有企业和非公有制企业中，法律的执法程序及定罪标准就不一样。比如拿贪污来说，如果贪污国有企业的钱，公安局就马上可以抓人，因为触犯了刑律；但是你如果要贪污私人老板的钱，那就是民事纠纷，公安局不能先抓人，而是法院首先介入，而且法院介入的时候，并不是对此提起公诉，就是检察院不为你起诉，而是你自己自诉。即便是自诉成功了，判的罪也不一样，后者是侵犯他人财产罪，前者是贪污罪。前者有死刑，而后者则最高五年。为什么同样的犯罪行为，法律惩治程序不一样，就是因为非公有制经济没有完整的法律地位。现在我们调整了宪法，未来还要相应调整别的法，以保证非公有制经济的法律地位。我们在改革开放后连续进行宪法修改的意义是非常巨大的，而且我看代表们的讨论也很认真。例如，连标点符号怎么写都讨论到了。可能有的同志看到，我们原来的征求意见稿和最后公布的，在有一条上就有差别，减了个逗号，就是原来有一句话中有一个逗号，后来公布的时候那个逗号去掉了。原来征求意见稿中有一条这样写：为了公共利益国家可以依法征收私人财产，逗号，并给予补偿。讨论的时候有些同志说这样写不行。为什么呢？因为如果有逗号，那就是征收是依法的，补偿就不依法了，这样写依法只管征收而不管补偿。那当然不行，你征收依法，补偿也要依法才行，所以最后意见是那逗号去掉了，这句话改为“国家为了公共利益的需要，可以依照法律规定对公民的私有财产实行征收或者征用并给予补偿”。这样一写，就是依法管了两件事，一个是依法征收，一个是依法补偿。这一改实际上是有很大意义的。应该讲，关于非公有制经济的法律地位的问题，我们将在宪法修改的基础上不断地对所有法律进行调整。

当然，对于有些法律中的条文，我估计还会有些问题比较难办，比如《物权法》。《物权法》是要保护个人物产，其中包括不动产，不动产主要是房子。但是在立法过程中才发现，我们中国人的房子没有产权，都是使用权。70 年的使用权不属于所有权，因而这些在法律上就很难写。这样一来，我估计要修改还得涉及别的问题。所以我们中国房地产实际上没有投资价值，道理很简单，你买一套房子，70 年使用权，你住 50 年再卖，那当然不可能再卖到多少钱，因为再过二十年房子就不是你的了。房屋价格不可能高，原因就在于我们没有房屋的最终所有权，仅仅是70年的使用权。因此物权法就商品房来讲，还得考虑到别的法律问题，因而可能有好多事情要研究。但是维护私产已经定下来，我们一定会推动有关法律的修改，承认非公有制经济拥有的应有法律地位。这是新的非公有制经济的第八个要点，承认非公有制经济的政治和法律地位。

传统社会主义经济理论根本否认非公经济的所有者与经营者应有的法律和社会政治地位，改革开放后我们虽然强调要发挥非公经济的作用，但对非公经济的所有者与经营者的法律及社会政治地位并未清晰地加以界定，并未公开承认他们也是社会主义经济的建设者，似乎他们只能有经济地位而不能拥有完整的社会政治地位。例如，即使是他们中的优秀分子，也不能加入共产党，因为他们是有产者。党的十六大报告在这方面进行了伟大的创新，明确指出财产的拥有量并不决定人的政治觉悟和思想品德，关键是要看财产是如何获得的和如何使用的，因而非公经济的所有者和经营者也是社会主义经济的建设者，他们中的优秀分子也可以加入共产党。可以说，党的十六大报告真正使非公经济的所有者和经营者获得了完整的法律和社会政治地位。

传统社会主义经济理论把个人所拥有的财产数量作为判断一个人的政治觉悟和思想品德的标准，似乎只有无产者才拥有政治觉悟和高尚的思想品德，甚至得出了穷则光荣、越穷越光荣的极“左”教条，把斗争富人和防止人们富有的阶级斗争作为社会活动的中心内容和一切活动的“纲”，因而为我国的经济建设带来了无法估量的灾难。党的十六大报告在深刻地总结这一教训的基础上，彻底抛弃了这套极“左”理论，不再把财富的拥有量作为评价人的政治觉悟和思想品德的标准，而是强调把人们对社会发展的贡献作为评价人的政治觉悟和思想品德的标准，提出了对社会经济发展有贡献的所有人，都是社会主义经济建设者的英明论断，这就从根本上杜绝了极“左”思潮产生的温床。

穷则光荣、富则可耻的时代已经一去不复返了，任何通过合法方式而富有起来的人，都是社会中坚力量，必须承认他们的完整的法律及社会政治地位。穷富不是对立的，富者是穷者学习的榜样，富者要帮助穷者脱贫，从而使整个社会的人都成为富有的人。成为无产者已经不是我们的社会目标，我们的目标是使所有人都成为有产者，共同创造富有的社会。正因为如此，所以我们为非公经济提供了完整的政治和法律地位。政治地位的标志就是中国共产党章程承认了非公经济的优秀分子可以加入中国共产党；法律地位的标志就是在民法典中增加物权法，即保护合法私人财产的法律。

9. 承认非公有经济的社会地位

第九个要点就是承认非公有制经济的社会地位，所谓非公有制经济的社会地位，就是在价值理念上承认非公有制经济，因而，在价值理念上承认非公有制经济，就需要调整人们的某些价值理念。比如说为富不仁的思想，私有是万恶之源的提法，劫富济贫的思想，都需要改变。仇富心理，当然更不能使其泛滥。如果老讲为富不仁，私有是万恶之源，劫富济贫，非常仇富，那么非公有制经济将难以发展。仇富心理一定要调整，如果不调整，非公有制经济的发展是很艰难的，我们要认真对待和讨论这个问题。

我发现国外跨国公司在中国投资的时候，要进行地区的选择，有选择的标准。这种投资的地区选择评价标准，基本有十个方面，其中有一个标准就是这个地区的社会人文环境怎么样？开始我还以为这条标准是指这个地区有没有大学，人们的文化水平如何，后来发现社会人文环境不是看有无大学或者别的什么，主要是看仇富心理严重不严重，如果仇富心理严重他就不来投资了。因为，如果仇富心理严重，经济怎么能发达？所以要真正承认非公有制经济，还得调整人们的价值理念，不能有泛滥的仇富心理。如果仇富心理很重的话，非公有制经济是很难发展的。

十六大开完之后，有一次我参加作家的一个会议。我告诉一位作家说：我看过你好多小说，知道你主要是写改革开放以后的事情，我觉得文笔不错。但是我向你提一个问题，我发现你这小说里边有个主线，就是所有的富人都是坏人，没一个好人，穷的时候还可以，但结果一富也变坏了。我想，如果这样的话，我们还搞什么非公有制经济，还搞什么致富。因而仇富这样的价值理念要调整，否则，发展经济恐怕就很难。由此我就想到最近我们讨论的某些问题，比如说收入差距问题，现在这是一个大问题。应该说人均进入1000美金以后的国家，这个问题会成为重要社会问题。我们的差别非常大，尤其一些差别是机会非常不公平而引起的，因此我们有必要解决这个问题。但是我认为现在的关键恐怕是要讨论怎么解决这个问题，如果靠劫富济贫来解决的话，恐怕就麻烦。我认为最好的解决办法就是政府要保底，然后在政府保底的基础上给所有人创造公平的环境，让大家在有效竞争中进一步缩小差距。

政府要保底，就是指有三条政府要保证：第一条，每个社会成员的最基本的生活要保证；第二条，每个社会成员的子女的义务教育要保证；第三条，每个社会成员的最基本医疗要保证。如果这三条没有保证的话，我想搞不好会引发起一些阶层仇视这个社会。也就是说，如果没有这三条的时候，会引发一些阶层对这个社会的不满，就会影响我们整个社会的稳定。所以政府应该保底，在这个基础上，你是住别墅还是住豪宅，那是你个人自己的事情，我们尽量创造更多的公平环境。

至于你自己能力比别人差，还要处处跟别人一样，这是不可能的。所以要告诉人们，收入差别有时是外部的环境问题，有时是与个人能力有关系。人本主义是指人在人权上是一样的，但是人的能力实际上是有差别的，有人能力很强，有人能力很差，这种由于能力差别所带来的收入差别我们要认可才行，不可认不行。我一直强调，我们在解决收入差距这个问题时一定要注意，千万不要煽动一些阶层对社会的不满，千万不要把穷富对立起来。尤其是不能这样宣传：你之所以很穷，就是因为有人富了。这样的言论千万不能讲。如果这样讲，就比较麻烦，就会出现骚动行为，这个社会就会震荡。所以我讲，解决这个问题一定要慎重，否则会影响我们整个社会的稳定。能力差别引起的收入差别只有在发展中才能最终消灭它，因为这种差别，有时除了外部环境之外，还与人的能力的提升有很大的关系。我们要看到一个重要的事实，即人的能力差别确实是有先天性的因素在里边。对于自身能力造成的差别，我们除了进行必要的税收调整之外，恐怕不能做别的什么。有一年，世界三大男高音歌唱家在紫禁城办演唱会，2000 美金一张票。我也去了，当然不是我出钱，是一个企业给的票。我去了之后，有人就发牢骚说，我就不信外国人唱歌就这么值钱。后来我说不要发牢骚，发牢骚伤身。你有本事，你也唱啊。不过你恐怕到时候不是人家给你钱，而是你给人家钱。这是天赋问题啊。你能像人家一样唱到那个高音吗？这些歌唱家因为短缺，所以价格很高。这就是市场经济。这是第九个要点，就是要承认非公有制经济的社会地位。

非公经济不仅要有完整的法律地位，要有完整的社会政治地位，而且还要有应有的思想文化地位，即人们在价值理念上必须承认非公经济，整个社会在意识形态上完全认可非公经济，因而非公经济的发展需要有良好的社会环境。党的十六大报告在这方面有了重大的突破：不仅承认了非公经济的法律地位及社会政治地位，而且鼓励人们通过自己的各种创新而致富奔小康，在意识形态上承认财产不是决定人的政治觉悟和思想品德的准则，在价值理念上承认人们都应该成为合法的有产者，指出有产不是剥削和罪过，而是勤奋努力和吃苦肯干的标志，任何人都应该以合法的致富为光荣，国家要完善保护私人财产的法律。应该说，非常明确地在意识形态和价值理念上承认个人财产，强调致富，承认非公经济，提出从法律上保护私人财产，十六大报告是第一次。

由于传统社会主义经济理论的长期宣传，人们虽然在改革开放以来看到了非公经济的重要作用，但是在价值理念上并没有完全接受非公经济，因而在社会上还存在着严重的仇富心理，似乎富人大都是坏的，为富必然不仁。这种仇富思潮有时甚至表现在我们的各种媒体中，有人往往以各种方式对富人进行贬低，在有些人看来，富人基本都是诚信不在，生活方式充满低级趣味，贪图享受，靠剥削别人而使自己致富。应该说，这种仇富心理及思潮非常不利于非公经济的发展，因而必须要从理论上给以彻底纠正。

实践表明，传统社会主义经济理论关于有产者与无产者的有关理论是不对的，试图通过将所有资产都收为国有和公有，使任何人都成为无产者，使人们在财产的拥有上是平等的，从而解决社会公平及社会发展的路子，是根本行不通的，人们之间的财富差别并不完全是因为财产的私有而引起的，因为，即使是人们在财产上不存在差别，但也会因为人们在能力上的差别，而使人们在现实中有穷富的差别。

因此，我们不宜不加分析地宣扬平均主义公平理念。我们应该认识到，正确的公平理念主要是强调机会的公平，竞争过程的公平，而不是结果的公平，即平均主义的公平。在现实生活中，人们之间的能力差别是很大的。这种能力差别必然会引起人们之间的财富差别，但是人类的理想又是要实现人人都应该一样的均贫富大同社会，因而人类本身就是一个矛盾体。对于人类的这种矛盾，我们应该追求共同的富有，但也应该承认财产上的差别，尤其是不能有仇富心理，有为富不仁的观念，更不能有打富济贫的思想。我们应该为非公经济创造良好的社会环境。

10. 非公有经济需要在发展中不断提升自我

我们应该为非公经济创造良好外部环境，但是非公经济在发展中也要自我提升和完善。我国非公经济在发展中的有些问题，并不是因为外部环境引起的，而是由于非公经济某些内在原因而造成的。因此，党的十六大报告在强调为非公经济创造良好环境的同时，也为非公经济的自我提升和完善提出了要求和方向。我认为，非公经济理论的重要组成部分，是非公经济如何提升和完善自己，不能忽视对这方面的研究。也就是说，我们不能只强调如何为非公经济发展创造良好环境，而是必须要看到非公经济自身的内在不足及矛盾，并研究解决这些内在不足与矛盾的办法及措施，从而有效促进非公经济的自我提升与完善。如何解决非公经济发展中的外部环境问题，与如何解决非公经济在发展中的内部问题，是非公经济理论不可缺少的两大重要构成部分，缺一不可。

从目前来看，非公有制经济出问题的一个极为重要的原因，就是非公有制经济不能正确对待财富。有人在有钱之后把握不住自己，不能正确对待财富，所以就出了问题。目前我们强调非公有制经济的自我提升问题，主要是指非公有制经济要能够正确对待财富。怎样正确对待财富？我们提出来五个要求。

第一条是拥有财富而不能无视法律。有钱了不能无视法律，法律面前人人平等，所以你不要以为有钱了就可以无视法律，无视法律的结果可能会出大问题。大家看有些外资在中国投资，它的可行性报告的第一部分就是这个投资项目有没有法律障碍。如果没有法律保障，就是再赚钱他也不投资。不像我们有的企业强调的不是法律，而仅仅是钱。无视法律就会出大问题的。所以有些外资到来考察，想搞投资，他知道这个投资项目有法律障碍，所以就问我们地方官员，这有法律障碍怎么办？我们有些同志胸脯一拍说“我说了算”。外资一听就害怕了，为什么？因为他很重视法律的问题。你说了算，下任领导会不会说了算。所以我们的非公有制经济应向外资学习，拥有财富，不能无视法律。无视法律最后会出问题，所以要拥有财富不能无视社会法律。

第二条是拥有财富而不能无视社会公德。有钱了之后，人们更应该遵守社会公德，有了钱自己还不遵守社会公德，那是非常有损形象的。个人财富的拥有不是让人们无视社会公德，而是要更努力遵守社会公德，因为财富是提升人的社会公德的基础和动力。总之拥有财富不能无视社会公德。

第三条是拥有财富而不能无视社会责任。企业的社会责任有四个，一个是纳税，一个是为社会提供就业机会，一个是为市场提供产品和服务，一个是维护环境。因此，一个人有钱了还要承担自己的社会责任，比如说，该交税就得交税，不要琢磨逃税的问题。应该承担的责任和义务，不承担不行。拥有财富不能无视社会责任。财富为人们提供了承担社会责任的基础，例如有时坐火车发现穷人没买票，逃了票还情有可原，可富人要这样做实在太低档次了。有钱要承担社会责任，要考虑承担社会责任的问题。当然，也不能无限度扩大企业的社会责任，例如捐赠就不是社会责任而是慈善事业的问题，不能把捐赠当社会责任。

第四条拥有财富不能无视学习。一旦不学习，历史会淘汰你的，说句老实话，现在是信息时代，整个生产力的发展极为迅速，你不学习就跟不上了，肯定会被淘汰掉了的。现在全国的企业家学习积极性很高，企业家学习的形式在国外原来有MBA，现在发展到EMBA，学费很贵，现在清华大学的EMBA学费一年近60万，还是打破头地往里挤，他来不是买文凭，他要学习。对这些学员的学习，上课的老师并不全是清华的，1/3是国外这个方面有研究的，1/3是海归中的优秀分子，1/3是国内这个方面有影响的人。因为人家要学习，你讲得不好把你赶下台去，因为我是学习来的，你瞎讲一通怎么行。给这些人的课不好讲啊，他们都是大学毕业，甚至有的是研究生毕业，商界折腾了七八年，什么都清楚，我来就是想听你给我讲些新思维和新信息，结果你又讲不出个道理来，当然会被赶下去的，可见他们的学习积极性很高。但是后进地区不行，最近我到西部一个朋友家里，一个私人企业家在家里开Party，邀请我参加，Party就是一个人端一个酒杯子，然后拿一个水果片，晃荡来晃荡去。我在Party中看到他的小儿子，大概有十三四岁，我把他叫过来，我说，“小家伙，英语怎么样？”他眼睛一瞪说“我不学。”我说“为什么？”他说“我爸一个英文单词都不懂，但是全世界做生意，全世界跑，因为他有翻译，有翻译就行了，不用学。”我想这小子最后肯定是败家子。前些年我听说南存辉先生提出要搞个“败家子基金”，就是说，我的企业发展很快，但是我企业股东的子女后代若能力不行，照样不能到企业来，他们要生活，我就给你搞一个“败家子基金”，你们享受这个基金就行了，但你不能到我的企业来，把我企业搞坏怎么行。由此可见，不少企业家都懂得学习的重要性。

第五条，拥有财富不能无视人权。有钱了，不要不尊重人权；有钱了，更应该低调做人，尊重人权，别有钱了就忘乎所以。我们好多大的企业、办得好的民营企业，都是非常低调，许多著名企业家，走在大街上，如果不介绍，你会认为他就是一般的社会公众，没有任何派头，对所有人都是非常谦虚，比较平和。温州人为什么厉害，温州人家里有几百万，到北京照样扫地，他从来不觉得“我有钱我怎么扫地？”只要能赚钱就行，扫不扫地一回事。中国有句古话，讲得难听点，叫“屁股后面有屎，就别把屁股撅得太高了”，高了就不好办了，我看俄罗斯的那个尤科斯老总就有点问题，不就是因为俄罗斯私有化进程中有点不好的东西让你发了，那你老老实实的就行了，还不，还非想竞选总统。普京把你抓起来再说，一抓 90% 的人说抓得好，抓的时候我刚好在俄罗斯。你得低调做人。在西方国家，从政的那些家庭，财富都洗干净了，像布什家族，早就富了，但是老布什参政是第四代。道理很简单，一定要低调，不能因为财富而无视人权。

总之，非公经济应该不断全方位提升自己，在此过程中使自己拥有更多的财富，从而为社会发展做出更大的贡献。我国改革开放以后出现的某些非公经济企业，之所以在风光几年之后衰亡，就是因为非公有制经济的所有者忽视了对自己的提升，从而适应不了社会发展的新要求，最终被社会所淘汰。因此，非公经济的自我提升，是非公经济理论的极其重要的组成部分。

三、混合经济研究

中国经济体制改革在启动国有经济改革和发展非公有经济这两项重要改革的时候，就标志着混合经济必然成为发展趋势。因此，在80年代末期，当混合经济刚刚萌芽时，我便开始了对它的研究，发表过一些文章，其中有三篇很有代表意义，一篇是《论公有制企业与非公有制企业之间的竞争》（《江苏社会科学》1991年第5期），一篇是《论公有制企业与非公有制企业之间的兼并》（《天津社会科学》1991年第4期），一篇是《论公有制企业与非公有制企业之间的股份制》（《争鸣》1991年第5期）。这三篇文章开始探讨混合经济形成的必然性与发展路径。1993年中央确定市场经济改革目标后，混合经济开始大力发展，我在人民出版社1994年4月出版的《社会主义经济调节通论》一书中，对此作过深入分析。1997年之后，随着国有经济改革与民营经济的发展，混合经济发展日益明显，曾在我主编的《运营·重组·改革》（同心出版社1998年2月版）、《资产重组与股份化》（河北人民出版社1998年7月版）等著作中，对当时的混合经济发展作了深入分析。后来在《中国经济50人看三十年》（中国经济出版社2008年10月版）、《崛起中的磨合》（中国发展出版社2008年1月版）、《走进深水区的中国经济》（中国发展出版社2014年3月版）等著作中，对混合经济作了更为深入与清晰的探讨。在探讨中，大致形成如下的认识。

混合经济是我国改革开放的必然结果和选择。改革的重要方向就是要在现代产权制度的基础上，推动混合经济体制的形成。所谓混合经济体制，就是指各类经济成分共存并共同发展的经济体制。混合经济体制有两种形态，一种是社会形态的混合经济体制，即整个国民经济中共存着各种经济成分；一种是企业形态的混合经济体制，即一个企业内部共存着各种经济成分。我国现在既要大力发展社会形态的混合经济体制，也要大力发展企业形态的混合经济体制，尤其是我们应该看到，企业形态的混合经济将成为混合经济的最基本形态，而且也是社会形态的混合经济的最基本载体。

1. 社会形态的混合经济体制

社会形态的混合经济体制，是指在整个国民经济中共存着各种经济成分，既有各种形态的公有经济，也有各种形态的非公有经济，它们共存并共同发展。社会形态的混合经济体制，是非常有利于国民经济高效益发展的，这已为中国改革开放以来的实践所充分证明。在社会形态的混合经济体制中，公有经济与非公有经济表现为四种相关关系：第一，各自发挥自身的比较优势，会表现为优势互补的过程；第二，相互之间激烈竞争，表现为互为动力和相互促进的竞争过程；第三，在竞争中会出现相互融合，表现为股份化的过程；第四，在竞争中也会相互收购和重组，出现相互兼并重组的过程。所有这些，都会有效推动国民经济的快速发展。这也正是混合经济体制的魅力之所在。

发展社会形态的混合经济体制，关键在于要平等对待各种经济成分，使各种经济成分获得法律上和竞争上的平等地位，也就是说，国民待遇原则是维系各种经济成分的相互关系的最基本原则。因此，各种经济成分要在融资方式、经营领域、产业选择等方面拥有平等权利，要在政治地位、法律地位、社会地位上具有平等待遇。在改革开放后的一段时间内，我们对于非公有经济采取了明显的歧视政策，使得非公有经济在融资方式和经营领域等方面被严格限制。例如，1997 年以前不允许非公有经济上市融资。同时，非公有经济也没有同公有经济相同的法律地位和政治地位、社会地位，其结果是严重地阻碍了非公有经济的发展，从而阻碍了整个国民经济的快速发展。后来随着我们对非公有经济的歧视性政策的调整，强调国民待遇原则，才逐渐使非公有经济在法律及竞争上，同公有经济有了一定程度的平等地位，从而有效地推动了非公有经济的发展，带动了整个国民经济的快速发展。

由此可见，为了推动混合经济的快速发展，就必须对各类经济成分实行国民待遇原则，使它们在法律上和竞争上实现平等地位，从而实现相互竞争和共同发展。应该说，目前从形式上讲，我们似乎对于非公有经济已不再采取歧视政策，强调国民待遇原则，但实际上非公有经济并没有在法律上和竞争上获得充分的平等地位，主要表现在：第一，不平等地对待非公有经济还作为“潜规则”仍然存在，例如有人还强调要使国有经济在各个产业中占据前三名的地位，有人还强调要发挥国有经济的“控制力”。为什么非要国有经济占据各个产业的前三名，为什么国有经济要发挥控制力？很显然，就是在骨子里还将非国有经济打入另册，似乎只有国有经济才是“亲儿子”。在这种思维逻辑下，非公有经济是不可能获得平等的法律与竞争地位的。第二，非公有经济在法律地位和竞争地位上是形式上的平等而实际上不平等。例如，在产业准入问题上，虽然我们现在对各类经济成分实行的是同一标准，但因为国有经济在一些产业上长期处于垄断地位，实际上已经垄断了某些产业，而非公有经济才刚刚积累了三十年左右，其力量当然不可能同具有垄断地位的国有经济相抗衡，因而虽然是同一准入“门槛”，但却并不平等，充其量是形式上的平等，而在实际上并不平等。第三，我们现在仍然强调公有经济为主、多种经济成分并存，这实际上是将非公有列为另册的，因为你不是为主的一部分，只是并存的那部分，因而你不能威胁到为主的部分。为主与并存的提法本身就包含着我们是有区别的，有亲疏之分的。在这种实际上并不平等的条件下，混合经济是很难形成的，因为混合经济的基础是各种经济成分的完全平等性。因此，我们目前必须消除歧视非公有经济的“潜规则”，消除实际上的垄断，按照国民待遇原则平等对待各类经济成分，使非公有经济拥有真正意义上的法律平等和竞争平等，从而推动国民经济的又好又快发展。

2. 企业形态的混合经济体制

所谓企业形态的混合经济体制，就是指企业内部存在着各种经济成分，不同种类的经济成分共同创办和共同经营某个企业。企业形态的混合经济的最典型形式就是股份制，最完善形态是上市公司。企业形态的混合经济体制非常有利于企业和整个国民经济高效发展。

第一，企业形态的混合经济体制是一种开放的产权结构，可以吸纳社会上的任何经济成分以股东形式进入，从而有利于企业规模扩张和技术创新，有利于增强企业的竞争力和抗风险能力。

第二，企业形态的混合经济体制有利于发挥各类股东的比较优势，使各种不同股东的比较优势在企业中形成合力，从而有利于提高企业经营活力。

第三，企业形态的混合经济有利于实现经营权与所有权的分离，有利于形成职业经理人阶层，有利于实现现代公司治理，从而能够实现货币资本与人力资本的最佳组合。

第四，企业形态的混合经济体制有利于全体人民享受改革开放的好处，因为企业形态的混合经济体制能使人们以股东的方式进入企业，享有企业的经营收益，从而有效提高人们的财产性收入，使人们在享有劳动性收入的同时，增加自身的财产性收入。

第五，企业形态的混合经济有利于实现和谐社会，因为和谐社会的形成有赖于协调劳动与资本的关系，而当每个人都可以通过企业形态的混合经济获得资本性收益的时候，资本收益与劳动收益就会同时体现在一个人的身上，在这种条件下，劳动与资本不会是对立的，而是和谐的。总之，企业形态的混合经济体制不仅有利于企业高效发展，而且也有利于整个国民经济和社会的发展。

企业形态的混合经济体制的构建方式，就是现代公司治理。现代公司治理的核心问题，是要处理好股东之间的相互关系，处理好企业所有者与经营者之间的相互关系。在股东之间的相互关系的问题上，既要防止大股东借机侵犯小股东利益，也要尊重大股东应有的权益；在处理企业所有者与经营者的相互关系上，既要尊重经营者应有的权益，也要防止经营者危害企业所有者的利益。总之，应该使上述各种利益相关者之间形成有利于企业发展的合力。从实践经验来看，建立良好的公司治理的重要制度保证有三：一是形成清晰的契约关系，公司治理的各种内容是各个利益相关者共同认可的，从而用契约方式界定各个利益相关者之间的相互关系；二是各个利益相关者权责利相对称，权责利的边界极为清晰，具有可操作性的边界界定；三是各种利益相关者之间充分实现了信息的对称性，在信息对称条件下各个利益相关者进行有效的选择，从而杜绝信息不对称所带来的利益相关者之间的利益损害。

在企业形态的混合经济体制中，有一个人们经常讨论的问题：谁应该成为企业的实际控制者？对于这个问题的回答，似乎流行的观点是：从股权结构上讲，应该是公有经济成分，尤其是国有经济作为控股者最好；从经营过程的权力构成来讲，应该是企业所有者具有对企业的实际控制权。这种观点是不对的。在股权结构中强调公有经济尤其是国有经济的控制力，实际上是仍然没有从法律平等和竞争平等的国民待遇观点来看待各种经济成分，对非公有经济有严重的歧视倾向；在经营权力结构中强调企业所有者的控制权，实际上是仍然停留在资本决定一切的传统公司治理理论基础上的，并没有从权力相互制衡的现代公司治理理论上看问题。现代公司治理理论表明，在企业控制权问题上，有两个原则必须遵守：第一，企业高效运行原则。也就是说，谁能使企业高效运行谁就控制企业。选择企业控股股东的标准并不在于是公有经济还是非公有经济的问题，如果作为控股股东的国有经济不能保证企业增值保值，照样可以通过相关制度而终止其对企业经营的控制权。第二，权力制衡原则。也就是说，在企业经营权力的构成上，并不是强调是所有者说了算，还是经营者说了算，而在于强调权力相互制衡，只有在权力相互制衡的条件下，才能保证企业的高效运行。第三，控股权必须是能够流动的，不能搞绝对控股，只能是相对控股。哪个股东能让企业高效益发展，谁就可以争夺控股权。因此，现在国有绝对控股的企业，实际上是假的混合经济，并不是真正的混合经济。总之，只有在企业高效运行原则和权力制衡原则充分作用的条件下，才能保证企业形态的混合经济体制高效而稳定地运行。

3. 两种形态的混合经济体制的发展逻辑

在中国改革开放的初期，混合经济体制主要表现为社会形态的混合经济体制，即各类公有经济与各类非公有经济并存，各种经济成分在“空间”上并列。在社会形态的混合经济体制中，公有经济与非公有经济相互补充和共同发展，当然它们之间也有着激烈的竞争。它们之间的这种竞争有两个后果，一个是相互兼并，即一方重组另一方；另一个是相互融合，即形成包含有各种经济成分的混合经济公司，包括责任有限公司和股份公司，当然，最典型的相互融合形式应该是股份制公司。这种不同经济成分在企业内部的相互融合，就是企业形态的混合经济体制。由此可见，企业形态的混合经济体制是社会形态的混合经济体制的必然发展结果，不同种类的经济成分会在利益机制作用下在同一企业内部融合。

企业形态的混合经济体制不仅是混合经济体制的必然发展结果，而且也是混合经济体制的最典型和最基本形式。因为，在现代生产力条件下，虽然从整个社会的角度抽象地看，确实存在着公有经济和非公有经济，但是这些不同种类的经济成分绝大部分并不是自我孤立地从事经营活动的，除极少数经济成分以独资形式存在外，基本上都是在经营中实现了相互融合的，表现为混合经济形式的企业。企业发展的实践表明，混合经济形式的企业，要比某种经济成分独资的企业更有效益，因而企业形态的混合经济体制也可以看作是混合经济体制的最现代形式。因此，一般来说，当我们强调发展混合经济体制时，实际上指的就是发展企业形态的混合经济体制。

既然企业形态的混合经济体制是混合经济体制的最典型形式和最现代形式，而混合经济体制又是我国经济体制改革的基本方向，因而大力发展企业形态的混合经济体制，就成了我国经济体制改革和企业改革的重要内容，我们应该将我国企业的绝大部分改革成为混合经济形态的企业。按此要求，我们国家的国有独资的中央企业，都应该走向混合经济体制。如上所述，发展企业形态的混合经济体制的最主要问题是实现完善的公司治理，因而应该将现代公司治理作为中国企业发展的最基本制度，不断推进公司治理的完善。

四、市场经济研究

市场经济改革是我国经济体制改革的一条主线，也是学术界争论最多的一个问题，因而市场经济问题也是我在经济体制改革进程中研究最多的一个问题。出版的著作如下：《经济自由与经济约束的和谐——计划与市场相结合》，陕西人民出版社1991年4月出版，专著；《社会主义市场经济论》，中国青年出版社1993年3月出版，同他人合著；《社会主义市场经济百词解说》，人民日报出版社1992年10月出版，任主编之一；《市场化的宏观调控体制》，陕西人民出版社1992年10月出版，专著；《社会主义市场经济问题解难》，河北人民出版社1993年3月出版，任主编之一；《看得见的手——西方国家对经济的宏观调控》，人民出版社1995年出版，与他人合著；《中国经济体制的新选择——中国市场经济通论》，四川人民出版社1994年1月出版，与他人合著；《社会主义市场经济理论·制度·体制》，高等教育出版社1994年出版，担任主编；《市场经济的宏观经济管理》，中国经济出版社1994年出版，担任主编；《十四届三中全会“决定”导读》，北京师范大学出版社1994年出版，任主编；《建立社会主义市场经济体制——企业、市场与政府》，企业管理出版社1995年出版，担任主编；《社会主义市场经济读本》，人民出版社1995年出版，担任主编；《政府应该干什么——西方政府经济职能考察》，人民出版社1995年出版，同他人合著；《市场经济前沿问题——现代经济运行方式》，中国发展出版社2001年出版，专著；

《中国经济改革若干问题》，中国发展出版社2007年1月出版；《走进深水区的中国经济》，中国发展出版社2014年1月出版。

市场经济问题在中共十一届三中全会后我们就开始触及了，但那个时候人们往往并不直接提市场经济，而是强调市场机制和市场调节，因为那个时候我们还将市场经济当作资本主义范畴来批判，不允许公开讲我们要搞市场经济。自1978年的十一届三中全会开始至1992年邓小平同志南方谈话之前，人们似乎从实践中已经感知到我们必须要搞市场经济，但又因为受传统社会主义经济理论的束缚，不能在全党意识上突破市场经济这个理论禁区，因而曾经在党的决议上有过三个不承认市场经济，但又试图发挥市场机制和市场调节的作用的提法，一个是1978年提出“以计划经济为主，市场调节为辅”；一个是1984年提出“计划经济与市场调节相结合”；一个是1987年提出“国家调节市场，市场引导企业”，其中后一个提法当时因为有主张市场经济之嫌，所以在1989年风波后批评市场化改革方向的时候，这个提法就又被放弃了，重新回到“计划经济与市场调节相结合”这个提法上。由此可见，市场经济这个理论禁区在当时是不允许置喙的。

因此，在这段时间，主张中国要搞市场经济的人士的理论表现分为两种情况：一种是公开主张搞市场经济，不过，他们的观点一般很难在主流媒体上发表。另一种是变相地主张中国要搞市场经济，他们将市场调节和市场机制当作与市场经济相同一的范畴来使用，将计划经济当作与宏观调控相同一的范畴来使用，强调市场调节和市场机制的基础性调节作用，把计划经济的作用限定于宏观调控的范畴之中。我曾详细地拜读过这些同志的论著及文章，他们所讲的市场调节和市场机制，和我们现在搞的市场经济在内容上并无任何区别，只不过是叫法不同而已；他们所讲的计划经济和现在人们所讲的宏观调控在内容上没有太大的差别，只不过是表达方式上有些差异而已。因此，在当时条件下，许多主张中国要搞市场经济的人士，只是因为中央还未正式承认中国要搞市场经济，所以不得不以变相的方式将中国改革向市场经济的方向推动，这也是中国经济学界的特有现象。

直到1992年邓小平同志南方谈话之后，我们才正式承认了市场经济，在中共十四大上提出要建立市场经济体制。自1978年党的十一届三中全会开始到现在的几十年中，我们就市场经济问题实际上主要讨论了四个问题：第一，中国到底要不要搞市场经济？争论的结果是中国必须要搞市场经济。第二，中国应该搞什么样的市场经济？我们曾经提出过现代市场经济、社会主义市场经济、社会主义条件下的市场经济等提法，但最终的正式提法是搞社会主义市场经济，其最基本属性是现代市场经济。第三，中国如何搞市场经济？对于这个问题，中共中央曾经发过三个关于发展和完善市场经济的文件，一个是中共十四届三中全会关于建立市场经济体制的决定，一个是中共十六届三中全会关于完善市场经济体制的决定，还有一个是十八届三中全会关于全面深化改革的决议。十八届三中全会决议提出市场在资源配置中起决定性作用，并将此作为改革的总体原则。这三个决定提出中国搞市场经济必须遵守市场经济原则，建立包括市场体系、市场机制、市场秩序在内的完善的市场制度，并根据市场经济要求而改革经济体制的各个方面，形成完善的市场经济体制，包括形成适应市场经济要求的收入分配体制、农业经济体制、区域经济体制、宏观经济体制等。第四，搞市场经济会出现什么问题？实践中人们认识到，搞市场经济最容易出的问题是腐败和行政性垄断问题，我们要防止和消除在从计划经济向市场经济转轨的过程中出现的各种权力寻租问题，要把反腐败和消除行政性垄断作为重要问题来抓。市场经济本身并不会必然引发腐败和行政性垄断，腐败和行政性垄断恰恰是市场经济的对立物，但在从计划经济向市场经济转轨的过程中，确实某些体制漏洞会引发腐败和行政性垄断，因而要大力反腐败和反行政性垄断。

市场经济改革现在虽然在我国取得了巨大的成就，那种以姓社姓资的观点来批评市场经济的观点已经基本上没有了市场，但是仍然有人对市场经济存有偏见和疑虑，例如2004年就有人公开发表文章说市场经济搞多了，计划经济搞少了。这种观点虽然已经没有了意识形态方面的色彩，不再将市场经济作为资本主义范畴来批判，但却往往以关注民生的面貌而出现，例如认为市场经济带来了收入差距过大，引发了下岗失业，降低了一些人的生活水平，等等，因而这种观点是有社会基础和容易引起民怨的。现在还有不少人经常把破产和失业同市场经济联系在一起，将收入差距同市场经济联系在一起，似乎市场经济给人们带来的不仅仅有效率，有财富的快速增长，还有痛苦和麻烦。实际上，这种观点是不对的。因为，市场经济作用的结果确实会引发企业破产和个人失业，但这并不是市场经济的错，而是某些企业和个人的经营行为及能力已经不能适应经济发展的需要了，需要“退场”了，市场经济只是作为裁判而将他们罚下场而已，因此，错在被“罚下场”的人和企业自身，而并不在于市场经济。市场经济在这里只是作为一个评价和处罚的指标体系而存在，我们不能把破产和失业的账都算在市场经济的头上。尤其是应该看到，市场经济在将有些企业和个人罚下场的同时，也强调对被罚者要有各种各样的保障，例如要有各种保险和再保险，因而市场经济本身也是社会稳定器，它在使一些人失业和破产的同时，也在千方百计地消除破产和失业所带来的各种社会问题。由此可见，市场经济改革的方向绝不能动摇。

在我国的市场经济改革中，无论是学界还是政界，一开始都有意或无意地将政府主导型市场经济模式作为我国改革的方向，尤其是中共十四大政治报告，明确提出我们搞的是政府主导型市场经济，实际上是政府在资源配置中起决定性作用。这里有理论不彻底的原因，例如认为政府更多地会代表公共利益与长远利益，在这方面似乎政府比市场更“英明”，同时也有实践上的原因，这就是中国实际是从计划经济转变过来的，历来就强调政府的体制，因而容易选择政府主导型的市场经济模式。但是后来的实践充分证明，政府主导型的市场经济有两个弊端：一个是低效率，但在低效率下又要追求高速度，其结果必然是政府向商业银行借债，而商业银行向央行借债，央行只好过多地投放货币，很容易引发金融危机；另一个是权钱交易盛行，贪腐很重，公众日益不满，最后会引发信任危机，造成社会危机及动荡。这两个结果都会断送中国的经济发展，因而人们逐渐抛弃了政府主导型的市场经济模式，其最典型的标志就是十八届三中全会提出了“市场在资源配置中起决定性作用”的市场经济改革的总体原则。依据这个原则，我国将全面深化经济体制改革，形成现代市场经济体制。

对于市场经济的研究，我除了研究中国为什么要实行市场经济，中国应实行什么样的市场经济，实行市场经济会产生什么样的后果之外，对中国如何实行市场经济进行了大量的研究。我认为要真正实现市场在资源配置中起决定性作用，要做到下述三点。

第一，坚持市场经济原则。市场经济作为客观存在的社会经济形态，有着自己的内在规律。这种内在规律就是市场经济原则。实行市场经济，就必须要尊重和坚持市场经济的原则。具体来说，市场经济原则主要包括：一是资源配置的市场中心化原则，也就是市场是配置资源的载体、中心、机制，在资源配置中起决定性作用。

别的主体例如政府，仅仅是在市场起决定性作用的条件下发生作用。二是互利性等价交换原则，也就是人们讲的双赢，任何一方不能以损害别人而获得利益。三是资源主体的自主性原则，也就是交易双方都以利益驱动为核心，而且对自身交易的任何财物或服务都具有完整的法律和事实上的支配权，即产权清晰。四是反垄断性的自由竞争原则，市场经济的实质是自由经济，因而反对任何形式的垄断，必然要对各种垄断做出应有的规定及限制。五是崇尚优势的优胜劣汰原则，这是市场经济推动经济发展与社会进步的力量所在。六是机会均等的公平公正原则，市场经济的正义性正是体现在这一点上，从而为所有参与主体提供了平等的机会。七是契约为基础的信用经济原则，市场经济不是坑蒙拐骗，而是以信用为基础，信用的重要形式是契约。八是维护有序的法治原则，市场经济就是法治经济，以法治为运行方式。九是以利益为形式的市场经济道德原则。市场经济是强调道德的，但其特点是以利益为形式，要求任何一方不能侵犯相关者的利益，同时也强调自身利益的重要性，不能以损人为前提，而是利人利己。十是强调比较优势的开放原则。市场经济配置资源整合范围超越部门及地区，也会超越国度，因而是充分开放的经济。十一是保障弱势的社会保障原则。市场经济在强调效率至上的同时，也会为因为效率原则而出现的弱势群体提供帮助和保障，既会带来问题，也会解决问题，实现效率与稳定的结合。

第二，建立良好的市场制度。市场制度是市场配置资源的平台和保障，没有良好的市场制度，市场就不可能在资源配置中起决定性作用。市场制度包括四个方面的内容：一是完善的市场体系，包括完善新兴的土地交易市场、货币资源的资金融通市场、物质产品的交易市场、精神产品的流通市场、人力资源的流动市场、技术资源的交易市场等；二是充分作用的市场机制，价格机制、竞争机制、供求机制等市场机制要能够充分发挥作用；三是规范的市场秩序，包括市场规则、市场管理机制、市场法律体系、市场道德约束等，都要能有效发挥作用；四是现代化的市场运行方式，包括要实现有形市场与无形市场的结合、传统服务业与现代服务业的结合、市场目标与市场手段的结合、市场成本与市场效率的结合等。

第三，建立健全的市场经济体制。所谓市场经济体制，就是整个经济体制要反映市场在资源配置中起决定性作用的要求。其中主要包括：一是金融体制市场化，即金融要从垄断部门转变为商务服务业，做到利率市场化、汇率市场化、人民币在资本项目的可自由兑换、放开民营银行、上市从审核制转向注册制等；二是政府体制市场化。政府不再是资源配置的主体，也不再是经济建设的中心。政府与企业的关系不再是领导与被领导的关系，政府不再对企业实行审批制，而是备案制，即政府只是公布准入条件与负面清单，企业进行自我选择；企业完全拥有企业体制选择权与投资经营权。三是财税体制市场化。税收制度实行以直接税为主而以间接税为辅、综合所得税与专项所得税相结合的稳定的税收体制，预算制度实行全面且公开透明、财权与事权、支付责任相对称的预算制度。四是城乡体制市场化，也就是市场在资源配置上打破城乡界限，城乡在土地制度上一体化、在民生体制上一体化、在户籍制度上一体化。五是产业体制市场化。市场既要让竞争机制充分反映在服务业、战略性新兴产业、制造业等产业上，同时要对发展中的某些弱势产业进行保护与扶持，如对农业进行应有的保护与扶持等。六是基本经济制度市场化，民营经济与公有经济彻底平等、全方位保护产权、推动混合经济发展等与市场经济相关的原则要得到真正贯彻。七是对外开放体制市场化，市场经济打破国界的限制，实现既重视出口又重视进口，既强调吸引外资又强调对外投资的双向对外开放，当然要更加重视沿边开放及企业与个人在对外投资中的作用，等等。

第四，真正协调好政府与市场的关系，其中主要有三点：一是彻底将审批制转向负面清单制。政府主要是确定负面清单，设计好红绿灯制度。二是政府与企业发生具体经济关系要坚持公开、公平、公正的原则，政府建设项目必须招标，政府消费必须搞采购方式，政府出售资产必须以拍卖方式进行。三是持续坚持反腐原则，形成不能腐、不敢腐、不想腐的政商体制。反腐是市场经济的内在要求与应有之义。

五、宏观经济研究

现代宏观经济体制改革，是我国经济体制改革的四项基础性改革之一。从改革开放一开始，我就非常关注对宏观经济的细分化研究。我认为宏观经济问题包括三个内容：一个是宏观经济体制，一个是宏观经济流量，一个是宏观经济政策。按此思路相继出版有如下著作:《社会主义宏观经济控制》，河北人民出版社1987年出版，本书着重讨论宏观经济体制如何构建;《中国宏观经济管理》，中国人民大学出版社1989年出版，任副主编;《宏观经济政策导论》，中国金融出版社1990年出版，本书着重讨论宏观经济政策问题;《失衡经济学导论》，中国人民大学出版社1991年出版，此书着重讨论以总需求膨胀为特点的宏观经济流量;《居民储蓄分析》，经济科学出版社1995年出版，与他人合著，此书也是讨论宏观流量;《如何启动中国经济》，中国经济出版社2000年出版，与他人合著，此书着重讨论总需求不足为特点的宏观经济流量;《中国经济之变局》，中国发展出版 2009 年 4 月版，此书着重讨论宏观经济流量中的出口及投资流量变化之后的宏观经济格局，涉及到 2004 年至 2009 年间中国宏观经济流量变动及调整的对策;《中国经济转型》，中国发展出版社 2011 年版，本书着重讨论货币政策及财政政策的作用度及流量对政策本身的约束，其中涉及到有关稳增长的问题。《中国经济的未来：热点、难点、增长点》中信出版社 2019 年版，着重讨论宏观经济在新形势下的变动。

对于宏观经济的研究，主要形成了如下的认识。

第一，宏观经济体制改革的重点，在于重新塑造政府与企业的相互关系，减少政府对企业的行政干预，充分放活企业，让企业成为市场主体，而不再是被政府直接进行行政干预的“生产车间”。因为，在现代产权制度和市场经济体制下，企业作为独立的法人主体，有权根据自身的利益要求和价值取向，在市场经济中选择自身的经营方向和经营规模，接受市场经济的调节，实现自身利益和社会利益的最佳组合。由此可见，在现代产权制度和市场经济体制下，国家宏观调控既不可能再直接控制企业，也不可能再直接控制市场价格机制，而只能调控宏观经济变量，通过宏观经济变量的变化而影响市场价格机制，并通过市场价格机制再影响企业，从而使得国民经济高效而有序地运行。因此，宏观经济体制是在市场在资源配置中起作用的条件下的国家治理体制。

第二，在现代宏观经济体制下，国家调控宏观经济的重点在于调控重要的宏观经济变量，首先是要关注增长、就业、价格之类的宏观经济变量，但因为这些宏观经济变量又受制于总需求与总供给的关系，因而宏观经济调控当然重点关注总供给与总需求的相互关系，既要防止出现总需求膨胀，也要防止出现总需求不足，最终要实现总量平衡。影响总供给与总需求的相互关系的因素，主要有三个，一个是货币因素，一个是财政因素，一个是国际收支因素，因而国家调控总供给与总需求的相互关系的举措，主要是三大宏观经济政策，即调控货币因素的货币政策，调控财政因素的财政政策，调控国际收支因素的国际收支政策（包括国际贸易政策和外资及外汇政策）。这三大宏观经济政策是相互联动和相互影响的。例如，从1998年起，我们为了调控当时的总需求不足，在国际政策上实行了旨在扩大出口的出口退税政策，在外资政策上实行了旨在吸引外资的外资优惠政策，从而通过扩大出口而缓解了总需求不足的压力，并且最后解决了总需求不足问题，但是这种政策调整也使中国经济产生了过度地依赖出口的倾向，形成了以出口、投资、消费为序的拉动经济的增长模式，结果是导致国际收支严重失衡。国际收支失衡又引发了货币发行上的“外汇占款”过大，最终引发了流动性过剩，总需求过速上涨，严重供不应求，价格全面上涨，也就是形成了需求拉动型价格上涨。因而我们在后来调整了国际收支政策，减少贸易顺差和外资的过度流入，解决了国际收支失衡问题，从而减少人民币发行的“外汇占款”过大的压力，解决流动性过剩问题，并进而稳定价格体系。由此可见，现代宏观经济体制需要三大宏观经济政策的有效配合。

第三，现代宏观经济体制的建立，需要全面改革政府管理经济的体制和财政金融体制。改革政府管理经济的体制的重点，在于使政府完全退出资源的配置活动。资源配置起决定性作用的是市场而不是政府，政府应该从生产经营性主体转变为社会经济活动的公共管理者，成为法治政府与服务性政府。

金融体制改革的重点，在于实行货币政策制定主体、金融企业、金融监管这三者彻底分开的三分开金融体制，强化央行在货币政策上的独立性，并使包括商业银行及投行在内的所有商业性金融机构彻底企业化。金融监管机构的职责在于对金融性企业的经营活动实行有效的监管，但监管并不是审批，监管是在充分放活所有金融企业的自我选择的基础上进行的，也就是不搞事前审批，而重事后监管。

财政体制改革的重点，在于从经营性财政转向公共性财政。财政的重点不在于创办和扶持国有企业，而在于对公共产品的投资和维系。

正是基于这样的认识，我们在改革开放的几十年以来，不断推动了政府体制、金融体制、财政体制的改革，初步形成了现代宏观经济体制的基本框架。

第四，在现代宏观经济体制下，国家对于总供给与总需求的相互关系的调控，虽然也涉及到总供给，但最主要的还是通过对总需求的调控来调控总需求与总供给的相互关系，因而有时人们将这种调控称之为需求管理。但是自 2003 年以来，这种需求管理似乎还不足以保证总供给与总需求的相互关系的协调，尤其是有时需求管理还难以有效实现对国民经济的快速调控，因而有人据此认为，仅有这种需求管理是不够的，还应该注重供给管理。这些人士敏锐地发现问题是对的，但是出现问题并不是因为仅有需求管理不行，而是因为我国的经济体制改革还没有全部完成，体制上仍然存在不完善的地方。正是这种体制的不完善使得需求管理难以到位，达不到应有的调控效果。例如，我国近几年需求管理效果不佳的重要原因是土地问题，拥有土地的农民实际上并不是土地的所有者，土地的最终所有者尤其是土地出售所带来的好处的享受者是各级地方政府。各级地方政府为了自身的利益，往往以便宜的价格从农民手中拿走土地，并以高价转让给开发商，从而获得了巨大的收益。这种巨大的收益推动了投资需求的不断超常上涨，从而使得需求管理难以奏效，但这里的问题并不是需求管理不行，而是体制的严重扭曲所导致。又例如，我国目前的收入分配体制导致了居民收入在国民收入分配中初次分配的比例太低，尤其是居民收入中的财产性收入比例太低，所以使得居民消费需求不足。这种居民消费需求不足又导致了大量企业将出口作为重要的市场战略，从而使得出口顺差太大，人民币发行的“外汇占款”太大，流动性过剩，价格全面上涨，但这并不是需求管理的效力不够，而是由于体制的不完善而导致的。因此，我们在宏观经济体制上要调整的并不是要加强供给管理的问题，而是要深化改革。优化供给是市场经济的功能，只要体制完善，市场经济是能有效发挥此功能的。如果不深化改革而只强调加强供给管理，势必会影响到市场经济主体的权益，从而会有损于市场经济。供给学派强调优化供给，但它是认为优化供给是市场经济的功能，而不是政府的功能，因而供给学派属于制度学派，即强调制度的创新和技术的创新，而不是强调政府的“英明”。总之，我们应该坚持现代宏观经济体制的改革方向，不能动摇。

第五，宏观经济调控必须以市场的充分作用为基础，让市场在资源配置中起决定性作用，宏观经济调控不能破坏市场自身的内在机理，人为地中断或阻止市场的自我修复作用。2008 年的“保增长”，就是一个很好的教训。当时我们应该让市场充分起作用，对产业结构进行有效调整，使一些过剩产业和企业退出，但是却过度使用宽松的货币政策与积极的财政政策，过量投放货币和过度加大政府投资，虽然实现了保“8”的任务，但却延缓了结构的调整，使得有些应退出的过剩生产能力得以保护，并且得以“重生和扩张”，其结果是引来了现在巨大的负面压力。如果当时让市场充分发挥调节作用，现在就不会出现产能过剩与金融风险过大的压力。因此，宏观调控不是强行干预市场机制，而是顺应其作用过程，尽量减少经济震荡和调整成本过高的问题，而不能取代市场机理。

第六，就政府来讲，其对宏观经济发生作用的主要方式是宏观经济政策。宏观经济政策包括六大内容：货币政策与金融政策，财政政策与收入分配政策，产业政策与科技创新政策，投资政策与消费政策，国际收支政策与开放政策，社会政策与稳定政策。企业在经营过程中，有可能与宏观经济政策相吻合，这时称之为资本有序运行；也有可能与宏观经济政策发生摩擦甚至对抗，这时称之为资本无序扩张。在这个问题上，有六个问题需要强调：一是必须承认资本是推动经济增长的五大生产要素之一，资本、劳动、管理、技术、自然资源共同创造了财富，不能忽视资本的作用；二是资本有逐利性，必须承认资本的逐利性；三是资本是人格化的，资本是有实际控制人的；四是不同资本都有自身的比较优势，我们要坚持混合资本制度，发挥各种资本的积极性；五是资本出现无序扩张与有序运行是必然的，要提高资本分析与判断宏观经济政策的能力；六是即使资本出现无序扩张，也不能打击资本，应该以导向资本为主，为资本设计好红绿灯制度。

六、产权制度研究

产权制度改革是我国经济体制改革的一项极为重要的基础性改革，也是我一直关注并认真研究的重要领域，就此问题曾发表过不少论文，我出版的著作中与此内容相关的有：《魏杰集》，黑龙江出版 1995 年 12 月版；《资本经营论纲》，上海远东出版社 1998 年 11 月版；《产权与企业制度分析》，高等教育出版社 1998 年 4 月版，与他人合著；《现代产权制度辨析》，首都经济贸易大学出版社2000年2月版；《新经济与企业裂变》，中国经济出版社2000年10月版；《走进深水区的中国经济》，中国发展出版社2014年3月版。

在对产权制度改革的研究中，我虽然涉及到产权清晰、产权顺畅流动、产权结构多元化、产权组织方式合理化等内容，但我认为在中国这样一个尊重个人产权意识有待强化的国度中，产权制度的一个重要内容还是保护产权，因而就保护产权形成了如下的论点。

第一，保护产权是解决移民潮与维稳的关键。社会主义基本经济制度形成之后并不是一成不变的，而是应该随着经济发展和社会变革而不断调整和完善。目前社会主义基本经济制度调整的重点是要更加注重保护产权，尤其是更加注重保护私人产权。因为经过四十多年的改革开放和经济的发展，我国人民大部分已成为有产者，人们越来越注重对自身产权的保护，保护产权已经成为普遍的公众意识和民意，社会主义基本经济制度要充分反映和体现这种公众意识和民意。我国目前拥有财产的人为什么那么积极地移民？其中最主要的原因就是害怕自己的产权不能在国内得到有效保护。寻求自身产权保护，其实是移民的主要原因，而并不是像有些人讲的移民是为了享受发达国家的福利与教育。非正常移民所导致的一个国家的财富和人才流失，是非常可怕的。我们应该清楚，维护社会稳定的主要社会基础，是在三十多年改革开放中受益而积累起自身财富的人，有产者最怕社会动荡，最需要稳定，因而只要保护他们的合法产权，他们就会成为社会稳定的中坚力量。

第二，保护产权是“两个坚定不移”的制度基础。毫不动摇地坚持和发展公有经济与毫不动摇地坚持和发展非公有经济，是中国特色社会主义基本经济制度的重要特征。这一重要特征决定了我国经济从宏观结构上看，表现为混合经济：既有公有经济，又有非公有经济。公有经济与非公有经济相互竞争与相互融合，共同组成了中国经济。同时，从微观结构上看，我国经济也表现为混合经济，即企业中既有公有产权，也有非公有产权。公有产权与非公有产权融合于一个企业之中，共同推动了企业的经营活动。公有经济与非公有经济在宏观上和微观上的相互竞争与相互融合，使得中国经济已成混合经济体制。在混合经济体制下，不同产权的相互竞争与融合，以及这种竞争与融合所引发的产权界定及保护产权，就成为社会经济生活中的一个核心问题。因此，中国特色社会主义基本经济制度在坚持“两个毫不动摇”的同时，就应该把坚持平等保护产权作为重要的法治原则。从这点上讲，平等保护产权是中国特色社会主义基本经济制度的应有之义，是中国特色社会主义基本经济制度的重要构成部分。

第三，保护产权有助于消除福利主义与民粹主义。保护产权是社会经济制度的范畴，这种制度规范一旦形成，就会成为一种公众意识，即保护自身产权和尊重别人产权的意识。这种公众意识对于校正那种不是依靠自身勤奋和努力，而是试图通过侵占别人产权而实现富有的不健康思维，是非常有效用的。现在以穷为荣且试图以“打富济贫”而实现自身富有的思想存在的最主要原因，就是社会缺乏尊重别人产权的意识。保护产权是形成勤劳致富的良好社会风气的重要制度基础。假借“革命”之名而行动乱之实的深层原因，就是无视别人产权，缺乏保护产权的自觉意识。农村靠自身勤奋努力而致富的人曾形象地说，好吃懒做的“二流子”的思想基础就是无视别人产权，在产权上实行无政府主义。目前福利主义盛行的重要原因，就是无视产权保护，我们应该是帮贫不帮懒，不能搞民粹主义。

第四，保护产权有助于消除收入分配不公。我国目前贫富差距太大的主要原因不在于分配，而在于产权制度的漏洞，产权没有得到应有的保护。有些人以廉价方式获得了有巨大赢利能力的产权，从而一夜暴富，而有些人的产权却因垄断等原因而被贬值，收入不能随着经济增长而上升。其中最为典型的例子就是，有人以廉价方式获得了归全体人民所有的具有极强赢利能力的自然资源的产权，从而一夜暴富，但居民手中的大量金融资产却没有随着经济增长而升值，有的金融资产如储蓄存款甚至贬值了。人们的各种金融财富在隐性地向金融部门转移，从而难以实现富有。

第五，保护产权有助于实现社会公平正义。在我国，要特别强调对私人产权的保护，因为公权高于私权，甚至公权可以随意侵犯私权的社会意识根深蒂固。例如，领导视察企业，一听是民营企业就非常谨慎，甚至敬而远之；银行放贷一看企业性质是民营企业，就会在放贷条件上更加苛刻和刁难，甚至不愿放贷；税务部门收税和查税，对民营企业经常任意加税和罚款；投资审核部门对于民营企业的投资会经常以各种方式横加干涉，甚至阻止民营企业的正常投资，社会上将此状况形象地比喻为民营企业投资上的“玻璃门”与“弹簧门”，等等。总之，保护私人产权是当务之急。虽然中央不断强调“两个坚定不移”，提出非公有经济与公有经济在资源享受与竞争中是平等的，但实际情况并非如此，非公有经济仍然难以获得与公有经济平等的资源享受和竞争地位。因而保护私人产权的改革仍然需要继续深化。

第六，保护产权有助于政府体制改革。政府的主要职能是保护产权而不是经营产权。政府经营产权的结果只能是政资不分，政企不分。在产权上有政府背景与无政府背景的经济主体无法平等经营，平等竞争，经济公平实际上就是一句空话。我国现在难以清晰界定政府与市场、监管与经营、宏观与微观、政府与企业等诸多社会经济关系的最主要原因，就是政府试图经营产权而并没有把重点放在保护产权上。尤其是我们应该看到，在政府不保护产权的条件下，有的民营企业就只好寻找非政府力量保护自身产权，其结果必然出现黑恶势力，甚至会形成“黑社会”存在的温床。可以说，经济低效率、贪腐、黑恶势力等负面社会现象，从经济制度层面上讲，就是因为产权没有能得到有效保护。

第七，保护产权有助于城镇化的顺利进行。产权保护在目前推进城镇化的过程中，主要表现为对农民产权的保护。农民在宅基地及宅基地上的房产应该同城市房产一样，能够用于银行抵押和市场交易。集体所有而农民承包的土地，也应该拥有产权的属性，能够用于工商登记和银行抵押。国家在将农村土地转为国有土地的过程中，要严格根据宪法规定，凡是用于公益性建设的农村土地，国家可以采用征地的方式，而对于用于非公益性建设的农村土地，则应该以交易方式进行，农民作为交易主体进入市场，而国家则只作为税收者而收取应有的税款及级差地租，政府不能再作为交易主体存在。这对农民产权的保护，对于提高农民收入及推进城市化进程都有重要意义。

第八，保护产权有助于防止国有资产流失。目前产权保护虽然突出的问题是私人产权不能有效保护，但国有产权保护不到位也是大问题。国有经济中的贪腐与国有资产流失的问题也很严重。国有产权不能保护的重要问题是国有资产管理体制有问题。目前这种将国有资产监管职能与国有资产经营职能都融于国资委一身的体制，难以形成对国有产权的有效监管。尤其是对于国有产权，如果将其社会职能与赢利职能融为一体，不进行有效区分，就会使实际掌握国有产权的人，经常以所谓社会职能作为掩护而侵吞国有产权的经营收益，将侵吞国有产权而“体制化”和“合法化”。在人民对自己所有产权不能有效监管的条件下，将会使国有产权成为某个社会阶层的财富来源，例如不少央企高管能在北京和上海这样寸土寸金的地方有别墅，就是很好的证明。这实际上是最大的社会不公平。

第九，保护产权有助于实现权力制衡。保护产权延伸到政治层面就是保护人权，因为人权的重要内容是财产权。不保护产权，就难以谈到保护人权。人权面前人人平等，这是现代人类社会的最核心价值观。人权与特权的矛盾，是我国目前必须要解决的重要矛盾。目前积怨较多的一个重要问题，就是特权往往侵犯了人权。特权之所以侵犯人权，其经济原因就是缺乏对产权的保护。政治是经济的最集中反映，经济制度的不完善性，会导致政治及社会生活的扭曲。因此，保护产权涉及到政治及社会生活的健康与稳定。公权与私权的相互制衡，尤其是对公权有效制衡，并不是西方的独创思想。中国很早就强调社会稳定的重要问题是对公权的制衡，私权与公权需要相互制衡。

第十，保护产权有助于推动技术创新。产权就其物质形态讲，包括物质产权（自然资源、土地、货币资本、设备及各种生产资料等）、知识产权、劳动产权（个人对自身劳动的所有与支配）。产权就其所有者层面讲，包括国有产权、自然人产权、共有产权、法人产权、社团产权、社区产权等。因此，保护产权是一个系统工程。不仅要保护物质产权和劳动产权，还要保护知识产权，如果不保护知识产权，谁都可以山寨别人的技术创新，那就必然是人们不可能下大力气去投资于技术创新，而是琢磨如何山寨别人的技术创新，技术创新就是一句空话。不仅要保护国有产权与共有产权，还要注重保护其他种类的产权，尤其是自然人产权。我们必须平等界定各种产权的权利边界，不能歧视任何形式的产权。

第十一，保护产权是推进各项改革的重要保障。我国经济体制改革能否完成的最深层次的制度保障，就是能否有效保护产权。只有有效保护产权，政府行为才能受到约束，政企关系及政府与市场的关系才能清晰界定。只有保护产权，资源价格及要素价格才能在市场博弈中走向市场化，实现市场定价，利率市场化和汇价市场化才能形成。只有保护产权，企业家队伍才能最终形成。企业家队伍的形成状况与保护产权的状况成正比。只有保护产权，人们才会投资于技术创新，才会致力于技术创新，才能实现创新驱动战略。只有产权受到有效保护，人们才会注重长期投资，而不去搞短期投机。只有在有效保护产权的条件下，各种经济主体的权利边界清晰，财税体制才能有真正的改革。只有保护产权，才能形成公平公正的收入分配体制。市场经济实现的最根本条件是产权清晰与产权保护，只有如此，交易双方才能实现利益共享的双赢，而不是相互的欺诈与恶斗，因而没有产权清晰与产权保护，就没有真正的市场经济。

那么，如何保护产权？主要是要形成保护产权的社会意识和在宪法、民法、刑法等法律体系中贯彻保护产权的法律规范。现在我国极度缺乏保护产权的公众意识，在有些人眼里，似乎任何私人产权都可以随时剥夺，盲目的公有“左倾”风潮仍然很重，从而导致了社会不稳定。同时，法律体系上也并未完全贯彻产权平等的原则，并没有彻底将平等地保护产权作为根本性法律准则。因此，我国必须要在公众意识与法律体系上尽快释放出保护产权的积极信号，这对校正引发社会不稳定的“多数人暴政”是有意义的。1992年我们提出中国要搞市场经济，带来了经济的高速发展与体制改革的深化，现在释放保护产权的信号，仍然有这样的作用。为此，我们应该在三个层面上做工作。

一是在理论上，要进行理论创新，真正形成各种生产要素共同创造社会财富，按要素贡献分配财富的理论，彻底抛弃只有劳动创造财富，而资本收益具有剥削性质的陈腐观念，从而形成科学的产权理论。同时，要在理论上明确市场经济就是契约经济，契约经济要求必须保护产权。保护产权、契约经济、市场经济这三者是密不可分的。

二是在公众意识上，要不断强化保护产权的意识，尤其是要尊重和保护私人产权的意识，不能盲目认为私有是万恶之源。私权与公权的权利边界界定，在于法律体系本身的设定，而并不在于某种产权本身的属性。如果盲目认为私有是万恶之源，就必然堵塞了中国深化改革之路。

三是在法律体系上，从宪法到刑法和民法的整个法律体系上，贯彻平等保护各种产权的原则，有效地从法律上保护产权，尤其是保护私人产权。

七、收入分配体制改革

对于现代收入分配制度的研究，我在20世纪80年代初就发表过不少文章，尤其是1990年东方出版社出版的我的著作《建立新的收入分配体制》、中共中央党校出版社1995年出版的我参加编写的《分配经济学》、中国发展出版社2007年1月出版的《中国经济改革若干问题》、中国发展出版社2008年1月出版的我的著作《崛起中的磨合》、中国发展出版社2008年10月出版的《亲历改革》这几本书，比较集中地反映了我对收入分配体制改革的看法与改革建议。

收入分配体制是由产权制度和资源配置方式决定的，因而我国经济体制改革中的现代产权制度改革和现代市场经济体制改革，也就必然引发了现代收入分配体制的改革，可以说，现代收入分配体制改革是我国经济体制改革的重要内容。当然，同现代产权制度改革和现代市场经济体制改革一样，现代收入分配体制改革也经历了一个缓慢变革的过程。

在改革开放刚刚开始的几年中，我们对于收入分配体制改革的讨论基本上集中在两个方面，一是清理“极左”思潮在收入分配体制上的影响，例如“四人帮”鼓吹按劳分配也反映着资产阶级法权，要破除资产阶级法权，连按劳分配原则都要否定。所以在刚刚改革开放的时候，人们所讨论的收入分配体制改革，还只是强调要恢复和坚持按劳分配的原则而已。二是批评传统收入分配体制是一种平均主义的“大锅饭”体制，认为形成这种“大锅饭”体制的主要原因，是因为没有真正贯彻按劳分配原则，没有反映人们在劳动上的效率差异。因而改革开放刚刚开始后，人们讨论收入分配体制还只是认为要真正贯彻和完善按劳分配原则。由此可见，在改革开放的最初几年中，我们基本上还停留在完善传统收入分配体制的基本原则的问题上，像按要素贡献分配这样的原则，尤其是像按资本贡献分配这样的原则，当时还根本没有触及。因为那时人们仍然认为按资分配是资本主义经济原则，只有按劳分配才是社会主义经济原则，因而当时人们认为收入分配体制改革的基本方向，是应该更好地贯彻按劳分配原则，按照每个人的劳动贡献而分配财富。

不过，由于推行了农村的联产经营责任承包制，就承认和允许了非公经济在一定范围内的发展，就注重了市场机制在一定程度上的作用的发挥，所以现代收入分配体制的某些原则和机制，在当时也就随之开始发挥作用了。例如，市场机制开始发挥按效率分配的作用，按资本贡献分配收入的原则也开始起作用，那些拥有财产的人开始获得了资本性收入。正是因为现代收入分配体制的某些原则和机制开始起作用，所以就很快打破了原有的收入分配上的平均主义格局，使社会上出现了收入分配差距开始拉大的趋向。但是，由于当时现代收入分配体制的某些原则和机制还仅仅是在体制外起作用，而体制内（包括政府与事业单位、国有经济和集体经济、高等院校和科研机构等）当时还基本上实行的是传统的行政性收入分配体制的原则，所以当时的收入差距主要表现为体制内与体制外的收入差距，出现了“搞导弹的不如卖茶叶蛋的”这类所谓的脑体倒挂现象，也出现了“国有收入不如集体收入多，集体收入不如个体收入多”这类体制差异现象。正是由于这种收入差距的吸引，所以当时出现了大量的从体制内跳到体制外的“下海”现象。

对于上述的收入差距拉大，在20世纪80年代后期和90年代初，学术界产生了一场争论，主要有两种观点：一种观点认为，这种收入差距形成的主要原因是因为经济生活中存在着“双轨”制，有两种不同的收入分配原则在起作用，一种是传统收入分配体制中的行政性收入分配原则，体制内的收入分配主要是这种原则在起作用；另一种是新体制的市场化收入分配原则，体制外的收入分配主要是这种原则在起作用，因而我们解决问题的关键，是要实行体制“并轨”，实行统一的新体制的市场化收入分配原则。另一种观点则认为，市场化原则属于资本主义经济范畴，例如按资本贡献分配收入这类原则，就是资本主义收入分配制度的主要原则，因而我们绝不能实行“并轨”性改革。我们解决问题的重点，在于限制甚至取消市场化收入分配原则，真正实行按劳分配的体制。由此可见，对于建立现代收入分配体制的问题，当时人们并没有取得统一认识。

一直到了邓小平南方谈话之后，尤其是中共十四大之后，我们才开始真正进入到现代收入分配体制的改革，逐渐提出了下述重大改革决策：要按照要素的贡献分配收入——既要按劳动贡献分配收入，也要按资本贡献分配收入，实现按劳分配与按资分配的有效结合；既要在收入分配中强调效率，同时也强调公平，实现效率与公平的有效结合；现代收入分配体制体现于整个国民经济运行的全过程，因而它既包括初次分配过程和再分配过程，也包括第三次收入分配过程，是三次分配过程的有效结合。

按照上述原则，我国在中共十四大之后，逐步形成了现代收入分配体制的基本框架：初次收入分配过程表现为市场对企业的分配，企业对各种生产要素的分配。其分配基点是按贡献分配，包括市场按企业贡献给企业分配，也包括企业按要素贡献给要素分配，因而这里实行的是效率原则。谁的效率高，谁的收入就高，公平在这里表现为按效率分配。越坚持按效率分配的原则，就越体现公平精神。但是初次分配的收入还属于不可支配收入，其分配结果还要经过再分配过程的调节。调节的重点是解决收入差距过大的问题，调节的机制包括累进的所得税制度、转移支付制度和社会保障制度。前者是将过高收入调节下来，并通过转移支付制度而使低收入者的收入能达到应有水平，而且使低收入者享有各种应有的社会保障，因而再分配过程贯彻了公平原则，即防止收入差距过大的原则。因为收入差距过大，会使人们有不公平感，但是这里讲的公平与初次分配过程中的公平有所不同。再分配过程完成之后，并没有标志着收入分配过程的终结，还要经历第三次收入分配过程的调节，也就是有些高收入者还会根据自身的价值取向，以道义性的慈善事业方式，向社会进行各种捐赠。这种道义性的收入分配过程，虽然没有强制性，但随着社会经济的发展，也会成为收入分配过程的重要环节，它有效地促进了和谐社会的形成和国民经济的可持续发展。

由上述分析可见，现代收入分配体制充分体现了效率原则与公平原则的有效结合，是国民经济高效快速发展和建立和谐社会的基础，对经济发展和社会进步都具有重大作用，因而我们应该坚定不移地发展和不断地完善它。但是，近期有人以收入差距过大问题为由，指责甚至试图否认现代收入分配体制，认为这套体制虽然带来了效率，却损害了公平，硬是把损害了公平的帽子戴在了效率的头上。这是不对的。引发我国收入差距过大的重要因素是权钱交易性腐败和各种行政性垄断，因而我们现在的问题不是要否定现代收入分配体制，而是要深化改革，消除腐败和各种行政性垄断。当然，收入差距过大确实也与现代收入分配体制有某种关联，例如在按要素贡献分配收入的条件下，那些资本拥有量太少甚至没有资本的人，其资本性收入就会显得太少甚至完全没有，所以他们的收入就低，与拥有大量资本收入的人的收入相比，就会显得收入差距过大，但是我们并不能因为此而否定按要素贡献分配的原则，因为这并不是由于实行按要素贡献分配的原则而引发的，而是由于有些人的资本数量太少甚至没有资本而引发的，所以我们的选择只能是深化改革，有效增加人们的财产，使人们都能拥有应有量的财产，提高人们的财产性收入在自身收入中的比例，从而缩小收入差距。总之，我们必须要坚持现代收入分配体制的改革方向。

从人类社会发展的经验和教训来看，在现代经济条件下，经济利益的和谐有赖于中产阶层比例的扩大。中产阶层在社会群体构成中的比例越大，社会就越和谐稳定，因此，推动中产阶层的比例的扩大，是我们实现经济利益和谐的最重要的战略选择。但是，这并不是说，我们可以不关注经济利益格局中的弱势群体和高收入群体的问题，恰恰相反，我们只有关注弱势群体和高收入群体的问题，才能扩大中产阶层的比例，才能实现经济利益和谐。尤其是在我国目前的条件下，这一点尤为重要。因此，经济利益和谐的重要任务是如何对待弱势群体与高收入群体的问题。

1. 弱势群体与经济利益和谐

所谓弱势群体，就是指那些获得经济利益的能力较低，生活质量低下，面对社会变化的承受力较为脆弱，自我社会地位评价较低的人。在社会阶层的格局中，弱势群体是一个特殊的社会群体。弱势群体虽然在社会阶层中的比例并不大，但是这个群体对于社会稳定和经济利益和谐有重要影响。尤其是在我国当前社会经济状况快速变动的条件下，这个问题就更为突出。因为，无论是经济体制的剧烈变动，还是生产力的快速发展，都会因各种原因而使一些人在激烈的竞争中处于不利地位，甚至被“淘汰出局”，从而形成了社会变革与社会发展中的弱势群体。正因为这样，所以弱势群体的问题目前在我国得到了越来越多的关注。我们认为，在实现社会和谐与经济利益和谐的过程中，处理好弱势群体的问题是极其重要的。

弱势群体的弱势地位，无论是因为自身原因还是体制原因，最终都表现为是由其获取经济利益的能力不足所引发的。所以改善这些人的弱势地位，应该主要从增强其获取经济利益的能力着手。我国现在实行的是现代市场经济体制，在市场经济条件下，总体经济利益的初次分配首先是在市场中进行的，在市场经济配置的基础上，政府通过公共权力再对初次分配进行二次分配，实行有效调节，并且在此基础上社会再通过多种渠道，进行第三次分配。因此，改善弱势群体弱势地位的政策和措施，可以从以下几个方面进行考虑。

第一，提高弱势群体的收入水平。在初次分配中，市场发挥着主要作用，劳动的供求关系对分配状况有极强的功能，尤其是在我国这样一个劳动力供求关系的总体态势处于供过于求的条件下，初次分配对弱势阶层的分配状况的改善，确实有难度，因而我们首先要强调再分配的作用。例如，可以通过利用国家和地方的财政收入，提高农产品的最低收购价，提高最低收入保障线，增加退休工人的退休金等，来推动弱势阶层经济利益的提高。最起码，二次分配可以确保弱势群体拥有基本的生活保障。当然，这种方式虽然可以直接提高弱势群体的收入水平，但同时也需要国家财力为支撑，在我国目前财力还比较薄弱的情况下，这种方式的覆盖面相对较窄，增加弱势群体整体经济利益的作用有限。因此，有人认为，应该不断大幅度提高最低工资水平以提高弱势群体的收入。我们认为，这个方法是值得商榷的。如果不结合社会生产的发展程度，盲目直接提高最低工资水平，虽然可以在短期内增加弱势群体的收入，但是却破坏了以市场为主配置劳动力资源的机制，导致资本流失和劳动力有效需求的不足，反而最终会影响到弱势群体的整体收入水平。所以，我们还是应该把二次分配作为重要措施，例如提高收入保障的最低线可能会更好。

第二，建立和完善社会保障等相关体系。对于弱势阶层来讲，虽然他们关注自身经济利益的上升，但可能更关注自身保障体系的完善。因此，在增加弱势阶层收入的同时，要注重社会保障体系的建立。我们认为，就我国目前的状况来看，建立保障体系比增加收入更重要，而且对协调利益和谐更容易和更有效。因此，要加大保障体系的建立和完善。一方面，可以通过政府设立相应的制度并利用金融保险市场，完善包括医疗卫生、养老和教育等相关方面的社会保障体系，这样既可以避免“因病致贫”“因老致贫”等现象的出现，也可以为弱势群体中有劳动能力的人提供一个相对稳定的劳动环境。另一方面，通过政府设立相关的用工制度，弥补市场在配置劳动力资源方面所形成的资本占强势地位的缺陷，建立适当偏向劳动者的市场关系。另外，还可以借鉴西方发达国家的一些制度，鼓励社会中的个人和团体对弱势群体的捐赠、帮助和扶持，增强社会第三次分配的作用，间接提高弱势群体的收入水平。

不过，上面两种政策和措施主要是从外部环境提高弱势群体获取经济利益的能力，是一种“输血”的形式。并且，这还需要国家的财力支持和配套的制度，需要较长的时间。因此，在目前的情况下，上述两种措施只能在一定的程度上从外部改善弱势群体的地位，而若要从根本上改变弱势群体的地位，还需要从弱势群体的自身因素着手。

第三，提升弱势群体的个人素质。提升弱势群体的个人素质的主要目的是增强弱势群体的就业能力，强化就业意识，使其能够凭借自身的能力参与市场竞争，参与社会生产的初次分配，提高收入，改善或改变其弱势地位。这是提高弱势群体获取经济利益能力的最终解决办法。一般来说，提高弱势群体参与市场竞争的个人能力，一方面是市场主导下的初次分配的必然要求；另一方面也体现了“各尽所能,各取所值”的社会规则。只有提高弱势群体自身的能力，才能使其在市场竞争中获得进一步提升自己能力的机会，跟上经济与社会的发展进程，获得“再造血”的能力。而只有拥有了“再造血”的能力，才能够摆脱对政府和社会“输血”的依赖性，摆脱弱势地位，实现个人的发展。历史经验也表明，我国的财力不允许也不可能为弱势群体提供脱离现阶段生产力的过高保障。否则，就会回到计划经济体制下的“大锅饭”，损害社会中其他群体的经济利益。所以，应该坚决防止“养贫”和“养懒”的情况出现。在具体措施上，可以考虑在义务教育的基础上，政府应针对不同的弱势群体，进行就业教育、职业教育和基本技能培训；同时，鼓励企业对劳动者进行培训，利用市场与社会的力量，对弱势群体进行专业技能培训，提高个人素质。

总之，改善弱势群体的弱势地位和促进经济利益和谐是紧密联系的。要促进经济利益和谐，就需要改善弱势地位。如何达到这样的目的？我们应该从外部环境和内部因素上考虑和分析弱势群体的形成，从其形成原因入手，并结合具体的实际情况，帮助和扶持弱势群体改善和改变其弱势地位，实现社会和谐。当然，无论采取何种手段，都不可能消除弱势阶层，只能缩小弱势阶层的比例和弱势的程度，并保障他们同整个社会的利益和谐，对此，我们应该有清醒的认识。

2. 高收入群体与经济利益和谐

我国的基尼系数现在已经达到 0.45 ~ 0.53。与改革开放初期的 0.29 相比，有了明显的变化。这说明当前我国社会确实存在较大的收入差距。虽然基尼系数的具体测算在国内还存在一定的争议，而且我们也并不看重这个数据，但是社会中有些群体的收入高出社会平均收入水平过大，这一事实却是普遍承认的。这些群体被称之为高收入群体。高收入群体是如何形成的？他们的存在是否与“和谐”相背离？如何看待高收入群体等等？这些问题是我们在推动经济利益和谐，构建和谐社会的过程中，要必须加以关注的。

如何对待高收入与高收入群体？从有利于经济发展和社会的

和谐来看，我们应对当前已经形成的高收入和高收入群体进行分类，并相应采取不同的调控举措。

第一，由个人劳动因素所形成的高收入与高收入群体。

对这种高收入和高收入群体，首先是应给予充分的承认和鼓励。大家知道，社会的和谐在很大程度上取决于社会生产的发展水平，而社会生产的发展水平，则是由一定条件下的社会成员的个人劳动付出所决定的。因而只有社会成员的高付出，才有社会生产力的发展，而高付出的背后是高收入者。因而可以认为这类高收入群体的形成是有助于社会生产发展的，是与社会和谐的总体目标相一致的，是有利于社会成员之间的收入和谐的。

因此，对于这类高收入和高收入群体，如果仅考虑削弱其获得收入的能力或剥夺他们的收入，那么必然会导致平均主义和“大锅饭”，阻碍社会生产力发展。所以，社会应该一方面对这类高收入群体持积极鼓励的态度，鼓励已有的这类高收入群体成员进一步提高个人劳动效率，获得更高收入。另一方面，对社会其他成员应该按照机会平等的原则，创造教育、就业等发展条件，实现个人劳动效率的提升，从而从规模上促进这类高收入群体的进一步发展，通过别的社会阶层的高收入，来协调经济利益上的和谐。

第二，由资本和资源性因素所形成的高收入与高收入群体。

这类高收入群体拥有资本等生产要素，资本的回报构成了个人的高收入。资本回报所形成的高收入与我们传统观念中的收入，即只承认劳动收入的观念有很大的差距。因而，这类收入在社会上很容易引起争议。甚至有的观点认为，这类收入是靠剥削他人得来的，应该坚决予以遏制。而有的观点则认为，这类收入不仅含有资本所有者的劳动，而且我们现在实行的是按劳分配和按要素分配相结合的体制，因而这类收入应该予以鼓励。到底应如何正确对待这类因素所形成的高收入？我认为应该从以下几个方面考虑。

首先，这些高收入是否完全是由资本所有者的劳动所形成的？

应当承认，我国当前很多的民营企业所有者，同时也是企业的经营者。在他们所获得的高收入中含有作为经营者的个人劳动，而且还是劳动效率较高、市场较为稀缺的个人劳动。这些人士的劳动理应获得较高的劳动回报。

但是，按照社会的普遍衡量标准来看，仅仅就这些个人劳动而言，只能解释这些收入中的一部分，并不能涵盖所有的收入。也就是说，这些收入中有很大一部分与资本所有者的个人劳动无关，是由受资本雇用的劳动者所创造的，因而应该加以调节。我们认为，由于市场资本稀缺的原因以及社会分配制度方面的原因，这些表现为资本回报的财富，为资本所有者获得是应当的。对应有的资本收益不能随便调节。

其次，是否应该坚决遏制与资本所有者个人劳动无关的资本收入？

目前社会上有不少人主要持遏制的观点，而我认为这种说法是值得商榷的，其理由如下。

第一，在我国目前的经济体制下，社会收入分配和再分配制度的具体状况，决定了我们不宜一味地否定资本性收入。在宪法承认私有财产，并存在承认私人财产的《物权法》的条件下，否定资本收入是缺乏依据的，是不合法的；而且，因为缺乏相应的能真正区分个人劳动收入与资本收入有关的收入分配制度，人们很难区分资本所有者的个人劳动和资本收入，这就使得社会对劳动收入与资本收入的区分缺乏可操作的区分手段，因而在这种局面下，否定资本性收入，容易影响所有者的积极性，影响整体经济的发展，不利于和谐社会的构建。特别是，建国以来所积累的正反两面经验也证明，完全否定资本收入不符合我国的具体国情。

第二，发展市场经济允许资本参与收入分配。

私人资本是市场经济的重要组成部分，是社会资本的重要组成部分。这是因为：①资本作为经济的要素之一，在市场上是相对稀缺的。吸收私人资本，可以有效改善市场中缺乏资金的问题。②利用私人资本，可以吸收社会剩余劳动力，缓解社会的就业问题。③利用私人资本，可以增加国家税收，增加社会的总体福利。④国有资本在一些市场领域不能或不便参与竞争，而私人资本则可以在这些领域充分竞争，完善市场功能，满足社会大众的物质需求。所以，必须承认私人资本在市场经济中的存在及其在市场经济中的巨大作用。相应的，也应该允许私人资本获得资本回报，允许资本所有者获得资本回报所带来的高收入。

当然，在允许资本所有者可以获得资本所带来的高收入的同时，应当加强对这些高收入的规范和引导。一是鼓励和引导资本所有者对其获得的高收入进行再投资，进一步解决市场中资金短缺的问题，改善社会就业，增加税收，尤其是避免资本转移到国外，影响我国的经济发展。二是规范高收入的获取方式，保障受资本雇用劳动者的权益和福利。三是在条件相对成熟的时候，可以借鉴发达国家的成功经验，考虑逐步引导资本所带来的高收入的流向，例如推动社会捐赠和实行遗产税，从而使其朝着有利于社会进步和社会和谐的方向发展。

只有这样，才能够既保障社会生产的发展，又控制资本性的高收入所带来的某些负面影响，有利于社会和谐的构建。

第三，由行政性垄断因素所形成的高收入与高收入群体。

按照前面的分析，这类高收入群体的高收入形成主要原因是国家政策的倾斜，但是也存在个人较高的劳动付出的情况，因而对这种高收入可能还不能一味采取否定的态度，而是要灵活调节。

一方面，应该充分肯定较高的劳动付出可以获得较高的劳动收入，这是有利于社会生产发展和社会和谐的；另一方面，应当尽量避免由于国家政策所引发的高收入。如果不能避免，则应当通过二次分配予以适当的调整。这是因为，政府对某些行业和地区的政策优惠意味着对其他行业和地区的不公平。也就是说，获得政策优惠的行业和地区的政策成本和风险是由各个行业和各个地区共同承担的，但是相应的政策收益和风险收益却只是由个别行业和地区所享有，并被转化为个人的高收入。尤其是当这些行业和地区已经有了较大发展的时候，这类群体还享有国家的政策优惠所形成的高收入，那就更是不合理的。这种情况不能也不应该长期存在，否则会影响到收入和谐，乃至整个社会的和谐。

第四，由非正常因素所形成的高收入与高收入群体。

那些以违犯法律而获得的高收入，完全与个人贡献无关，破坏了社会的公平公正原则，并且容易造成社会的不安定，因而应当坚决取缔。有的官员家中竟然藏有几亿元的现金，大量黄金与房产证，这种腐败必须严惩。反腐是最好的解决非法高收入的办法。当然，对于那些违背社会道德规范，但并未违法而钻法律漏洞的高收入，即所谓“灰色”高收入，考虑其也基本上是利用权力或职位的特殊性而取得的，基本与个人素质不相关，而且容易引起社会不满，不利于社会和谐，因而也应当予以取缔。不能说明收入来源的收入就是属于此类，应严加惩处。

总之，应当按照构建和谐社会的要求，分析高收入群体的形成，考察高收入群体在和谐社会中所能发挥的作用，并对不同高收入者区别对待。只有这样，才能达到经济利益和谐和社会和谐。

3. 关于三次分配与共同富裕

讨论收入分配体制改革，当然不能不涉及到 2021 年初提出的三次分配与共同富裕问题。因为这个问题的提出引起了一场巨大的风波，甚至使一些人尤其是刚刚富起来的人产生极大担忧，出现了所谓的“预期转弱”，直接影响到投资与消费，据说这是 2022 年经济增长下行的一个重要原因。

所谓三次分配，是指整个分配经济体制由三个层次构成。

第一个层次是初次分配，初次分配强调效率原则。谁的效率高，谁的收入就高。例如哪个企业竞争力强，哪个企业的利润就高；哪个员工贡献大，哪个员工人收入就高，一切以效率为原则。当然，初次分配的成果被称之为不可支配收入，因为还要进入第二次分配。

第二个层次是再分配，就是对初次分配的成果进行必要的调节。再分配强调公平原则，主要调节过高的收入差距，寻找社会的大致公平。再次分配靠两个制度完成，一个是税收制度，主要调节高收入，将过高收入适当压一下。西方发达国家税收包括所得税、房地产税、利得税、消费税、遗产税等，我们国家主要是所得税。另一个是收入保障制度，主要是确定一个最低收入线，达不到的低收入者会通过补贴等方式增加其收入，把低收入者的收入提高一下，从而实现社会公平。当然，再分配调节之后，有人还有很高的收入，例如企业上市，主要股东一下子通过股份变现获得几十亿几百亿甚至上千亿的收入，所以社会还要进入第三次分配。

第三个层次分配强调道德原则，没有强制性，鼓励高收入者以捐赠方式将财富捐给社会，主要是用于科技创新而提高全面福祉。需要强调的是，差距是永远存在的，我们要的是存在差距的共同富裕，不是平均主义的共同富裕。

八、经济运行机制与基本制度研究

经济运行机制与基本经济制度是社会经济体制的两个最基本构成部分，也是我研究得较多的问题。先后出版的著作有:《社会主义经济运行机制》，人民出版社 1986 年出版，与他人合著;《市场结构与市场机制》，河北人民出版社 1986 年出版，与他人合著;《社会主义经济的运行、发展和调节》，陕西人民出版社 1987 年出版，与他人合著;《经济运行机制概论》，人民出版社 1989 年出版，与他人合著;《从无序经济走向有序经济——论社会主义商品经济新秩序》，中国财政经济出版社 1989 年出版，与他人合著;《建立新的收入分配体制——从分配不公平走向公平分配》，东方出版社 1990 年出版;《建立新的所有制体制——我国所有制体制的发展方向》，东方出版社 1991 年出版;《建立公有制商品经济体制——公有制与商品经济兼容研究》，东方出版社 1992 年出版，与他人合著;《四小龙腾飞之谜》，人民出版社 1992 年出版，与他人合著;《社会主义经济调节通论》，人民出版社 1994 年出版;《中国经济改革的主线》，经济科学出版社 1997 年出版，任副主编;《产权制度辨析》，首都经济贸易大学出版社 2000 年出版;《解码财富方程》，中国发展出版社 2003 年出版;《驱动财富进程》，中国发展出版社 2003 年出版;《动摇不得——中国经济体制改革若干问题》，中国发展出版社 2007 年出版;《崛起中的磨合——中国现实经济问题》,中国发展出版社 2008 年出版。《走进深水区的中国经济》,中国发展出版社 2014 年版。

我认为中国经济的运行机制及基本制度有四大特征:一是市场在资源配置中起决定性作用,二是财产制度上实行混合经济,三是企业文明成为社会经济文明的主体,四是宏观经济以放活微观为基础并为微观有序运行而服务。以这四项特征为基础的运行机制及基本经济制度,是在改革中逐渐形成的,其中最为重要的改革包括现代市场经济体制改革、现代产权制度改革、现代收入分配体制改革、现代宏观经济体制改革等,因此,我关于经济运行机制与基本经济制度的研究,在 1985 年到 2008 年之间,也就主要体现在这四个方面的改革上。我的不少论文及著作,都反映了在此方面的研究。

大家知道,中国的改革特点表现为渐进式的改革,因而新的经济运行机制和基本经济制度的形成也是一个渐进的过程。这个过程可以分为两个历史阶段,即中国经济体制改革从 1978 年到 2008 年这三十年中,在改革中已基本上形成了新的经济运行机制与基本经济制度的大致框架,这个时期可以称之为新体制基本框架建立时期;而从 2008 年开始,中国经济改革则已进入新体制磨合期,这个时期充满着矛盾与竞争。因此,自从 2008 年以后,我对于经济运行机制与基本经济制度的研究,就主要集中在对新体制磨合期研究上,其中主要研究成果体现在《崛起中的磨合》这本书中。

新体制大规模建立时期所建立的新体制,是以强调效率,强调竞争为特点的,因而新体制必然会使失业、破产、收入差距拉大等现象产生。这些现象虽然不是新体制带来的,而是因为某些企业及个人适应不了竞争需要而形成的,但是社会必须要解决这些问题,要形成解决这些问题的体制。这个过程,就是我们讲的新体制磨合期。新体制磨合期不是要改变和放弃新体制的某些内容，而是要巩固和完善新体制。巩固和完善新体制，与新体制框架的大规模建立，虽然在基本思路和做法上没有什么根本性区别，但确实也存在着一些差异，例如和谐社会、科学发展、民生问题、社会公平等问题，都会成为新体制磨合期的热点问题。不像新体制框架大规模建立时期那样，讨论最多的是产权制度、股份制、市场经济体制等问题。这就需要我们认真分析和研究新体制磨合期的新的热点问题，从而使得新体制能在磨合期得以巩固和完善。

1. 经济运行的基础是利益和谐

新体制有两个重要的组成部分：一个是财产制度上的多种经济成分并存，一个是经济运行上实行市场经济体制。这两个重要组成部分的显著特征是承认差别，并强调差别，因而新体制的推进必然会形成以财产拥有量而区分的不同的社会阶层。这些不同的社会阶层虽然在根本利益上是一致的，但它们之间也会有摩擦甚至出现矛盾。如何面对这些不同社会阶层之间的摩擦和矛盾？一种方式是否认多种经济成分并存的财产制度和市场经济体制，也就是否认改革和新体制，回到没有任何阶层差异的传统体制。另一种方式是承认多种经济成分并存的财产制度和市场经济体制，也就是承认改革和新体制，并在此基础上通过社会和谐而使新体制能够有效运转，实现各个不同社会阶层的和谐。很显然，第一种方式是死胡同，它不会有任何民众基础，因为任何一个民众，无论是现在的高收入者还是低收入者，都不会想再过过去那种传统体制下的穷日子和苦日子。因此，只有选择第二种方式，也就是通过推动社会和谐而巩固多种经济成分并存的财产制度和市场经济体制。

社会和谐的前提是承认多种经济成分并存的财产制度和市场经济体制，承认由于这两者而形成的不同社会阶层，因为只有它们的存在，我们才需要强调社会和谐，通过社会和谐而实现它们之间的协调发展。如果不承认它们的存在，那就无所谓社会和谐问题，而是讲社会同一了，强调社会和谐就失去应有的基础和意义。无阶层差别是强调社会同一的问题，有阶层差别才需要强调社会和谐。因此，我们强调社会和谐，并不是要否认多种经济成分并存的财产制度和市场经济体制，而是要为它们的有效运行创造良好的社会基础。由此可见，那种认为强调社会和谐就是要改变多种经济成分并存的财产制度和市场经济体制的思潮是不对的。这种思潮是以民众利益为幌子的新“左倾”思潮，它实际上是利用民众对新体制的某些不完善之处的不满情绪，而试图否认新体制，因而这种以民众利益为幌子的新的“左倾”思潮值得人们警惕。

正是因为社会和谐并不是否认多种经济成分并存的财产制度和市场经济体制，而是要有效协调在它们运行中而形成的各社会阶层之间的相互关系，从而为新体制运行创造良好的社会基础和环境，因而社会和谐的真正含义在于如下内容。

第一，承认和保护各个社会阶层的应有经济利益，任何人和机构都不能任意剥夺和危及个人及阶层的财富，要通过《物权法》等法律制度平等地保护各种类型的财产。对不同社会阶层的经济利益一视同仁，没有财产上的任何歧视。因此，“打富济贫”并不是社会和谐的要求，它恰恰有悖于社会和谐的基本原则。保富消贫才是社会和谐的目的。所谓保富消贫，就是指要承认富有阶层的经济利益，但同时要消灭贫穷。在承认富有阶层的经济利益增长的同时，也要更加注重贫穷者的经济利益的有效增长，把贫穷者的经济利益的增长作为社会发展的重要任务，从而不断推动贫穷者的利益上升，实现有利益差异的全社会不同阶层的经济利益的共同增长。因此，承认不同社会阶层的应有经济利益，并保证他们在经济利益的差异下实现利益的共同增长，是社会和谐的内在含义。

第二，实现不同社会阶层的利益共同增长的经济机制，就是累进的所得税制度、收入保障制度和转移支付制度的内在统一。这套制度可以通过转移支付而使高收入者的收入的一部分转变为低收入者的收入，从而实现人们在经济利益上的有差异性的和谐。高收入者的一些收入通过累进所得税而转向低收入者，这表明高收入者是最有效率的人，同时也是最有社会公德的人，因为它们将自己的一些收入贡献给了社会公平，因而这种体制虽然使高收入者的收入转向了社会，但它却肯定了高收入者的社会贡献。即他们既有效率，又能兼顾公平，是应该受人尊敬的社会群体。需要强调的是，我们应该大力表彰那些高纳税者，因为他们是实践社会公德的重要群体。最近看到有的单位在搞社会公德的评选活动，但评选出来的人，并没有高纳税者，而是一些帮老扶幼者。帮老扶幼者有社会公德，应该表扬，但为社会高纳税者，也是具有社会公德的群体，更应该得到社会尊重。

第三，维系不同社会阶层的经济利益和谐的关键，是要尊重人权和财产权。在人权和财产权面前人人平等，没有任何社会阶层的差异。因此，任何个人及社会阶层，不能以任何原因而危及别的社会阶层及个人的人权，当然也不能以任何理由剥夺别的社会阶层或个人的合法财产。所谓人权面前人人平等，就是指各个社会阶层在人权上平等，特别是要求社会必须关注弱势群体的人权，要使他们拥有和别的阶层相同的致富机会，在机会上均等。同时也要使他们的最基本生活条件能得以保障，最基本的医疗卫生条件能得以保障，子女的义务教育及其他教育能得以保障。一句话，要保障弱势阶层的人权。所谓财产权面前人人平等，就是指社会要维系各个社会阶层的合法财产，任何人都不能侵犯和剥夺别人的合法财产，不存在剥夺者和被剥夺者的问题。人类社会的发展史告诉我们，维系财产权是非常有利于社会和谐的，因为如果不尊重财产权，合法财产不能得以有效保护，那就会使有些人总想不通过自身的努力而获得财富，这就必然助长社会的不正之风，从而就会使社会不稳定，人们都有恐惧心理，尤其是高效率者有恐惧心理，因此很难稳定社会关系的和谐，稳定社会秩序。总之，社会和谐的关键是尊重人权和财产权。

2. 经济运行的关键是要素协调

新体制的最主要特征和最大贡献，是彻底抛弃了包括阶级斗争为纲在内的意识形态之类的目标，将经济发展和社会发展作为第一要务，强调“发展是硬道理”，因而新体制极大地推动了中国经济和社会的快速发展。其发展成就举世瞩目，不仅使中国民众心悦诚服，而且也成为世界关注的亮点。因此，发展是第一要务的基本战略不能变。放弃了发展是第一要务，就等于放弃了新体制。当然，发展中也存在着某些不尽如人意的地方，尤其是当发展使我国的 GDP 突破 60 万亿人民币之后，也就是发展总量十分巨大之后，我们的发展也遇到了新的挑战。如何面对这些不尽如人意的新挑战？唯一的选择就是推进科学发展。但是科学发展并不是不发展，更不是要放弃新体制，而是要完善发展和应对发展中的新挑战，使发展具有更高的质量和雄厚的基础。中央所强调的科学发展的第一要务，仍然是发展，发展是不能动摇的，现在的问题只是如何完善发展和应对发展中的新挑战，而不是要不要发展的问题。

第一，在发展中注重增长方式的转变，要从过去的粗放型增长方式转向高效益型增长方式。粗放型增长方式有两个严重不足：一是高消耗资源；一是高污染环境。这两个严重不足在经济发展的总量还不大的条件下，其弊端和危害似乎还表现得并不十分明显，但是当发展到了经济总量巨大的时候，这种弊端就充分暴露出来了。例如，当经济发展总量较小的时候，污染并不是引人关注的焦点，但是当经济发展总量巨大的时候，污染就已经发展成为足以威胁到我们生存条件的因素了，必须要调节发展与环境的关系。又例如，当经济总量较小时，高消耗资源并没有引起我们的充分关注，但当经济总量巨大的时候，资源就已成为阻碍我国经济发展的严重瓶颈了，因为人类社会已没有那么多资源供我们消耗，我们必须要改变高消耗资源的发展模式了。因此，必须要转变经济增长方式，需要强调节约型经济，推动循环经济，调整人与自然的关系，使发展建立在人与自然关系和谐的基础上。

第二，在发展中求得人与人的关系的和谐，使人们都能享受发展带来的好处。也就是说，发展必须使人们的利益都能得到相应的增长，虽然我们不可能也不应该使人们的利益等量增长，但必须使全体都有所增长，尤其是弱势阶层的利益也要得到有效提升。可以说，人们的利益在差异存在的条件下的共同提升，是发展中人与人关系和谐的最基本原则。对此问题，本书已经做过深入的分析，这里只是强调发展不可能长期建立在利益不和谐的基础上，因而协调利益关系，是科学发展观的重要内容。

第三，在发展中协调好中国经济与世界经济的关系，尤其是处理好国际收支方面的问题。在中国经济的发展总量还比较小的时候，其国际收支还不会对国内经济产生太大的影响，尤其是还不足以影响国际贸易和世界经济的时候，发展中的国际收支失衡问题显得并不突出，但是现在中国的经济发展规模已经很大，而且其国际收支失衡状况不仅影响到国内经济，而且也影响到国际贸易和世界经济，国际收支失衡就成了我们在发展中必须要解决的问题。例如2006年之后的国际收支失衡所引起的流动性过剩问题，以及流动性过剩引发的需求拉动型价格全面上涨的问题就属此类，需要我们认真解决。所以，科学发展观也包括了中国经济与世界经济关系的协调。

第四，在发展中协调好成本优势与技术优势的关系，注重提升经济发展的质量和水平。我国的经济发展在较长时期内都是靠成本优势而获得竞争力，也就是我们的劳动力成本及土地等生产要素较便宜，因而具有竞争上的成本优势，但这种比较优势已经开始丧失，尤其是我们再也不能依靠劳动力成本的低廉而推动经济发展了。劳动力成本过于低廉，这不仅使得我国以劳动这个要素为生的人收入长期不能得以提升，从而加剧了国内劳动与资本的矛盾，而且也使中国经济长期内需不足，迫使我们不得不开发国际市场，而出口过多所形成的顺差过大又增加了我国经济的流动性过剩压力。尤其是成本优势往往表现为农民工的收入长期低下，基本生活难以提升，这就加剧了我国工业化与城市化的压力，因而非常不利于发展。我们不能靠牺牲农民工的利益而搞成本优势，把竞争力放在农民工收入低下的基础上。因此，我们必须在发展中实现发展方式的转轨，要从成本优势转向技术优势，推动技术创新。再造发展的新优势，是科学发展观的重要内容。

3. 经济运行的总体原则是社会公平

对于新体制所充满的活力以及它所带来的强大的效率作用，

人们基本上都是认可的，但有人认为新体制过分强调了效率而忽视了公平。注重效率而忽视公平，似乎是现在不少人对新体制的一种流行性评价，但这种评价是没有实践根据的，而且也是不符合理论逻辑的。这种评价的最根本错误，是将效率与公平绝对地对立起来，似乎只要强调效率，就必然会有害于公平；而要强调公平，就必然要放弃一些效率。实际上，效率与公平不是对立的，而是相互融合的。试想，如果一个体制缺乏公平，那么它还能形成效率吗？如果一个体制没有效率，那么我们还能将其称之为公平吗？有人需要并认可那种没有效率的所谓公平体制吗？我想，不会有人想要那种没有效率的所谓的公平。因此，效率与公平是统一的，不可分割的。效率包含着公平，公平反映着效率，它们之间不是对立的。

第一，公平并不是指社会收入的均等。在讨论社会公平问题时，有人经常将收入差距作为评价社会公平的重要指标，因而据此认为现在收入差距过大，从而引发了社会不公平。这种观点非常值得商榷。其实，传统体制下的“大锅饭”，虽然实现了人们收入的均等化，但它同样是一种严重的社会不公平，因为它损害了贡献大的人的应有利益，多贡献而不能获得多收入，这也是一种极度的社会不公平。这种严重的社会不公平，极大地挫伤了人们的积极性，从而使得国民经济失去了活力，没有效率。因此，不能将收入差距作为评价社会公平的唯一指标，收入均等不仅不能反映社会公平，而且还往往会严重地损害社会公平。我们评价社会公平的最主要指标，是看人们的机会是否均等，机会均等下的收入差异是正常的。当然，机会均等在现实中往往难以做到，充其量只能是一种趋向，因而我们也要在承认收入差距的条件下，注重对收入差距的调节，但这种调节并不是因为收入差距反映了不公平，而是因为机会均等的条件没有充分实现。我们认为，在机会均等条件下，因为个人禀赋与努力而形成的收入差距，并不反映社会公平的问题。这种差异的存在是正常的，从收入差距上很难判定公平与不公平。

第二，坚持公平的关键是消除行政垄断和权钱交易。人们对新体制有意见，认为新体制有些不公平，更多的应该是指传统体制未能加以改革的弊端带来的不公平。人们有不公平感的主要原因，是因为认为行政性垄断及权钱交易，使得一些人获得了并不是靠自身努力而获得的利益，因而人们反感的是行政性垄断和权钱交易。对于那些靠自身禀赋和努力而获得较多利益的人，人们并不反感，并没有认为这种情况也是不公平。因此，人们的不公平感并不是来自于效率本身，而恰恰是来自于和效率相对立的行政性垄断和权钱交易，因而不能把缺乏公平的帽子戴到新体制头上，不公平的现象是由传统体制的未能真正改过来的弊端而形成的。因此，要实现社会公平，关键是要深化体制改革，重点在于打破行政性垄断和消除权钱交易。这就要求我们必须在推进经济体制改革的同时，大力推进政府体制改革，完善民主政治，实行法治政府，从而消除行政性垄断和权钱交易的体制基础。可以说，没有政府体制改革的深化，没有良好的民主政治，没有法治政府，就不可能有真正的社会公平。

第三，公平并不是笼统地比较人们的财富。在讨论收入差距及社会公平时，人们经常将某些企业所有者的财富与普通劳动者的收入相比较。这样比较的结果，当然使人们感到社会收入差距太大，似乎社会很不公平。但这种比较方法并不合理。因为，在企业所有者的财富中，有一种财富是属于企业法人财产，不能将这种法人财产完全等同于自然人财产。自然人财产与企业法人财产并不是一回事，甚至有本质性区别。企业法人财产虽然会给所有者带来一定的财富，但企业法人财产的主要作用在于维系企业的投资与经营活动，在更大程度上是为社会作贡献。例如为社会创造就业机会，为市场提供产品和服务，为政府提供税收。企业法人财产只有在完成这些社会贡献的基础上，才能给有所有者带来一定的自然人收入。因此，企业法人财产并不像自然人财产那样，全部是为个人利益服务的，例如，一个人有50万元的自然人财产，就可以直接将它们用于个人消费，但是当个人财产表现为法人财产的时候，人们就不能随便将它用于自然人消费了。因此，不能将企业法人财产作为自然人财产，并用它去同普通人的自然人财产相比较，从而得出收入差距太大，社会不公平的结论。比较收入差距需要有科学的方法，切不可盲目将不应比较的财产放在一起胡乱比较，这样会得出错误结论的。

第四，公平是与法治社会相统一的。在讨论收入差距，进而评价社会公平问题的时候，法治意识格外重要。所谓法治意识，就是要承认所有的合法性的事实。也就是说，讨论收入差距，从而评价社会是否公平的时候，要看人们的收入是否具有合法性。在法治社会，人们评价收入是否公平的标准就是法律，所有合法性的收入都应该是公平的，无论高收入还是低收入，只要合法，就是公平的，不能将合法的高收入看成是不公平的。收入的公平性不在于收入水平的高低，而在于收入是否具有合法性。影响人们收入的因素多种多样，但收入必须合法。合法的就是公平的。公平性与合法性是相统一的范畴。因此，只有将法治观念引进社会公平问题的讨论，才能真正分清何谓公平，何谓不公平。离开法治标准，是很难讨论社会公平问题的。社会公平以法治为基础，以合法性为准则。因此，社会公平不是一般的道德问题，而且即使是道德问题，也必须以法治为基础。合法性与道德状况也是相统一的，合法性的道德习惯就应该称之为有道德，要将道德放在法治的基础上。总之，不能离开法治而讨论社会公平。

4. 经济运行的评价指标是民生

新体制在其运行过程中，由于竞争与效率规律的作用，必然会产生像企业破产和个人失业这类传统体制所没有的现象，因而在有些人看来，似乎新体制没有像传统体制那样关注民生问题，所以把忽视民生的帽子戴到了新体制头上。其实这是不对的。新体制下所发生的破产和失业，并不是新体制带来的，而是因为有些个人或企业不能适应新的要求了，被“罚下场了”，问题在于被罚下场的人和企业，而不在于新体制。因此，我们现在强调和关注民生，并不是说新体制就有悖于民生，而是指新体制在进入磨合期后，民生问题显得更为重要。新体制本身所具有的关注民生的内在要求，这时会充分地显现出来。因此，不能将新体制与关注民生对立起来，而是要看到它们实际上是相互融合的，是一个问题的两个方面。

第一，新体制为关注民生问题提供了强大的物质基础，可以说，没有新体制的建立，就不可能有能力真正关注民生问题。在传统体制下，我们的民生问题实际上是最糟糕的，许多人吃不饱和穿不暖是正常情况。传统体制下的民生问题为什么搞得如此不好，就是因为传统体制不仅使国民经济严重缺乏活力，而且使国民经济结构严重失调，从而使我们长期处于严重的短缺经济之中。在这种情况下，根本没有关注民生的物质基础和能力。而改革开放以后，新体制创造了巨大的经济活力和强大的物质基础，从而使得我们真正有能力关注民生问题了，例如像取消农业税，为弱势阶层提供更好的社会保障和公共产品这些关注民生的举措之所以能够实行，就是因为新体制为我们创造了强大的物质基础。因此，只有新体制的不断巩固和完善，才能使民生问题不断地得到有效解决。

第二，新体制本身就包含了对民生的关注，新体制并不排斥和损害民生问题。例如，市场经济虽然强调效率原则，但同时也强调社会保障原则，因而市场经济越发达，社会保障体制就越健全。在人类发展历史上，社会保障体制几乎是同市场经济体制同步地完善的。因此，关注民生也是新体制的必然要求，我们现在完善新体制的重要内容，就是关注民生问题。为此，我们应该注重完善医疗卫生体制，完善教育体制，完善收入保障体制，完善再就业体制，完善住房体制，等等。总之，要全方位地关注民生问题，通过关注民生而为新体制创造深厚的民众基础，从而使民众利益与新体制紧密地结合在一起。

第三，民生问题有赖于新体制的巩固和深化，我们应该使民生与新体制之间相互有效配套。现在强调民生问题，并不是因为新体制的形成损害了民生，而是指新体制恰恰需要注重民生问题，同时民生问题也有赖于新体制的完善。因此，不宜把新体制与民生问题对立起来。现在有人非常喜欢作为弱势阶层的代表，讲所谓的穷人经济学，穷人教育学，似乎讲穷人问题就是关注民生，实际上这是不对的。我们关注民生问题，并不是要将它同新体制对立起来，将强者与弱者对立起来。因而在推动民生的进程中，我们既要强调关注弱势阶层，但同时也要关注在竞争中处于强势地位的阶层，使他们在竞争中更强。强者更强，才有利于社会解决弱势群体的问题，不能靠抑制强者而扶持弱者，而是要使他们都能拥有充分发挥自己作用的体制和政策。这才是我们关注民生的本来意义。关注民生问题，不是为了加剧强者与弱者之间的不协调，而是要推动他们之间的和谐，因此，虽然强者更多地依靠自身的竞争能力，弱者则需要社会的更多帮助，但他们实际上都需要社会的关注，不过前者是希望竞争更充分和更公平，后者则希望有更多的扶持和救助而已。从这点上讲，关注民生，就是关注各个社会阶层的诉求。

第四，关注民生虽然要强调通过转移支付而有效地保障弱势群体，但并不仅仅是如此。更重要的是要为弱势群体提供更为公平的机会，使他们的创新能力能够得以有效提升，从而使他们通过自身的努力而改善生存和发展条件。这是民生问题与福利主义的重大区别。我们不能无条件地把提高弱势阶层的福利作为关注民生的主要内容。如果一味强调提高福利，而不去设法提升弱势阶层的竞争能力的话，那就必然会加大社会进步的成本，并且对于推动社会和谐毫无疑义，甚至还会使社会产生“福利病”，从而降低经济发展和社会进步的动力。不关注民生问题是错误的，但将民生问题等于福利主义也是有害的。我们应该记取有的福利国家的教训，尤其是南美一些国家的教训。我们要告诉人们，任何人都只有依靠自身的努力才能最终改变自己的地位和生存状况，努力工作是社会进步和自我提升的基础，是国强民富的前提条件。如果一个社会中的人不是强调努力工作和竞争，而是都试图依靠享受福利而生活，那么这个社会就没有前途。总之，关注民生不能削弱社会进步的动力，更不能导致“寄生性”的社会习惯，而是要强调竞争和自我奋斗。如果我们不强调竞争和奋斗，而是为了迎合所谓的“民心”，去无限制地满足一些人的福利要求，其结果只能是有损于新体制，有损于社会经济发展的活力。因此，要正确理解关注民生问题，切不可把关注民生而当成福利主义。这个问题是我们必须要警惕的，不可掉以轻心。因为有些人往往会利用福利主义而吸引所谓的“民心”，从而会在关注民生的幌子下而使中国经济过早地丧失发展的动力，丧失良好发展机遇。因此，新体制磨合期既要关注民生问题，也要防止将民生问题变成福利主义，从而导致中国经济放慢增长速度，出现新体制的变态性回潮。

九、企业问题研究

企业问题是我多年非常喜欢研究的问题，尤其是到清华任教以后，我一直想形成一门企业经济学。关于企业问题的研究，曾先后出版了下述著作:《中国企业大趋势》，中国经济出版社 1998 年 10 月出版，同他人合著;《企业前沿问题——现代企业管理方案》，中国发展出版社 2001 年出版;《企业制度安排——企业存亡诊断书》，中国发展出版社 2002 年出版;《企业战略选择——企业发展航标图》，中国发展出版社 2002 年出版;《企业文化塑造——企业生命长青藤》，中国发展出版社 2002 年出版;《大企业——21 世纪经济的主导力量》，中国发展出版社 2002 年出版，任主编之一;《产品背后的竞争——企业七大关系》，中国发展出版社 2004 年出版;《企业哲学——成功管理者的七维视野》，中国发展出版社 2005 年出版;《中国 MBA 案例 Ⅰ》，中国发展出版社 2002 年出版，任主编之一;《中国 MBA Ⅱ》，中国发展出版社 2003 年出版，任主编之一;《企业突围——从中国制造到中国创造》，中国发展出版社 2005 年出版。2006 年我对原先出版的《企业制度安排》《企业战略选择》《企业文化塑造》这三本书重新作了修订，以《中国企业制度创新》《中国企业战略创新》《中国企业文化创新》为题，于 2007 年初相继由中国发展出版社重新出版。

1. 企业制度问题

企业制度是企业赖以存在的体制基础，是企业及其内部构成机构的行为准则，是包括经营管理层在内的企业所有员工的行为规范，是企业高效发展的活力源泉，是企业有序化运行的体制框架，是企业高效率从事经营活动的体制保障，因而企业自主创新能力的形成，往往首先来自于企业制度的创新。正是由于此，所以企业改革的首要内容是企业制度的改革。在我国几十年的企业改革中，企业制度改革主要涉及到下述内容。

第一，企业产权制度。企业产权制度改革主要集中在六个要点上：一是产权清晰，产权清晰既包括产权在法律上的清晰，也包括在经营过程中的清晰，是两种清晰的统一。因此，对于产权在法律上清晰而经营过程中不清晰的国有企业来讲，重点在于实现产权在经营过程中的清晰；而对于产权在经营过程中清晰而法律上不清晰的非公有经济企业来讲，重点则在于实现法律上的清晰。二是产权结构多元化，即把出资者只有一个的一元化产权结构，转变成出资者有好多个的多元化产权结构，形成包括各类经济成分在内的企业形态的混合经济体制，从而消除国有企业的行政性干预和非公有经济企业的家族血缘关系干预，使产权制度成为能充分发挥各种出资者的比较优势的开放性产权制度。三是产权顺畅流动，使产权制度能够适应企业的生产性经营和资本性经营的需要，实现快速的交易和重组，这就要求完善作为产权流动的基础的资本市场，完善产权的定价机制，完善产权交易的法律界定，从而有效提高产权流动的交易效率。四是产权组织方式合理化，也就是使企业内部的各类产权能够以最有效的组织方式组合起来，并形成强大的合力。因为现代企业内部的各类产权的最有效组织方式是公司制，既包括责任有限公司，也包括股份公司，所以企业组织方式的合理化就是要彻底改革工厂制而形成公司制，实现公司化股份制改革，形成包括责任有限公司和股份公司在内的现代公司体制。五是产权权责明确，也就是要处理和界定好人权体系、产权体系、国家权力体系这三大类人类社会的权力体系的相互关系，防止人权体系和国家权力体系对产权体系形成不应有的干预和侵蚀，尤其是要防止国家权力体系对产权体系形成各种行政性干预。因而重点处理好企业与政府的相互关系，杜绝政府对企业的任何行政干预，确保产权的权责利的有效实现和相互统一。

第二，企业法人治理结构。企业自主创新能力来自于对企业的各种利益相关者的相互关系的有效界定。这种界定所有利益相关者的相互关系的制度设计，就是人们所讲的公司治理或公司治理结构，其中包括：界定股东之间的相互关系的股东治理结构，界定不同层次的委托—代理者之间的相互关系的委托—代理结构，界定不同层次的经营者之间相互关系的经营者治理结构，界定经营管理者与普通员工之间相互关系的内部人治理结构，界定经营者与所有者之间相互关系的法人治理结构。由此可见，企业法人治理结构不同于人们通常讲的公司治理或公司治理结构。公司治理或公司治理结构是讨论所有的利益相关者的相互关系如何界定，而企业法人治理结构的重点则是只讨论企业所有者与经营者的相互关系如何界定。企业的所有者与经营者的相互关系在过去相当长的历史时期内表现为三个特点：一是所有者属于资本，而经营者则属于劳动。二是所有者说了算，经营者必须听所有者的。这种情况通常被称之为资本统治劳动。三是因为只有作为利益相关者的一方说了算，即资本说了算，所以这种治理制度属于单边治理。但是在近三四十年以来，随着生产力的发展，经营者在企业经营中的地位和作用都发生了根本性变化，因而所有者与经营者之间的相互关系出现了新特点：一是所有者是资本，经营者也属于资本，只不过是所有者被称之为货币资本，而经营者被称之为人力资本。也就是说，所有者同经营者都作为资本而存在，只不过是分别属于不同种类的资本而已。二是在企业经营过程中，不仅仅作为货币资本的所有者说了算，而且作为人力资本的经营者也说了算，是两种资本的相互制衡，而不是一种资本统治另一种资本的问题。三是作为利益相关者的两个方面都说了算，所以法人治理结构不再是单边治理，而是表现为双边治理。这就是人们所说的企业法人治理结构革命，其核心是人力资本登上了历史舞台。由此可见，现代企业法人治理结构的内容主要是实现两种资本的相互制衡，其中包括：一是建立人力资本的激励机制，重点在于经济利益激励、权利和地位激励、价值理念激励；二是建立人力资本的约束机制，重点在于企业内部约束，社会机制约束、自我约束。在这里，讨论人力资本的激励机制和人力资本的约束机制，似乎都是在讨论人力资本问题，但是实际上这些机制具有使两种资本相互制衡的功能，因为人力资本的激励机制是承认和尊重人力资本的地位、利益和作用，而人力资本的约束机制则是承认和尊重货币资本的地位、利益和作用，所以人力资本的激励机制和约束机制可以有效实现两种资本的相互制衡。

第三，企业组织结构。所谓企业组织结构，主要是讨论企业内部究竟应该设立什么样的机构，以及如何界定它们之间的关系。这主要涉及到两个原则：一个是财产制度原则，也就是按照财产制度的要求设置各种机构，例如按照财产制度原则，股份制企业应该设置的机构有股东大会、董事会、监事会、经营机构等。它们之间的相互关系表现为委托—代理关系、授权关系、博弈关系、异化关系、影子关系、责权利关系等。这些关系的界定涉及到董事会如何完善的问题以及母子公司关系如何协调的问题，等等。另一个是经营需要原则，也就是按照高效率经营企业的需求而设置相关机构，并按照高效经营的需要而界定它们之间的相互关系。例如按照经营中的功能定位需要设置相关机构，按照经营中的职能分解需要设置相关机构，并使这些按照经营需要而设置的相关机构的关系的界定，真正贯彻纵向组合原则、横向组合原则、纵横组合原则。这些原则涉及到纵向上的上下级机构的责权利关系，横向上各种机构的分工协作关系，以及上下级责权利关系与横向分工协作关系的相互协调等。

第四，企业管理制度。企业管理制度主要是讨论企业管理制度的创新，主要包括：一是管理模式创新，涉及到亲情化管理模式、友情化管理模式、温情化管理模式、随机化管理模式、制度化管理模式等。二是管理轴心创新，包括以生产要素管理为管理轴心、以经营流程管理为管理轴心、以质量管理为管理轴心、以岗位管理为管理轴心、以资源管理为管理轴心等。三是管理目标创新，包括利润最大化目标与人性化管理目标的相互关系的组合、企业选择目标与市场认可目标的相互关系的组合、企业目标与非企业目标的相互关系的组合、企业规模目标与流动性目标的相互关系的组合、企业速度目标与企业稳定目标的相互关系的组合等。四是企业管理手段创新，涉及到技术设备性管理手段、利益性管理手段、契约性管理手段、新技术性管理手段、社会科学性管理手段的有效配合，重点是将人类在自然科学和社会科学上的创新及时运用于企业管理中。五是企业管理组合创新，包括正常管理与防危机管理的有效组合、工作性管理与非工作性管理的有效组合、调动积极性与有效控制的有效组合、有形资产管理与无形资产管理的有效组合、管理者与被管理者的有效组合等。

第五，企业人格化制度。企业抛开物的因素，实际上就是一群人。这群人的相互关系如何界定，人与企业的关系如何界定，直接涉及到企业自主创新能力的形成，因而确定人与人的相互关系以及人与企业的相互关系如何界定，是企业制度的重要内容，这些内容就是人们所讲的企业人格化制度。从我国三十多年的企业改革实践来看，企业人格化制度的设置包括两大内容：一是企业经营中人与人的相互关系的界定。界定人与人的相互关系要做到人际关系制度化、人际关系目标化、人际关系契约化、人际关系人本化、人际关系组合化、人际关系融合化。二是人与企业的相互关系的界定。界定人与企业的相互关系的制度设置原则，是企业不能危害人的利益，当然人也不能危害企业的利益，例如企业应该成为既能够充分发挥每个人的聪明才智和积极性的“平台”，同时又能够成为提升人的聪明才智的学习型组织，从而实现企业与人的相互关系的有效协调；反过来，每个人也要尊重企业利益，例如要从有利于企业发展的角度来对待企业，在薪酬要求与职业选择上不能脱离企业的现实，像不能脱离企业利润增长状况而提出超越现实的薪酬要求，等等。总之，人格化制度要有效协调人与人的相互关系，有效协调人与企业的相互关系，从而推动企业自主创新能力的形成。

第六，企业契约制度。所谓企业契约制度，就是指企业的所有利益相关者之间有着深厚的共同认可与共同承诺，因而企业契约制度是企业的所有制度赖以存在的基础，因为没有利益相关者对包括产权制度在内的所有企业制度的认可和承诺，就不可能有企业制度的建立和其作用的有效发挥。正因为如此，企业契约制度当然也是企业制度存在和运行的主要形式，因为企业制度的各个内容都要以当事者的共同认可为基础，并以契约形式加以确立。如果没有共同的认可和承诺，任何企业制度都难以存在和发挥作用。当然，契约制度不仅仅是企业制度的存在基础和表现形式，而且也是企业制度的重要组成部分，因为企业制度的各个组成部分都包含着契约，例如产权制度中的股东之间的合约、法人治理结构中的所有者与经营者之间的合约，等等。因而企业契约制度是企业制度的重要内容。

可以说，契约制度是企业各种生产要素的最基本组合方式，是企业中的各种组织机构的运行规则和机制，是企业内部分工协作原则发挥作用的体制基础，是企业制度设置的组织原则及企业制度所采取的最基本形式，是企业人格化制度的最基础性内在规则，是企业调节自己同外部关系的最基本方式，是企业有序化高效发展的最基本保障。

从我国企业三十多年的改革实践来看，企业契约制度具体表现为企业与人之间的契约制度、各种产权要素之间的契约制度、企业的各个组织机构之间的契约制度、企业的各个岗位之间的契约制度、企业同外部的各种利益相关者的契约制度等。所有这些契约制度的有效实现，有赖于契约制度在形式上具有完整性，在内容上具有清晰性，在参与主体上具有意愿性，在性质上具有严肃性，在运作中具有可操作性，在执行上具有惩罚性。因此，应该从上述这几个方面有效完善企业契约制度。

2. 企业战略问题

企业战略是决定企业经营活动成败的关键因素，是企业实现自己理性目标的前提条件，是企业长久性地高效发展的重要基础，是企业充满活力的有效保障，是企业及其所有员工的行动纲领。因此，企业改革必然涉及到企业战略问题，要求企业进行战略创新，因而企业战略创新就成了企业改革的一个极其重要的内容，这就使得企业改革不仅仅表现为企业制度的变革过程，也包括企业战略的创新过程，具体来说，企业战略创新涉及到下述内容。

第一，企业产业战略。企业作为从事经营活动的主体，其最终目的是要为市场提供社会所需要的产品和服务，因而企业必须要根据自身的比较优势选择自己的经营活动的方向和范围，也就是要回答自己到底该从事于何种产业：是从事某一种产业，还是好几种产业，从而实现自己对产业的选择。企业对产业的有目的的选择，就是企业的产业战略。一般来说，企业的产业战略主要包括两个内容：一是产业方向战略，也就是企业要确定将哪一种产业或者哪些产业作为自己的经营方向。这种选择贯彻了两种原则，一种是比较优势原则，也就是根据自己在体制上、管理上、经营上、技术上、要素上的比较优势，选择那些自己最有比较优势的产业；另一种是市场规模巨大化原则，也就是要对各产业的市场拥有量进行分析，确定哪些产业是朝阳产业或潜在性朝阳产业，哪些产业是夕阳产业或潜在性夕阳产业，哪些产业是成长性产业或潜在性成长性产业，等等，从而选择最具有市场前途的产业。二是产业结构战略，也就是要回答是搞某个产业，还是搞好几个产业的问题，具体表现为是选择单业性产业发展战略，还是选择多业性产业发展战略。如果选择单业性产业发展战略，就还涉及到选择何种产业，是选择某个产业的整体，还是选择某个产业的某个环节、某个行业、某个层面；如果选择多业性产业发展战略，那就还涉及到选择哪一种多业性产业发展模式，是选择各个产业之间会形成一种合力的合力型多业性产业发展模式，还是选择以产业链的组合为切入点的产业链型多业性产业发展战略，或者是选择产业之间并没有任何关联度但具有整体的竞争力的混合型多业性产业发展模式。从我国的企业改革实践来看，选择单业性产业发展战略有失败的，也有成功的；选择多业性产业发展战略有成功的，也有失败的，问题并不在于这些战略本身有什么问题，关键的问题是企业要根据自身的能力和比较优势来确定自己的产业结构战略。这是中国企业在三十多年改革中总结出的重要经验教训。

第二，企业市场战略。企业市场战略是企业战略的一个极其重要的组成部分，甚至可以说是企业战略的基础和核心。因为企业生存和发展的基础是市场，企业的经营状况由市场来决定，并随着市场的变动而变动。企业经营活动总是在一定的市场条件下进行并必然受制于市场状况的经济规律，决定了企业的经营活动必须以市场为核心和基础，这是企业经营活动的本质特征。因此，企业必须要选择好自身的市场战略。从我国三十多年来的企业发展实践来看，企业市场战略的选择涉及到两个方面的内容：一是要利用市场的十大要素来争夺自身的市场份额，包括利用价格、质量、效用、客户、服务、品牌、资源、技术、文化、营销等市场要素，从而形成争夺市场份额的价格战略、质量战略、效用战略、客户战略、服务战略、品牌战略、资源战略、技术战略、文化战略、营销战略。二是判断影响市场发展趋向的宏观经济走势，包括分析宏观经济的各种变量，例如总供求关系，货币变量、财政变量、国际收支变量等各种宏观经济变量，并且在此基础上把握包括货币政策、财政政策、国际收支政策在内的各种宏观经济政策的走势，从而形成对市场变动趋向的正确认识，最终制定出科学的市场战略。

第三，企业资金融通战略。资金是企业最基本的生产要素，因而企业资金融通战略也是企业战略的一个最基本性内容。一般来说，企业资金融通战略包括两个重要组成部分：一是货币形态的资金融通战略，其中涉及到选择债务资金与资本金的最佳组合，选择不同种类的债务资金的最佳组合，选择不同种类的资本金的最佳组合，最有效地利用各种货币形态的资金；二是基于资金融通战略的资本经营，包括选择资本经营的各种形式，其中涉及到企业并购形式的资本经营、上市形式的资本经营、上市后的资本经营、买方形式的资本经营、卖方形式的资本经营、中外合资形式的资本经营、利用国际资本市场的资本经营，等等，当然，还要为这些不同形式的资本经营寻找良好的体制和政策环境，从而使各种形式的资本经营能够高效顺利地进行，最终使企业能够在实物和产权形态上获得融通资金的效应。

第四，企业技术战略。企业竞争虽然也可以依靠成本优势，但最终的自主创新能力的形成，则主要依靠技术优势。技术优势是企业自主创新能力的基础，因而企业技术战略也是企业战略的一个极其重要的内容。这对于低成本时代已经基本结束，高成本时代已经到来的中国企业来说，现在更为关键。从我国企业三十多年来的技术创新实践来看，企业技术战略的内容主要有十大要点：一是企业技术创新方向如何选择的问题，二是企业技术创新的切入点的确定问题，三是企业技术创新的技术来源问题，四是企业技术创新模式的选择问题，五是企业技术创新资金的筹措问题，六是企业技术创新力量的组合问题，七是企业技术创新团队的组建问题，八是企业技术创新机构的建设问题，九是企业技术创新的可持续发展问题，十是企业技术创新的社会基础如何扩展的问题。

第五，企业人力资源战略。人是企业经营过程中的首要生产要素，因而人力资源战略是企业战略的重要组成部分，人力资源战略创新是企业战略创新的重要“亮点”。在我国企业改革的三十多年实践中，人力资源战略创新主要表现在下述几个方面：一是基于人首先是人权主体的人力资源战略，重点强调尊重人格，突出柔性管理，关心员工发展，实现制度管理与人本主义的有效结合；二是基于人都是利益主体的人力资源战略，重点在于以尊重人的利益为出发点，并且以责任为中心而设计人的权利与利益，实现人的责权利的有效统一；三是基于人普遍都有优缺点的人力资源战略，在实践中强调贯彻团队精神原则，实行使人们之间能够有效优势互补的内在融合原则；四是基于人都是具有流动性特点的人力资源战略，在人力资源管理中实现人才流动与团队稳定相结合、人才引进与培养相结合、人才社会化与企业化相结合、人才本土化与国际化相结合；五是基于人都需要不断提升的人力资源战略，重点在于使企业能够真正成为学习型组织，从而使每个人都能在企业经营的过程中实现才干和精神修养上的不断提升，把企业发展与个人发展能够有效地统一起来。

第六，企业国际化战略。任何企业在开放条件下都必然既要面对国内市场和充分利用国内资源，也要面对国际市场和充分利用国际资源，因而企业国际化战略是企业战略的不可缺少的组成部分。我国三十多年的企业改革实践表明，企业国际化战略的科学性，首先在于企业国际化战略的选择必须以国际化的变动实践为出发点，要有效适应国际化变动的新特点和新要求，例如在 2003 年以前的国际化进程中，我国的企业应该将“整合国内资源而占领国际市场”作为战略出发点，但在 2003 年以后则应该将“整合国际资源而开发国内市场”作为出发点。这就是人们通常所说的是选择外向型国际化模式，还是选择内向型国际化模式的问题。也就是说，企业国际化战略的模式选择，要以国际化的变动趋向为基础。一般来说，企业国际化战略涉及到两个内容，一个是企业产品的国际化，也就是国际贸易问题；另一个是企业资本国际化，也就是企业对国际资本的利用问题。我国企业在改革开放的三十多年中，在这两个方面都创新出了许多成功经验，取得了巨大成就，使中国经济开始融入国际经济潮流之中。

3. 企业文化问题

企业文化作为企业制度和企业战略在人的价值理念上的反映，对企业的自主创新能力的形成和提升都具有极其重要的作用。可以说，企业文化是企业生存和发展的灵魂，是企业制度和企业战略得以有效实现的重要思想保障，是企业制度创新和企业战略创新的理念基础，是企业活力和创新能力的内在源泉，是对企业行为规范的深层次自我约束，因此，企业改革必然伴随着企业文化的变革，企业文化变革是企业改革在人的价值理念上的深化。具体讲，企业文化包括如下内容。

第一，经营性企业文化。所谓经营性企业文化，就是指企业在经营活动中要求员工必须具有的价值理念，这些价值理念反映在企业的所有经营活动中，是员工从事经营活动的思想基础，支配着员工的经营行为和经营实践。企业的经营性企业文化包括以下内容。

一是内在性诚信理念。强调诚信是企业经营的基本准则，并要求企业全方位地贯彻各种形式的诚信，以诚信为本。

二是主动性市场理念。强调市场是决定企业生存和发展的基础，要求企业必须要尊重市场经济规则，掌握争夺自身市场占有额的有效方法，并且要爱护市场，在爱护市场的基础上创造市场和开发市场。

三是能动性创新理念。强调创新是企业活力的源泉，要求企业要进行各种内容的创新和各个层次的创新，并且要注重对创新的投入，尊重和激励创新。

四是自觉性法律理念。强调企业经营活动必须以遵守法律为基础，并且要全面地掌握法律，充分地利用和运用法律。

五是全方位性经营理念。强调企业既要注重生产经营，也要注重资本经营，实现两种经营的有效结合，特别是在资本经营上要充分运用资本经营的各种方式和手段，选择良好的资本经营战略。

六是理性化双赢理念。强调双赢理念是企业长远利益和企业可持续发展的根本，要求企业在经营中协调好自己与利益相关者的相互关系，使自身利益与利益相关者的利益在经营过程中实现双赢。

七是有效性竞争理念。强调有效竞争是企业依靠自身努力的竞争，是比较优势的竞争，是理性竞争，是规范性竞争，是反垄断的自由竞争，从而要求企业一定要关注和实行有效性竞争，而不能搞那些非有效性竞争。

八是可持续发展理念。要求企业在经营中要实现各种经营目标的有效组合，实现能力与机会的有效组合，实现稳定与扩张的有效组合，实现当前利益与长远利益的有效组合，从而确保企业的可持续发展。

九是快速应变理念。强调企业在经营中要随着技术发展而快速应变，要随着市场变化而快速应变，要随着产业变化而快速应变，要随着宏观经济变化而快速应变，要随着竞争对手变化而快速应变，等等。

十是多层次性品牌理念。要求企业在经营中要注重产品品牌、产业品牌和企业品牌这三种不同层次的品牌，并且要善于创造品牌和充分利用品牌，尤其是要在经营过程中不断提升品牌的品级和含金量。

十一是预警性反危机理念。强调企业在经营中要注重防范各种形式的危机，并且注重构建反危机的体制基础和储备反危机的资金力量，尤其是要寻求包括社会力量在内的各种反危机的力量的支持，实现企业快速发展与稳健经营的有效结合。

十二是比较优势理念。强调企业在经营中要注重自身比较优势的发挥，全方面地创造自身的比较优势，把比较优势作为自主创新能力的基础。

十三是开放性拓展理念。强调企业在经营中要注重国际分工协作的特点，实现自身的产品和资本的全面开放，并且构建能使自身有效实现全面开放的体制基础。

第二，管理性企业文化。所谓管理性企业文化，是指在管理活动中企业员工所应具有的价值理念。企业通过这些理念来界定和处理在管理活动中所遇到的各种矛盾和各种关系，因而管理性企业文化是企业管理活动的重要思想基础。

一是责权利对称性管理理念。强调要以责权利的对称为基点，安排企业的管理活动和处理企业管理中的各种问题。

二是高效率性管理理念。强调要处理好管理成本与收益的相互关系，选择最低成本和最高收益的有效管理方式。

三是共享共担性管理理念。强调企业要与员工在利益上实现共享，风险上共担，实现企业与员工在风险及收益上的有效组合。

四是互动性管理理念。强调要处理好管理者与被管理者的相互关系，要从管理者与被管理者的互动性上选择管理方式。

五是员工主体自觉性管理理念。强调要从经济利益激励和精神提升等方面塑造员工在管理活动中的自觉性意识，有效形成管理中的员工的自我约束。

六是人本主义管理理念。强调以尊重员工人格为基础，以温和性管理方式为中心，以员工与企业的共同认可即契约规则为基点，实现人性化管理模式。

七是理性化管理理念。强调管理现代化与企业适应性相结合，虽然管理现代化的方向不能改变，但必须考虑企业的适应性问题，从现代化与适应性的有效组合上选择管理方式和手段。

八是有序化管理理念。强调管理手段的选择不能为所欲为，而是要考虑企业的管理目标问题，实现管理手段与管理目标的有效组合，从而形成有序化管理模式。

第三，体制性企业文化。所谓体制性企业文化，就是指维系企业制度存在和运转的价值理念，它是企业制度在人的价值理念上的反映，因而体制性企业文化是企业文化的重要组成部分。

一是契约理念。契约理念作为当事者在价值理念上的共同认可和承诺，决定了契约理念既是企业制度的最主要表现形式和存在基础，也是企业处理各种关系的准则，而且契约理念还体现在企业制度的各个方面，因而企业在新体制的建立和新体制运转中，都必须全面贯彻契约理念。

二是共赢平台理念。共赢平台理念不仅是构造企业制度的基础，而且也是所有利益主体赖以存在的基础。企业体制中的任何利益主体都只有在企业这个平台中才能实现自我价值，因而这不仅要求企业要在体制上关爱各种当事者，而且也要求所有当事者也必须关爱企业，从而实现当事人利益与企业利益的共赢。

三是内在融合理念。内在融合是以尊重个性平等为前提的，内在融合的关键在于实现比较优势的有效组合，内在融合的基点在于必须承认个性之间的差异，内在融合的目的是实现人们之间的相互关爱，因而企业必须全方位地实现内在融合理念。

四是忠诚理念。忠诚理念是企业制度存在和发挥作用的基础，忠诚理念的关键在于处理自身利益与企业利益的相互关系。忠诚理念的前提是把承认个体主体性作为基础，忠诚理念的实现需要人们以真诚和善良为中心，因而企业要全面贯彻忠诚理念。

五是团队精神理念。团队精神理念最充分地反映了现代生产力的内在要求，团队精神理念是协调人们之间的相互关系的基本准则，团队精神理念是企业综合效益的最根本保证，团队精神理念实现了个体自我创新能力与团队协作原则的有效组合。

六是敬业进取理念。敬业进取是企业活力的内在源泉，敬业进取是企业可持续发展的基础。企业制度设置必须以敬业进取为中心。敬业进取要求人们要实现品德与能力的内在统一，企业与员工利益都只有在敬业进取中才能实现。

七是现代差别理念。现代差别理念是人本主义与效率原则的有机统一，能力差别导致了分工差别及收入方式差别和收入水平差别，这些差别的存在是公平合理的，它们充分体现了公平原则和效率原则的有效结合，因而企业要全方位贯彻现代差别理念。

八是效率唯一性理念。企业制度设置以效率为中心，效率是界定企业内部差别的唯一准则。尊重效率是员工行为的重要基准。效率与人本主义是有机统一的，因而企业必须贯彻效率唯一性理念。

九是制度至上理念。企业制度是企业活力与可持续发展的最根本保证，企业制度是界定和处理企业内部矛盾的最基本原则。忠于企业制度是员工行为及理念的出发点，因而企业必须贯彻制度至上的理念，并且实现企业制度的稳定性与变革性的内在统一。

十是生产力中心理念。企业制度设置必须充分体现生产力的内在要求，在生产力中心理念与传统理念的冲突中，要以生产力中心理念为基点而变革传统理念，并且要处理好生产力中心理念与社会道德的发展、与人类社会的全面发展、与社会制度的调整之间的相互关系。

第四，转型性企业文化。所谓转型企业文化，就是指中国正处于转型之中，这种转型要求企业员工要有与之相应的价值理念，因而转型性企业文化是企业处理自身与社会变革之间的相互关系的价值理念。转型性企业文化虽然涉及到因为转型而引起的许多价值理念，但是最主要有如下内容。

一是理性化公平分配理念。强调人们要正确对待目前出现的收入差距问题，对于那些非正常因素而引起的非公平性收入差距过大，我们必须调节和消除，但对于公平性收入差距，我们则必须承认。我们只能通过三次分配过程将收入差距调节到应有的范围内。

二是新型工业化理念。强调企业在工业化进程中要坚持信息化工业化、绿色工业化、人文工业化、市场化工业化、效益性工业化、和谐性工业化、知识化工业化。

三是最佳城镇化价值理念。强调企业在参与城镇化的进程中，要以效益提升为目标，以人文关怀为原则，以可持续发展为中心，以全方位开放为基点，实现大中小城市的有效组合。

四是和谐社会理念。强调企业要在和谐社会的构建中承担应有的社会责任和道义责任，使自己成为责任企业。

五是科学性发展理念。强调企业在发展中要注重处理自身发展与环境的关系，注重协调自身发展与资源消耗的矛盾，从而使自己实现效益基础上的可持续发展。

4. 企业社会定位问题

任何企业都是生存于一定的社会条件下的，因而企业必须处理和界定好自己同外部社会的各种关系，也就是要搞好自己的社会定位。企业的社会定位直接涉及到企业的生存和发展，因而企业社会定位同企业制度、企业战略等问题一样，也是企业的重大问题，企业改革当然包含了企业社会定位问题。一般来讲，虽然企业同社会各方面的根本利益是一致的，但企业也确实同社会各方面存在着利益差别甚至矛盾，因而企业在协调自己同社会各方面的利益关系的时候，强调自身的利益是对的，但绝对不能突破法律和道德底线而追求自身利益，也就是在追求自身利益中必须遵守法律与道德的基本准则，在同社会的和谐中获得合法有德的自身利益。企业在处理和界定自身与社会的各个方面的关系中，也就是确定自身的社会定位的时候，涉及到企业与社会、企业与政府、企业与社区、企业与市场、企业与宏观经济、企业与产业、企业与环境这些相关关系。

第一，企业与政府的关系。我国传统体制下形成了政府过度干预企业的政企不分的政企关系，因而改革开放以后我国企业改革的一个重点就是要调整和消除政府对企业的过度干预，建立市场经济基础上的政企关系。例如强调政府要为企业服务，要将过去政府对企业的审批制转变成备案制，要使政企关系以法律为准则，等等。按照市场经济的要求，在政企关系上，一方面，政府对企业的调控要建立在现代宏观经济体制的基础上，不能对企业进行不必要的行政干预，确保企业能够有效地进行独立自主的经营。另一方，企业影响政府应该以法律为基础，通过正当的渠道实现自身的利益诉求和政治表达，并通过参与法律及政策的制定而获得自己应有的经济利益和满足自身的政治意愿，但是企业绝不能通过一些不合法手段而迫使政府为自身提供特殊服务，以损害社会和其他企业的利益来换取自身的利益，例如通过搞权钱交易的行贿方式而获得自身的不合法利益。总之，在政企关系问题上，政府对企业的影响和企业对政府的影响，都应该以法治为基础，形成“阳光性影响渠道”，而不能搞“黑色性渠道”。

第二，企业与市场的关系。市场是企业存在和发展的基础，企业是市场运行的微观基础，因而企业与市场是相互依存和互为影响的关系。企业与市场的这种关系决定了企业必须尊重和有效地选择市场，当然也可以开发和创造市场，但企业绝不能超越和决定市场。在中国企业的改革中，一个重要的问题是企业如何适应和选择市场，爱护和开发市场，并形成强烈的市场意识，按照市场的内在运行规律办事。中国不少企业就是因为没有市场意识，无视市场的变化动向，最终被市场所淘汰。不过，经过三十多年的努力，中国企业已经开始形成了一套选择和创新市场的体制及机制，并形成了一套相应的市场理念。可以说，企业成为市场化的企业，是中国企业改革的重大成就。

第三，企业与社会的关系。在现代生产力条件下，企业是社会存在和发展的基础，因为企业为社会提供了就业机会和创造了财富，并为社会提供了税收和公益，但同时社会也是企业存在和发展的基础，因为社会为企业的供了各种生产要素，为企业经营提供了包括法治在内的所有社会基础，为企业提供了赖以存在的市场支撑，因而企业与社会是共存和互动的关系。企业与社会的共存和互动是建立在诚信基础上的，因而企业要对社会诚信，社会也要对企业诚信，这种诚信已经在三十多年的企业改革中得以逐渐形成。虽然我们在这方面付出了巨大的成本，但企业与社会的诚信体系在不断形成和完善，这也是中国企业改革的巨大成就。

第四，企业与宏观经济的关系。任何企业的经营都总是在一定的宏观经济条件下进行的，因而企业经营过程必然受到宏观经济运行过程的影响和制约，这就要求企业必须分析和把握宏观经济运行状况，并据此而调整自身的经营活动。当然，企业的经营活动也会影响宏观经济运行状况，需要政府了解和把握企业的经营动向，并据此调整宏观调控的力度和方向。企业与宏观经济的关系是建立在企业与政府的相互博弈的基础上的，也就是它们之间相互预期，各自形成了合理预期，从而实现着相互制衡。在中国企业改革中，企业已经逐渐形成了对宏观经济流量、宏观经济政策的分析能力，尤其是已经开始形成了与政府进行合理预期的能力，并逐渐形成了相应的体制和机制，这也是企业在改革中逐渐成熟的标志。

第五，企业与产业的关系。企业是产业的构成实体，产业是企业的经营对象，因而产业与企业之间是相互依存和相互选择的关系。企业对产业的选择涉及到市场机遇、比较优势、制度机遇、结构机遇等问题，产业对企业的选择涉及到进入门槛、准入条件、环境要求、理念认同等问题。我国企业经过改革，已经在产业选择上逐渐形成了较为成熟的选择体制，当然产业对企业也形成了良好的选择制度，企业与产业已进入相对良性的循环状态。正是因为此，所以我国现在的产业结构调整，已经不像改革开放初那样，容易造成经济的大起大落和对生产力的损害，而是开始逐渐有序化和平滑化。

第六，企业与社区的关系。企业总是存在于一定的空间之中的，因而企业与社区的关系，是企业社会定位问题的重要内容。企业对社区有巨大贡献，如财富贡献和无形资产贡献等；同时社区对企业也有巨大贡献，如区位贡献和要素贡献等。因此，企业与社区之间实际上是相互依存和相互选择的关系。从我国的改革实践来看，企业对社区的选择表现为区位选择、市场选择、要素选择、体制选择等，社区对企业的选择表现为贡献选择、无形资产选择、环境状况选择、比较优势选择等。可以说，经过企业改革，我国企业与社区已逐渐形成了双赢的选择关系，要素能够顺利地在社区之间进行流动，因而企业的比较优势与社区的比较优势实现了最佳组合，企业与社区开始形成良好的互动关系。

第七，企业与环境的关系。企业与环境是相互依存和相互影响的关系，因而企业必须要处理和界定好自身发展与环境的关系。从我国企业改革实践来看，在企业与环境相互关系问题上，有四个要点必须强调：一是企业与环境的协调发展需要有企业自身的努力，例如企业要从资源高消耗型的粗放式经营向节约型的集约化经营方式转变，要从环境高污染的粗放式经营向清洁型的集约化经营方式转变，等等；二是企业与环境的协调需要有良好的治污体制的形成，其中涉及到治理主体、治理模式、治理成本如何支付等问题；三是企业与环境的协调需要有环保产业的大力发展，包括大力发展以治污为经营目标的环保企业，大力发展环保设备制造业，推动环保技术创新，加大对环保产业的利益和金融政策的支持，等等；四是企业与环境的协调发展需要有社会和政府的大力推动，包括大力推进环境准入制度，努力完善环境监督和监管体系等。

5. 企业哲学问题

哲学是每个人都应具有的世界观和方法论，也是每个人寄托精神的家园，因而企业家在经营活动中必然要受制于自身的世界观和方法论，受制于自身的精神世界。这就决定了企业哲学是涉及到企业前途与命运的生死攸关性问题。我国企业改革的三十多年，也是企业哲学不断变革和提升的三十多年，有的企业家因为哲学思考的偏差而在经营中失败，而有的企业家则因为有良好的哲学倾向而使企业成长壮大。这种经验和教训，使中国企业逐渐形成了一套自身的企业哲学体系，包括立身哲学、经营哲学、生存哲学、危机哲学、用人哲学等。

第一，立身哲学。立身哲学是企业哲学的最为重要的组成部分，它甚至决定着经营哲学和用人哲学，因而企业家的立身哲学如果出现了偏差，企业就很难正常运行。从我国企业改革的三十多年实践来看，立身哲学的主要内容包括：

一是要正确对待财富，因为企业家作为拥有财富和运作财富的人，必须要正确对待财富，包括拥有财富而不能无视法律，拥有财富而不能无视人权，拥有财富而不能无视学习，拥有财富而不能无视使命，拥有财富而不能无视公德，拥有财富而不能无视责任。要真正做到人支配财富，而不是财富支配人。

二是要正确对待诱惑，企业家是整天和财富打交道的人，因而每天都处于各种诱惑之中，所以一定要能正确对待各种诱惑，包括正确对待利益的诱惑、政治的诱惑、名誉的诱惑、权力的诱惑等。要能抵抗诱惑，保持清醒的头脑，使企业不因为自己抵抗不了诱惑而走入经营的歧途。

三是要正确对待自己，因为特殊地位决定了企业家几乎每天都处于被赞扬甚至被吹捧的包围中，所以企业家一定要正确对待赞扬和抵制吹捧，正确对待自己，包括正确对待自己的经营能力，正确对待自己的心理承受能力，正确对待自己的作用等。如果自己确实已江郎才尽，不能维系企业的发展，就要自觉地让贤于人。

四是要正确对待选择，既然选择了经营企业，就要有吃苦受累和终身辛劳的心理准备，把勤奋和拼搏作为自己的精神基础。因为创办和经营企业并不意味着享受，而是意味着艰辛和奉献，意味着终生的吃苦耐劳。

五是要正确对待经营环境，要在经营的逆境中守住法律和道德底线，加强企业自身的内功训练，辩证地适应和完善经营环境，不能因为经营环境不好而放弃自身的做人准则，甚至不惜以违法和丧失道德操守而换取经营利益，要守住做人的基本准则。

第二，差别哲学。差别哲学属于经营哲学的内容，重点是强调企业要依靠自身不同于别人的比较优势即差别，而获得经营优势和竞争力，其中包括：价格差别，即与同质的产品相比，具有价格竞争优势；产品差别，即在产品质量、效用、品牌等方面优于同类产品；服务差别，即在服务形式、服务水平、服务内容、服务方法、服务费用等方面具有不同于别的企业的竞争优势；成本差别，即在成本上比别的产品低，成本低使企业更具有竞争力；技术差别，包括技术水平差别、技术路线差别等，在技术上比同类产品更具有竞争力。实际上，说到底，企业之间的竞争就是差别的竞争，因而差别哲学是企业取胜的重要经营思想，那些具有创造差别能力的企业，就是竞争力强的企业。

第三，资源哲学。资源哲学属于经营哲学的内容。众所周知，企业是靠资源配置而实现自身经营利益的，因而企业自主创新能力的重要标志，是企业在资源问题上拥有强大的比较优势。例如有的在资源创造上有比较优势，有的在资源组合上有比较优势，等等。企业正是依据这些资源优势而获得生存和发展的，所以企业经营哲学的一个重要内容，是有关资源的哲学思想，其重点是强调企业通过对资源的运作而在经营中获得自主创新能力。其内容包括：一是创造资源，二是控制资源，三是使用资源，四是配置资源，五是组合资源。

第四，共赢哲学。共赢哲学属于经营哲学的内容。它是企业在经营和发展中处理自己同利益相关者的相互关系的一种哲学观念。企业在自身的经营和发展中，虽然要将自己的利益和价值取向作为出发点，但是绝不能因此而忽视利益相关的利益和价值取向，而是要尊重利益相关者的利益和价值取向，协调好自身利益和价值取向与利益相关者的利益和价值取向的关系，从而自己与利益相关者在经营上实现共赢。共赢哲学的主要内容包括：一是与要素价值的共赢，二是与社会价值的共赢，三是与客户价值的共赢，四是与竞争者价值的共赢，五是与发展价值的共赢。

第五，生存哲学。生存哲学是关于企业能否可持续发展的哲学思想。在我国企业改革中，我们经常看到有些企业在快速发展之后突然衰落甚至消亡。为什么这些企业突然地膨胀而又突然消亡？背后的原因是多方面的，但在经营哲学上没有处理好生存与发展的关系是最根本性的原因。也就是说，主要是在企业发展的指导思想上出现了偏差，因而任何一个企业要能够实现快速增长与可持续发展的最佳组合，就必须要把握好生存哲学。生存哲学涉及到三大内容：一是企业的发展速度不能超越企业所能承受的极限，因为企业发展需要有资金的积累、市场的积累、技术的积累、经营经验的积累、管理能力的积累、管理团队的积累、企业文化的积累、品牌的积累、员工的积累、社会关系的积累，等等，企业的发展一旦过度地超越这些积累，其结果就只能是衰落和消亡。二是企业必须要有良好的生存基础，其中包括生存的制度基础、战略基础、文化基础、社会基础等，如果企业发展超过了其生存基础的承受能力，就只能是消亡。三是企业自身不能破坏自己的生存条件，从我国的实践来看，企业破坏自身生存条件有两种情况：一种是由保守思想引起的，即有些企业不能随着实践的发展要求而调整自己，从而被发展着的实践所抛弃；一种是由盲动思想引起的，即有些企业盲目追求根本不可能实现的目标，完全超越了现实的可能，最后被实践所抛弃。这两种情况都表明，生存哲学要求企业必须处理好自身发展与实践的相互关系，既不能过度超越实践，也不能过于滞后于实践。

第六，危机哲学。危机哲学是企业关于选择风险、管理风险、防范风险的哲学思想。其主要内容包括：一是要具有强烈的反危机意识，认识到企业随时随地都处于危机的包围之中。存在危机是必然的，没有危机才是偶然的，因而要注重反危机。二是要具有强大的阻止危机产生的能力，例如能从易于引发危机的自我冲动上约束自己，能从易于引发危机的发展战略上约束自己，能从易于引发危机的外部关系上约束自己，等等。三是要构建灵敏的危机预警系统，能随时随地有效地发现危机，并将危机信息迅速传达给企业管理层。四是要形成强大的反危机力量，包括资金力量、体制力量、团队力量、员工力量、技术力量和舆论力量等。五是要构建危机防火墙，能有效地将危机隔离在它所发生的空间内，防止危机扩散。六是要注重反危机的社会力量，在反危机中能够及时获得来自社会各个方面的支持。七是要正确对待危机，例如，能够迅速而如实地向利益相关者反映危机状况，并在反危机中将公众利益放在第一位，等等。八是要避免危机损失扩大，将危机的损失限制在最小范围内。九是要迅速化解危机，能够以最快速度抑制危机。十是要变危机为动力，也就是企业不能因为有危机而害怕危机，而是应该在反危机中通过总结经验教训和锻炼队伍而提升自己，并通过反危机而寻找自己新的发展机会，从而将危机作为自己发展历程上的一个新起点。

第七，用人哲学。用人哲学是企业在用人方面的哲学思想。企业实际上是人对物的控制和运用，因而要控制和运作企业，就必须首先控制和运作好人。从这点上讲，企业的经营活动最终表现为对人的运作，这就要求企业必须要有一套良好的用人哲学。在我国企业改革的三十多年实践中，企业逐渐形成了一套用人哲学，其主要内容有二：一是把握好用人哲学的最基本原则，其要点是从人性出发，认识人性的五大基本特征，这就是：人首先是有人权的人，人都是有七情六欲的人，人都是优缺点并存的人，人都是不断寻找更好的机会的人，人都是处于动态中的人。根据人性的这些特征，企业在用人中必须以尊重人性为出发点而制定相关原则，从而实现对人的控制和运作。二是运用好用人哲学中的辩证法，在这方面，不少企业都有自身独特的创新，形成了一套有效的方法。例如，良心有限与制度无限的组合，个人能力有限与团队能力无限的组合，需求的差异与满足的差异的组合，顺耳之害与逆耳之利的组合，诚信有限与契约无限的组合，用其长与控其短的组合，岗位需要至上与员工能力至上的组合，商业规则与亲友之情的组合，大者之气与不拘小节的组合，性格缺陷与能力高强的组合，创业元老之功与竞争新秀之能的组合，忠诚老实与能力平庸的组合。

十、城市化与工业化研究

城市化与工业化既是中国经济发展不可逾越的必经阶段，也是中国经济体制改革的重要内容，因而备受经济学界关注，当然也是我经济学生涯中最为关注的一个问题。我曾就城市化与工业化发表过一些论文，尤其是在出版的两本专著中全面分析过中国的城市化与工业化，一本是中国发展出版社 2003 年出版的《驱动财富进程》一书，另一本是我关于城市化与工业化的演讲集，即郑州大学出版社 2006 年出版的《转型中国》一书。我是较早从改革的角度考虑我国城市化与工业化的，城市化与工业化在我国不仅仅是一个发展经济学的问题，它在很大程度上与我国的改革相关联，没有城市化与工业化，就不可能有全面深入的改革。

在工业化问题上，我一直认为：

第一，工业化分为前工业化与后工业化，人类社会现在已进入到后工业化时代，因而我国所推动的应该是后工业化，其主要特征如下：一是信息化工业化，包括用信息化改造工业的工艺流程、工业的信息交流方式、工业结构、工业的国际化方式和工业管理方式与体制等；二是绿色工业化，包括工业污染治理体制的塑造、治理方式的选择、治理成本的确定等；三是人文化工业化，包括工业化必须尊重人性为基础、必须以有利于人类发展为目标、以扩大人的自我选择为中心等；四是市场工业化，即工业化以市场在资源配置中起决定性作用为基础，抛弃行政性工业化；五是企业工业化，即工业化以企业为主体，并且以民间资本为中心；六是效益化工业化，包括推动工业的技术创新和管理创新等；七是和谐化工业化，即要消除因为工业化所带来的各种负面因素，实现工业化与自然及社会在各个方面的和谐；八是知识化工业化，即知识是工业化的基础，而且知识的创新会带来工业化的创新，其中包括培育创新能力与创新意识和形成良好的国民教育基础等。

第二，工业化既不是指要大办企业，也不是指要大办制造业，当然更不是指要消灭农业。工业化是相对于农业文明而言的，是人类社会生产力与生活方式发展的一个新阶段，其标志是第二、第三产业在经济发展中的比重远远高于第一产业即农业，而且农业的生产方式也采用了工业化的许多原则及方式，例如分工协作原则、农场制、机械化、自动化、信息化等，从而形成了与工业化相协调的农业生产方式。因此，我国工业化的任务是，既要推动一、二、三次产业的协调，又要推动农业生产方式的变革，形成工业化式的农业，也就是实现农业现代化。

在城市化问题上，我一直认为：

第一，城镇化并不是要消灭农村，更不是城市盘剥农村，当然也不是要形成发达的城市而落后的乡村。城镇化实际上是相对于农村文明而言的，它是人类发展的一个新阶段，是指城市生活方式与生产方式成为主流生活与生产方式，同时城市生产与生活方式影响并改造了农村的生产与生活方式，城乡协调发展，也就是城乡一体化。因此，城市化的核心问题是城乡一体化。

城乡一体化中的城乡生活方式一体化，不仅仅包括衣食住行的城乡一体化，如电气化和通讯信息便捷化，还包括农村的卫生环境，如自来水和厕所及污水处理等同城市一样，生活垃圾处理也同城市一样，实现了现代化水平。同时城乡一体化中的生产方式一体，不仅仅指农村实行市场经济的基本原则，强调分工协作及诚信原则等，打破农耕文化的保守及封闭的传统观念，而且生产方式也更加注重科学化，很好地利用机械化、自动化、数字化等现代生产方式改革旧的生产方式。

第二，从城乡一体化这一点出发，我认为我国城市化需要解决三大问题。

一是城乡一体化，其中包括城乡民生享受体系一体化，民生体系包括教育、医疗、社会保障，因而城乡在教育、医疗、社会保障上是相同的；城乡土地制度一体化，即农村所有制土地的使用权与同国有土地使用权，同权同利，都可以流通、转让、抵押和工商登记；城乡户籍制度一体化，即逐步取消农村到城市的落户限制；城乡产业经营体系一体化，即实行统一市场体系。

二是进城农民问题，我们要为进城农民提供良好的融入城市的体制，包括实行农民自我选择的人权原则、农民就业的竞争原则、农民生活福利的公平原则、农民地位的平等原则等，当然农民也要在城市化中自我提升，包括遵守城市的规则、保护城市的公共产品、适应城市的生活文明、提升自身的技术能力和素质等。

三是城市化发展战略，包括确定大、中、小城市的各自地位与功能、特别是要关注各种类型的中心城市发展与小城镇发展，在小城镇发展上更加注重其就业、产业、基础设施等问题，保证小城镇的可持续发展。考虑到现在镇并没有城市规划权、民生与基础设施建设权，可以让更多的建制镇升为市，也可称之为镇级市，从而使建制镇为镇的良好发展获得应有的财权、事权、支付责任，为建设美丽的小城镇而努力。

十一、法治社会研究

经济学理论作为人类社会选择最佳经济体制的思想体系，其发挥作用的最有效形式是形成经济体制，但经济体制则需要法律的保护并法治化，因为任何形式的经济体制的运作，都是以法律为基础并体现为法律体系的。正是基于这种逻辑关系，所以经济学理论、经济体制、法治社会这三者，实际上是一个问题的不同方面而已。因此，我在经济学研究中，在关注经济学理论、经济体制的同时，也非常关注法治社会的问题，写过相关文章，尤其是在中国发展出版社2007年3月出版的《崛起中的磨合》、企业管理出版社2016年5月出版的《“十三五”与中国经济新常态》这两本书中，做过较为深入的研究。

在现代社会经济条件下，人们都认为法治社会是一种最佳的社会体制，尤其是人们认识到它也是建立和谐社会的基础和保障，对社会发展和社会稳定具有重大意义，因而建立和完善法治社会是人们现在的共识。但是，究竟什么是法治社会，其核心内容是什么？对此，人们有不同的认识，例如，有人认为具有完善的法律就是法治社会。法治社会确实需要有完整的法律，但是有法律并不就等于是法治社会，比如，封建社会也有完善的法律，但它并不是法治社会，因此，我们对法治社会要有正确的理解。我认为在现代市场经济条件下，法治社会的有三大要点。

1. 法治社会首先表现为契约社会

所谓契约社会，就是人们所共识的并以此为自身行为准则的共同规则，是人们的共同意愿和自身意志的体现。社会契约有各种形式，其最高形式是法律体系。因此，作为社会契约最高形式的法律体系，也应当是人们共同认可的结果，其形成过程和内容，都是以民主方式为基础的。正因为如此，人们经常将法治社会和民主相联系，甚至称之为民主法治社会。可以说，没有民主，就没有法治社会，法律的形成过程和内容反映着民意，体现着民主，是人们的共同认可。当然，这种共同认可并不是指人人都认同，而是指社会大多数成员认可的结果。因此，从这一点上讲，法律实际上是民主的产物，是公众认可的并以民主方式所选择的社会公共契约，即人人都必须遵守的社会契约。在这里，法律与民主内在结合于一起，形成了契约社会，也就是人们所讲的法治社会。

民主的最高形式是一人一票的投票制度，民主的最高原则是少数服从多数。以这种民主方式而形成的共识，就是社会契约，其最高形式表现为法律体系。正因为如此，从这一点上讲，民主似乎也不“公平”，因为它要求少数人服从多数人，并不承认少数人的意愿。这也表明了绝对个性自由的公平实际上是不存在的。由此可见，法律作为公众认可的共同规则，即社会契约，其形成方式必须以民主为基础，在民主程序的认可下而形成，这是法治社会的首要特征。如果法律只是某些个人意志或少数人的意见，那么这种法律就不是法治社会的范畴，而是“皇权”的标志，是封建特权的产物。如前所述，封建社会虽然也有法律，但它不是法治社会，因为封建社会的法律仅仅是统治者的个人意志，而并不是人民的共识。因此，不能认为有法律就是法治社会，关键是法律如何形成的，体现了谁的意志。可以说，法治社会的首要特点和标志，就是法律的形成是大多数人的共识，其形成过程是以民主方式为基础的，是以民主程序为准则的，体现了人民的意志和要求。

但是，在法治社会中，对法律的形成不能搞“泛民主化”，也就是不能将人们的所有行为规则的形成，以及这些规则的内容，都以民主方式来决定。因为有些人们必须遵守的共同规则，也就是社会契约，并不是由民主方式决定的，而是人性本身的反映和要求。也就是说，由人性本身所决定的社会契约，它是“天然”存在的，并不需要由民主方式来确定，而且，不仅不能以民主方式来决定，尤其是不能由一人一票的少数服从多数的民主方式来决定，而是民主方式必须体现和尊重它。这种情况，就是人们所说的，人类本身的内在规律必然要赋予法律本身的“特权”，要求法律必须体现和反映它，或者说，法律必须要尊重和认同人类社会的内在要求。法律必须反映和体现的人类社会的内在要求是什么？这种内在要求有三个要点。

一是尊重人权。任何人一出生就必须享有人权，这种人权并不是法律所赋予人类社会的，而是人类社会赋予法律的。法律必须体现人权的意志和要求，必须要保障人权。如果法律不体现人权和保障人权，甚至无视有些人的人权，那么轻者说它是侵犯人权，重者则可以说它是犯有反人类罪，因而无论这种法律是以民主方式而形成的大多数人的共识，还是某些人的自身行为，都是有悖于法治社会的。正是因为尊重人权是具有“天然性”的人类社会的必然要求，因而尊重人权并不是由法律来决定的，而是人类社会赋予法律的任务和职能，法律必须要反映人权要求和保障人权。从这点上讲，尊重人权是“超法律的”，是法律不能改变和破坏的，法律必须要遵守和保障人权。例如，当一个人已无法经过自身努力而获得生存条件时，社会就必须要救助，并且要在法律体系上真正体现救助，这是人权所赋予法律的责任和职能，而并不是由法律来决定要不要救助。法律所能决定的，是如何更好地救助，以何种有效方式救助，而不能决定要不要救助。因此，从这一点上讲，人权要求决定了法律体系，人权赋予了法律的责任和义务，而不是相反。

二是尊重财产。任何人和机构，甚至包括国家，也不能随便剥夺某些个人或者某个群体的合法财产，合法的财产是不能侵犯的。而且，任何财产都具有平等性权利，没有一种财产高于一种财产的问题，例如可以讲国家利益高于个人利益，但不能讲国有财产高于个人财产，财产面前一律平等。尊重财产是人类社会的内在要求，是人类社会赋予法律的责任和义务，法律必须尊重和保障人们的财产，这是法律的核心内容。也就是说，不是法律规定并要求人们必须尊重财产，而是人类社会和财产本身要求法律必须体现和反映尊重财产的要求，要求法律必须平等地保护各种合法财产。因此，对合法财产的保护，是法律的天然职责和功能，任何人都不能通过一人一票的少数服从多数的所谓民主原则，形成剥夺别人合法财产的所谓法律。因为这种法律似乎体现了民主原则，但它却违反了人类社会本身的内在要求，颠倒了人类社会本身的内在要求和法律的应有关系。人类社会的内在要求决定了法律，而不是法律决定人类社会本身的内在要求。因此，从这一点上讲，尊重财产是“超越于”任何法律体系的，即法律不能决定剥夺任何人或机构的合法财产，而只能是以维护各类合法财产为己任。为什么法律必须保障合法的财产？因为人类社会的实践表明，任何无视甚至随意剥夺别人财产的行为，都会破坏生产力的发展，不利于人类社会的进步。因此，在这里，一人一票的少数服从多数的民主原则是行不通的，民主是不能以法律形式剥夺别人合法财产的，否则，就会出大问题。最近我们给一家民营企业员工发了一个调查问卷，其中有一个问题是，你如何看待你们老板收入高，如何对待这种收入高？结果是，收到问卷的人 80% 竟然回答是，“因为老板剥削了我们，最公正的方法是平均分掉他们的财产”。试想，在这种情况下，我们要以一人一票的少数服从多数的民主方式来对待这个问题的话，那么“老板”肯定是少数，因而在一人一票的少数服从多数的民主方式下来制定不尊重财产的法律，那么其结果当然是可想而知了。在这种条件下，生产力如何发展？因此，尊重财产是人类社会的内在要求，无论法律是以何种方式形成，是以强制形式的方式还是民主方式，都不能把随便剥夺别人的合法财产作为内容和规则。中国宪法关于平等保护各类合法财产的条文，以及《物权法》的实施，正是体现了法律必须尊重财产的精神。

三是尊重契约。所谓尊重契约，就是指法律必须保护当事人在法律基础上的自我选择，一旦人们之间就某种问题达成了契约，即形成了共同的认可，那么法律就必须保护这种契约。在现代市场经济条件下，人们之间越来越深入的分工协作关系往往都以交易方式表现出来，而交易方式得以运作的基础和前提就是契约，也就是当事人对这种交易的各个方面都取得了共识和认可。因而都要遵守和共同实现这种契约，法律有责任和义务来确保这种契约的实现和贯彻。尊重契约实际上反映的是社会的信用程度。如果人们都不遵守契约，也就是社会缺乏信用，那么在信用缺失的条件下，社会的经济秩序就一定是混乱的。因此，尊重契约是社会经济秩序的基础和最基本条件。因此，法治社会的最基本内容之一，就是保护契约，尊重契约。现代人类社会中的每个个体的自由选择，都必须以尊重当事人的利益和以当事人的认可为前提，因而人们之间实际上是一种利益之间的互换，即人们常说的交易。交易实际上是以双赢为基础的，是当事者的自愿选择，这种自愿选择的交易表现为契约，因而任何法律必须保护和尊重这种交易，也就是保护和尊重契约。也就是说，法治社会中的民主和法律，必须以尊重契约为基础。法律要保护契约，而且一人一票的少数服从多数的民主，也不能否认契约，而是必须尊重契约。契约是以人性即人的自由选择以及人们之间的共同认可为基础的，因而法治社会必须把尊重契约作为一个核心内容，法律和民主都不能不尊重甚至破坏契约。人类社会进步的重要标志是个性的自我选择程度越来越宽泛，而这种个性的自我选择又以当事人的共同认可即契约为基础，所以法律必须反映这种社会地步，尊重契约。尊重契约等于尊重个性的自我选择，尊重社会进步。因此，法律以尊重契约为基础。

上述三点分析表明，法治社会的核心是尊重人权、尊重财产、尊重契约。因此，法律必须保护人权、保护财产、保护契约，而且作为法律形成基础的民主，也必须尊重人权、尊重财产、尊重契约，不能以一人一票和少数服从多数的民主方式损害人权、侵犯财产、破坏契约，而是必须以尊重人权、尊重财产、尊重契约为原则。正是从这种意义上讲，尊重人权、尊重财产、尊重契约，是法律和民主的任务和目标，是法治社会的核心问题，任何法律和民主，都不能危及人权、财产、契约。这也是我们判断法律和民主状况的标准，当然也是评价法治社会状况的度量标准。

2. 法治社会的基础是法律面前人人平等

所谓法律面前人人平等，就是指法律一旦实施，任何人或机构，包括政府机构，都必须依法办事。如果完善的法律体系没有贯彻法律面前人人平等的原则，那么法律体系越完善，就距离法治社会越远，因为它在破坏着法治社会的根本。因此，从这一点上讲，法律面前人人平等，是法治社会的基础，我们在现实中必须坚持这个原则。就我国的现实情况来看，虽然法律面前人人平等的原则的实现涉及到多方面问题，但有四种关系必须处理好。

一是强势利益集团和法律的关系。在多元化利益主体存在的社会里，利益集团的存在是必然的，但是任何利益集团都必须遵守法律，而不能超越于法律之上，尤其是强势利益集团。强势利益集团既包括拥有较强财富力量的集团，也包括拥有某种垄断地位或话语权的集团。强势利益集团往往会利用自己的某些方面的力量，影响法律公正，为自身利益服务，因而法律面前人人平等的原则的贯彻，一定要将防范强势利益集团危及法律公正作为重要任务，加大对这方面的执法情况的监督，其中最主要的是提高执法情况的透明度，实现信息对称。因为强势利益集团影响法律公正的手段往往是暗箱操作，所以只有增强透明度，才能防范强势利益集团对法律公正性的影响。在多元利益主体存在的条件下，各个利益阶层及利益集团寻找自身利益和保护自身利益是很正常的，正是因为它们各自寻求和保护自身利益，才形成了一种利益上的均衡和相互制衡。这种均衡和相互制衡就是和谐，但问题是所有这些行为都必须以遵守法律为前提，任何人不能超越和不遵守法律，尤其是对于强势集团来讲，更应该如此。

二是行政权力和法律的关系。行政权力往往拥有无视法律甚至破坏法律的某些“天然优势”，尤其是在我国这样一个“官本位”极强的国家，这种“天然优势”就更加强大。因此，要坚持法律面前人人平等的原则，就必须加大对行政权力的约束。在我国的违法事件中，行政违法的比例很高。而且这种行政违法往往打着“合法”幌子，以“经济发展”和所谓“民意”为理由。最近看到一篇报道，说某个地方官员公开讲:“别老是用法律压人，如果什么都按法律办，那什么事都干不成，经济怎么发展，老百姓怎么富有？”这种无视法律的“法盲”，之所以敢于公开这样讲，就是因为我们对行政以法为本的原则坚持不够，对行政权力的法律约束不够。现在人们对行政不作为较为关注，有各种考核指标，但对行政不依法关注不够，甚至对那些违法性的所谓“有利于经济增长”的行为能够容忍，甚至赞扬，似乎只要能带来 GDP 增长，违法也是可以的。当然，这里也有一个法律是否合理的问题，尤其是在我们这样一个转型国家，这种问题比较突出，例如原来我国宪法明文写着我国实行计划经济原则，因而我们在未修改宪法前所搞的市场经济的改革探索，似乎也有违法之嫌，但这种情况总体是少数，而且这种情况不属于行政违法问题，而是人们在实践中对不合理法律的校正。正因为如此，所以我认为在我国防范行政违法是个复杂问题，需要下大力气解决。我们应该看到，大量的行政违法，其背后都是为了某些个人利益和某些利益集团的私利，其结果必然是破坏社会的公平正义，因而必须严格查处。

三是党和法律的关系。这里所讲的党与法律的关系，是指作为我国执政党的共产党与法律的关系。共产党领导全国人民建立了新中国，但作为执政党，中国共产党照样不能超越法律，必须遵守法律。因此关键是要处理好党与法律的关系，也就是党不能凌驾于法律之上，不能以党代法，因而作为执政党的共产党，也要在法律的框架下活动，依法办事。

四是弱势群体和法律的关系。弱势阶层看似并没有任何影响法律的力量，因而似乎探讨弱势阶层和法律的关系是个奇怪的问题。其实不然，在我国，由于各种原因，弱势阶层也会以违法的形式而将自己凌驾于法律之上，不遵守法律，例如大街上乱摆摊的小摊小贩，以及行乞的人，往往不遵守有关法律，和执法部门搞猫捉老鼠的游戏。我国是具有流氓无产者的社会基础的，“要钱没有，要命有一条，我是无产者我怕谁”的观念甚强，因而有人经常以此种方式而无视法律，因为穷而将自己凌驾于法律之上。尤其在我国目前公众心理浮躁的条件下，这种情况更为严重。因此，法律既要将保护弱势阶层作为重要任务，但也要宣传法律面前人人平等的原则，任何人都不能以各种理由而无视法律。穷并不可怕，我们会想办法使人们走向共同富裕，但不能因为穷而无视法律，甚至超越法律。

3. 法治社会的关键是司法公正

司法公正既是法治社会的重要内容和原则，也是法治社会能否实现的基础和关键。因为，所有法律最终都是要通过司法机构来监督实现和贯彻的。如果司法不公正，甚至出现司法腐败，那么任何公正和完善的法律都会失效，因而法治社会就是一句空话。尤其是在这种条件下，法律不仅不可能有效，而且还会成为某些人或机构的“帮凶”。因此，要建立法治社会，就必须要实现司法公正。如何实现司法公正？虽然涉及到很多方面的问题，但我认为，就我国目前的状况来看，关键是要做到以下几点。

一是司法独立。司法独立不是指司法机构独断专行，其行为不受任何约束，而是指司法机构以法律为本，将法律作为自己的行为准则和方向，法律至上，“以法为天，唯法为大”。也就是说，司法机构不能成为某些人或机构手中的工具，司法机构只忠实于法律，而并不听从任何超越法律的人或机构的摆布。因此，从这一点上讲，司法独立是司法公正的前提，如果司法机构不能独立地按照规定执法，那么肯定就谈不到司法公正。在这个问题上，我们要处理好党管司法的问题。我认为，党管司法必须以法律为准绳，党不能超越或取代法律，因而党管司法的准则就是党的意图和行为不能取代司法机构。司法机构依法办事，而不是以党的意志办事。因此，司法机构的行为准则是法律，而不是党的指示或命令。法律至上是司法机构的行为准则和灵魂，党管司法不能影响或干预法律至上这个司法原则。我国司法不公正的一个重要原因，就是司法机构往往不能依法独立办案，因而我们在党管司法和党管干部的问题上，要以保证司法独立为前提。

二是司法监督。所谓司法监督，是指对司法机构及其执法过程和结果的监督。司法公正的实现，有赖于对司法机构的有效监督。可以说，没有良好的司法监督，就不可能有司法公正。司法监督首先涉及的是司法机构的内部监督，例如公安、检察院和法院之间的相互约束和监督，因此，我们应该构建良好的司法机构内部的监督。在这方面，世界各国已有许多好的经验供我们借鉴。但是，司法监督的关键还是在于对司法机构的外部监督。外部监督既包括立法机构及政府对司法机构的监督，也包括民众对司法机构的监督。立法机构及政府机构对司法机构的监督是很重要的，因而我们必须进一步完善人大及政府等机构对司法机构的监督。不过，我们不能忽视民众对司法机构的监督，要从有效性和有序化上为民众监督司法机构提供更多的路径和方式。当然，上述的各种司法监督都需要有一个重要的前提条件，这就是司法机构运作和司法过程的高度透明性，也就是要使各种监督能实现信息对称，因为各种监督失效和骗人，都发生在信息不对称的时候，因而我们必须提高司法机构运作过程和执法情况的透明度，让人们随时掌握司法机构的所有信息。公平公正的前提是公开，没有公开就没有公平公正，因而只有在信息高度透明的条件下，所有监督才是有效的。

三是司法效率。司法效率是指司法机构必须高效率执法，随时维护法律的尊严和保护法律的实施。司法如果无效率，那么法治社会就是一句空话。因此，司法效率也是司法公正的重要内容。司法无效率，实际上也就是司法不作为。司法不作为，就其结果来说，实际上同非法治社会没有什么两样，因为它们都会危及社会公平正义。如何实现司法有效率？当然首先是要构建一套有效的奖惩分明的司法机构管理制度，形成优秀的司法队伍。在司法队伍的构建及其内部管理体制的建立上，全世界各国都有许多经验可以借鉴。不过，司法效率也有赖于监督体制的完善，包括对司法效率的考核目标体系的建立及评价标准的设置等。总之，我们应该从各个方面形成高效率司法体制，从而使司法管理现代化，确保司法机构高效率运转，实现效率意义上的司法公正。当然，司法效率是建立在执法的准确性上的，首先要确保执法的准确性，如果“冤案”和“假案”太多，那么司法越是有效率，就越会破坏司法公正，因而提高执法准确率，是实现司法效率的前提和保证。我们必须确保执法的准确性，将司法效率建立在执法准确性的基础上，实现真正的司法效率。

十二、国家经济战略转型研究

2008 年北京奥运会之后，中国经济因为国内国际诸多因素的变化，已经逐渐开始转型，因此，国家经济转型就成了我研究的重要内容。有关研究成果分别收录于下述几本著作中:《中国经济之变局》(中国发展出版社 2009 年 4 月版),《中国经济转型》(中国发展出版社 2011 年 5 月版),《走进深水区的中国经济》(中国发展出版社 2014 年 3 月版),《“十三五”与中国经济新常态》(企业管理出版社 2016 年 5 月版),《中国经济的未来》(中信出版社 2019 年 11 月版),《后疫情时代的中国经济》(企业管理出版社 2020 年 6 月版)。

在上述的研究中，有下述几点几乎成为人们的共识。

1. 中国经济新常态

中国经济新常态是指中国经济进入到了一个新的历史时期。这个历史时期与过去相比，有五个不同点。一是增长速度不同，从高高速增长转向中高速增长了；二是经济结构不同，例如传统制造业与房地产由支柱性产业转为常态性产业了，而新的支柱性产业开始形成；三是经济体制不同，由政府在资源配置中起决定性作用而转向市场起决定性作用了；四是经济增长方式不同，从主要靠要素的大规模投入拉动增长，而转向靠创新推动增长，转向创新驱动了；五是对外开放战略不同，从主要搭别人便车而转向既强调搭别人便车，更注重别人也搭我们便车，从单向开放走向双向开放了。

由上述可见，对中国经济新常态的讨论，主要涉及到五大问题。

第一，中国经济新常态的增长速度。中国经济新常态的增长速度是中高速增长。大家知道，我国年增长率在5%以上都算高速增长，但这种高速增长又分为三种情况，一种是5%到6%，即低高速增长；一种是6%至8%以下，即中高速增长；一种是8%以上，即高高速增长。中国经济新常态总体上是中高速增长，但具体年份又不同，例如“十三五”时期就是6.5%到7%。中国经济进入中高速增长是出口、投资、消费这“三驾马车”共同作用的结果，不是人为确定的，我们要尊重经济规律。尤其是应该看到，中高速增长必然带来三种现象，一是投资回报率不会像过去那么高了；二是资金价格不会像过去那么高了，例如利息要下降了；三是资产价格不会太高了，例如股份及房价不会过快上升，甚至要下降了。总之，人们要适应中高速增长带来的各种压力，如果还试图追求像过去那样的高回报及资金与资产的高价格，就必然会出现像2015年那样的股灾。

第二，中国经济新常态的经济结构。中国经济新常态的经济结构要发生重大变化，其中变化最大的是支柱性产业，原有的两个支柱性产业即传统制造业与房地产产业要转向常态性产业，而新的支柱性产业即战略性新兴产业、服务业、现代制造业，将逐渐发展起来，实现支柱性产业的转换。这个调整过程是痛苦的，涉及到“去产能化”与“去库存化”的问题，但一旦调整完成，中国经济结构将达到发达国家的水平，因而必须坚定不移地进行结构调整。

第三，中国经济新常态的经济体制。我国现有经济体制实际上是政府在资源配置中起决定性作用。这种体制无法解决权钱交易的腐败问题，光靠抓人是不行的，根本出路在于体制变革，因此，中国经济新常态的经济体制特征应该是市场在资源配置中起决定性作用，这种体制是权钱交易的“克星”。如何建立这种体制？关键在于深化改革，其中包括调整基本经济制度、改革政府体制、改革金融体制、改革财税体制、改革土地体制、改革供给方管理等。

第四，中国经济新常态的经济增长方式。我国过去的经济增长方式的一个重要特征，是靠生产要素的大规模投入而拉动增长，例如 20 世纪 80 年代靠劳动力要素的大规模投入，90 年代靠土地要素的大规模投入，2000 年以后靠货币要素的大规模投入，但现在这种增长方式已很明显不可能维持下去了，我们需要新的经济增长方式。新的经济增长方式就是创新驱动，只有创新才能推动经济增长。创新驱动包括三个层次：产品与服务的创新、商业模式创新、技术创新。创新不是靠口号，而是要有实实在在的体制支持。

第五，中国经济新常态的对外开放战略。我国过去的对外开放有一句典型的提法，就是扩大出口与吸引外资。这种开放实际上是一种单向性开放，即搭别人便车。我们搭别人便车搭了三十多年，现在已经不可能再维持下去了，需要有新的开放战略。新的开放战略就是既强调搭别人便车，也更加关注别人搭我们便车，在别人搭我们便车中求得我国的发展。这实际上是一种双向性开放战略，既注重出口，也注重进口；既注重吸引外资，也注重中国资本走出去。这种双向性开放战略的重要举措就是“一带一路”。

中国经济新常态的上述五个问题，逐渐会充分地显现出来。“十三五”时期与“十四五”时期是中国经济进入新常态的第一个十年，因而这个时期也是中国经济新常态的经济结构及经济体制等发生剧烈变化的时期，转型中的负面效应会充分暴露出来，转型的“痛苦指数”也会很高，群发事件也会增多。对此，我们要有充分的思想准备，要在转型中很好地处理这些问题，实现顺利转型。

2. 稳中求进的总基调

“稳中求进”是我国近些年来一直坚持的经济工作的总基调，它对于保证中国经济平稳发展起到了根本性的指导作用，是我们长期要坚持的经济工作的总体指导方针。但什么是稳中求进？所谓“稳”，就是指要认真应对与化解经济运行中的风险与挑战，使经济总体上处于平稳运行的状态；所谓“进”，就是指要全方位推进改革开放的新举措，推进新体制的形成，在稳中求进。有的朋友问我，为什么稳中求进要将“稳”放在前面，似乎只有“稳”才能“进”，而不是“进”中求“稳”？道理很简单，中国经济的改革与发展已进入一个风险高发期，我们只有在“稳”中才能求“进”。因此，稳中求进是总基调。

“稳中求进”的核心是强调以“稳”为基础，虽然最终目标是为了“进”，但没有“稳”这个基础，“进”是不可能实现的。我认为，将“稳中求进”作为我国经济工作的总基调，是由我国经济进入新阶段，以及由此产生的新情况与新问题所决定的。

第一，我国的改革已从原有的以经济建设为中心的经济体制改革而转向五位一体的改革，即政治改革、经济改革、文化改革、社会改革、生态文明改革，改革面非常宽广；同时，改革已极其深化，涉及到社会经济生活的各个层面的深层次问题；尤其是改革所涉及的问题都极其尖锐。属于啃硬骨头的范畴。改革的广泛性、深入性及艰难性，决定了改革必须以“稳”为基础，若不“稳”，改革就很难推进，甚至会引发各种风险，中断改革。

第二，中国在高速增长及改革快速推进的过程中，已经积累了各种风险，这些风险的消化与处理，需要稳定的条件与环境，若不稳，就会引爆这些风险。例如，我国宏观负债太高，债务的处理既不能引发大规模的债务违约，从而影响经济正常发展，又要有效地处理与降低债务，以防止债务变为债务危机，从而中止中国经济的发展过程，这需要稳定的环境与条件。又例如，由于过去过度宽松的货币政策，我国货币风险压力较大，我们必须坚持稳健的货币政策，做到松紧有度，既不能因为流动性不足而影响经济正常发展，又不能因为货币供给过大而使货币风险压力增大，这本身就是以稳为基础的货币政策，体现了稳的要求。可以说，对于风险的化解与防范，在某种程度上讲，基本上都是两难的选择，这种情况决定了我们必须以“稳”为主基调，稳中求进。

第三，我国目前社会经济生活中的各种问题，其背后既有周期性原因，也有结构性原因，更有体制性原因。这表明我国目前诸多经济问题具有极其复杂性的特征，而且各种问题相互影响的关联度又很高，有时有很强的负面叠加性效应。这就决定了我国社会经济发展必须建立在“稳”的基础上，若不“稳”，便会出现一些冒进行为，其后果必然是整个社会经济生活处于动荡状态，改革与发展均难以进行。因此，“稳”是基础，只有“稳”才能保证“进”。

第四，我国经过40余年的改革，已从穷转为富，并向强的方向过渡，这种状况决定了人们不再单纯考虑温饱问题，甚至不简单计较经济收入问题，而是更加关注自身的全面发展，对教育、医疗、社会保障有了更高的要求，从而出现了人们日益增长的对美好生活的各种需求与供给不充分不平衡的矛盾。这种矛盾的解决比解决温饱性问题的难度要大得多，而且容易引起人们的不满情绪，使得我们在处理公平与效率的关系上更难，所以，更要以“稳”为基础，稳步推进，在“稳”的基础上进一步实行令人们满意的社会政策，包括教育政策、医疗政策与社会保障政策。实践表明，不少深层次问题的解决，往往是以稳为基础的，只有“稳”才能“进”。任何社会动荡都会打断“进”的。动荡与“进”是对立的，“稳”与“进”才是相辅相成的，只能稳中求进。

第五，国际环境出现了百年不遇的大变局，以美国独大为特征的单边主义的治理世界的国际秩序要发生变化，人类社会将走向多边化治理方式。在这种大变局中，中国必须要发挥自身应有的作用，但这种作用的发挥，需要中国自身的稳定，中国的稳定才能促进世界的稳定，才能在平和中实现世界治理方式的转变。中国的“稳”是世界稳定的基础与保障，因而我们必须以“稳”为基础，“稳中求变”“稳中求进”。这不仅是由中国的国内情况决定的，也是由目前的国际环境决定的。

第六，中国 GDP 总量在 2018 年底已达到 90 万亿元，居世界第二，如此巨大的财富总量，若稍有不慎，发生经济动荡，其结果必然是灾难性的，就是增速因为经济动荡回落一个点，巨大的社会财富也将受损。财富的巨大性与审慎的重要性是成正比的。俗语讲“船小好掉头”，但船一旦很大，掉头就很难了，因而中国这艘巨轮不能出现方向性错误，一定要方向正确才行，否则掉头会很难，甚至会翻船。因此，一个国家的 GDP 总量增加到一定程度时，就必须要以“稳”为主，在“稳”的基础上才能“进”。GDP 总量与社会动荡的危害性成正比。GDP 总量越大，社会动荡对经济的损害度就越大，经济不稳往往会引发更大的经济损害。因此，我国目前在 GDP 总量已非常之大时，“稳”就成为重要的问题，只有“稳”才有“进”，才能保证经济的进一步发展。

由上述分析可以看出，“稳中求进”确实应该成为我国社会经济生活的总基调，这个主基调的确定不是某个人的主观意志，更不是某些人所批评的那样，是保守，而是根据我国目前国内的实际情况与国际环境所作的科学选择。最近有的同志对我说，“稳中求进”会不会因为过度强调“稳”，而放松改革的推“进”，耽误时机，错过机遇，出现求“稳”而放弃“进”的倾向。我认为这是一种误解，因为“稳中求进”虽然强调“稳”为基础，但并没有放弃“进”，而是强调“稳”的目的是为了“进”，为了“进”而求“稳”，这是一种更加有效的进。如果因为不注意稳而推进改革与发展，这不仅不能有效地“进”，而且还会使已经取得的成果因为不稳而化为灰烬。因为社会动荡不仅仅是不能使我们继续“进”，而且还会破坏已经取得的成就。因此，我们应该坚持“稳中求进”的总基调。

3. 供给侧结构性改革

经济学界通常将人类的经济活动分为两大组成部分：一个是需求侧，包括投资需求、消费需求、外需（即出口）。影响需求侧的有诸多经济因素，例如涉及需求侧的宏观经济政策，包括货币政策、财政政策、国际收支政策等。另一个是供给侧，供给侧实际上就是指生产侧，影响供给侧的有诸多经济因素，主要涉及产业结构及经济体系问题。根据这种划分，经济学界在宏观经济领域经常讨论的是应该重视需求管理问题，还是应该重视供给管理的问题，或者是需求管理与供给管理并举的问题。

我国根据近些年来社会经济生活出现的新问题与新情况，强调要重视供给侧结构性改革，并将供给侧结构性改革作为经济工作的主线。这是很正确的，完全符合我国经济的现实状况。当然，这并没有否认需求管理的重要性，但任何矛盾都有主次之分，我国现在的最主要矛盾是供给侧结构性问题，需要强化供给侧结构性改革。对此不应有任何质疑。现在的问题是，我们该如何有效推进供给侧结构性改革。我认为，根据我国经济的现实状况，供给侧结构性改革应该以产业结构调整为切入点，据此再推动相关的经济体制改革，因为我国经济的供给侧方面的问题既有周期性原因，也有结构性原因，当然还有体制性原因，这就需要我们以产业结构调整为切入点，并以此为核心而展开经济体制的改革，从而有效实现供给侧结构性改革。

“十三五”时期及“十四五”时期，在中国这一轮经济新周期，即2012—2035年这个周期中，具有重要的地位。同时，因为中国经济出现了不少新的现象，这些现象将作为一种常态而存在，因而“十三五”时期及“十四五”时期是中国经济重要的十年。我们应该看到，“十三五”时期及“十四五”时期是中国经济面临诸多严重挑战的时期，当然，中国经济若能有效而顺利地应对挑战，将迈上新的更高的台阶，因而“十三五”时期及“十四五”时期是挑战与机遇并存。尤其是从总体上看，中国经济仍然处于较快发展的良好历史机遇期，关键是看我们如何推动供给侧结构性改革。

我为改革开放作“笔录”

我这辈子的工作，除了短短几年在政府任职外（1996至1998年曾在原国家国有资产管理局任职），基本上都是在高校度过的，先是在西北大学任教，后来在中国人民大学任教，最后在清华大学任教，因而基本上就是一个教书匠。虽然有人称我为经济学家，甚至有时还冠以著名二字，但我一直认为我就是一个教书匠。清华大学经管学院的前身即清华经济系的创始人陈岱孙先生，曾在总结自己一生时说，他这辈子只作了一件事：教书。陈老先生德高望重，学贯中西，学术造诣厚重，影响深远，但对自己一生的总结竟然也就是教书这件事，可见对我来说教书匠应该已是很高的评价了。

如前所说，作为教书匠，有两个重要的工具：一是讲，有人将此俗称为“口力劳动”；一是写，有人将此称为“要笔杆子”。“讲”这个工具一般难有太多“痕迹”，因为不可能在讲的时候都录音录像；但“写”就不同了，“写完”可以形成文章去发表，甚至形成著作去出版。尤其是像我这样一人，喜欢将自己的认识变成文字，而且有一种将认识变为文字的冲动，因而留下了不少的文字“痕迹”。

无论是论文的写作还是书的写作，实际上都是非常辛苦的事。我们过去将写作称之为“爬格子”，我一直认为“爬格子”是非常累人的活动。首先要做研究，研究活动有时搞得你吃不好，睡不好，是很费脑体的事。形成自己的基本认识后，才能将这些认识变成文字，这也很累，因为在变成文字的过程中，要考虑两个问题，一是怎样才能用明快而且有逻辑性的文字将自己的认识传播给读者，引起读者的兴趣；二是要考虑自己的文字是否与当时有关方面所设定的不能逾越的“红线”有顶撞，因为如果有顶撞，无论是文章，还是书，实际上都是出不来的。当然现在情况比过去好多了，但还是有“红线”的，所以“心累”。

现在因为使用电脑，写作便捷多了；但在20世纪80年代甚至90年代，写作基本靠笔，尤其是80年代复印技术还不发达时，为了使自己的稿子能留底稿，不得不使用复写纸，这就要用圆珠笔写，更要用力，很累。我的右手拿笔两个指头之间，磨出了两个老茧，现在右肩疼痛和右胳膊疼痛，都是那个时候过度劳累而留下的。

年过七十之后，可能是因为年龄大了容易怀旧，有了整理自己留下的“文字痕迹”的冲动。我花了不少时间去图书馆查找这些“文字痕迹”，整理出这份文章及著作的目录。整理的目的不是炫耀我的所谓学术成就，而纯粹是自我欣赏，使我感到自己还没有虚度光阴，还算是一个勤奋的人。当然，在整理中也为自己在学术上的某些成就而甚感欣慰，为自己某些观点的不足而感到懊悔，确实将自己的喜怒哀乐融入了经济学，融入了中国的经济体制改革。

无论是发表论文，还是出版著作，虽然都涉及作者认识的变革及提升，但作者绝不可能是为了自娱自乐，而是要为社会服务，在思想及实践上影响社会，也就是要有社会效益。如何评价论文及著作的社会效益？有这样几条评价标准：一是社会需求程度，也就是有无人愿意出钱购买，相当于影视的票房价值；二是获奖情况，即能否获得学术奖项；三是转载及索引情况，也就是有无人借鉴相关成果，学界相关刊物有无转载；四是社会实践反映，即是否引起相关读者的反馈，认为论文及著作中的思想或信息影响了自己。如果从这几个指标来看，我认为自己的论文及著作的社会效益还不错。首先是社会需求很大，例如《企业前沿问题》一书在出版后的短短几年内连续11次再版和重新印刷，甚至连理论性较强的《中国改革的理论与实践》一书，在出版后的几年内也再版4次；其次是获得了不少奖项，例如孙冶方经济科学奖及全国图书一等奖等全国性大奖，专项奖就更多；再次是转载及索引较多，例如根据有关机构对改革开放到1997年的论文引用率调研，我的论文引用率排在全国第八，网络兴起后，网上转载就更多，到现在已有几十万条之多；最后是读者反响不错，不少读者谈到论文或著作对自己的影响，例如原西安飞机制造集团的高总经理读完《企业前沿问题》一书后，曾在西飞集团报刊上发文，提出要读好一本书，干好一番改革开放的大事业，并因为这本书专门邀请我到西飞集团考察与讲学。

当然，检验真理的唯一标准是实践，评价人的学术思想及认识的唯一标准也是实践，而不仅仅是获奖情况、某些人的评价或官方的认可程度。从这条原则出发，我审阅了自己近几十年所发表的论文及著作，感到自己虽然有判断失误的地方，当然也有害怕触及某些意识形态“红线”而不敢直言的胆怯的地方，但学术思想及价值取向上总体是与中国经济改革的大方向一致的，可以说是在为中国改革开放鼓与呼，为改革开放出谋划策，为改革开放中的新生事物和新经验探求理论上的必然性及操作中的规范性，为改革开放寻找理论上及思想上的支撑点，用现在的流行语言讲，就是总体上对改革表现为正能量。在不少有重大争论的改革问题上，我基本站在后来实践证明属于正确观点的一边。例如在市场经济改革、企业改革、国有经济改革、民营经济发展、混合经济发展、收入分配制度改革、宏观经济改革等诸多重大改革问题上，我的观点大都是超前且正确的。最近翻阅一些过去的杂志及报纸，发现有的所谓经济学家，对改革中出现的新动向基本上是持否定态度，刚出现农村联产承包责任制他们反对，市场经济改革他们反对，股份制改革他们反对，国有经济改革他们反对，几乎对所有改革都要问姓社姓资的问题，甚至不惜给一些改革思想如普世价值论等戴上阴谋论的帽子，似乎西方社会不停地试图通过中国的改革而实现颠覆中国的目的。当然，如果是真正怀有一种信仰而这样看问题，我认为是情有可原的，因为现代社会本来就是一个多元的社会，应该允许学者有不同的思想。但问题是有些人并不是因为信仰而发表论文或论著，而是因为自身政治投机的需要，这就有些不可原谅了。我历来认为经济学家应该出全集，不应该出选集，因为选集往往会删掉那些对自己不利的文章或著作。我这次整理自己的论文及著作，基本上是按照发表时间和出版时间来查找的，当然有个别的论文及著作因查找上的原因而并未完全反映发表时间上的先后，有前后颠倒的地方，但是总体上是按照发表或出版的时间顺序排列的。

我翻阅了我的论文及著作的题目，发现它们基本上和中国改革开放的主线相吻合，反映了以问题为导向的特点，而且在时间节点上也基本与改革开放进程一致。例如在20世纪80年代初，当时中国经济改革还不可能触及一些深层次的体制问题，因而我当时的研究主要集中在一些最基本经济范畴和经济运行机制问题上，尤其是作为经济体制表象的运行机制，当然首先被作为研究对象，只有在对表象研究的基础上，才能深入到其体制内部。但到了20世纪80年代中后期，当计划与市场、宏观经济体制改革、国有企业改革、民营经济发展等诸多改革问题突现之后，我的研究则逐渐转向对这些问题的探讨。到了20世纪90年代初期，随着市场经济改革方向的确定，我的研究也更多地体现在对市场经济体制如何建立，产权制度改革如何深化，民营经济发展的障碍如何突破，新的国有资产管理体制如何建立，收入分配体制如何实现公平与效率相结合，现代企业制度如何建立，反映市场经济需求的宏观体制如何建立等问题上，20世纪90年代中后期的论文及著作主要反映了这些改革的动向。进入新世纪之后，随着改革的深化与中国经济的快速发展，一些新的问题逐渐暴露出来。例如民生问题、收入差距问题、和谐社会问题、科学发展问题、新型城市化与工业化问题、转变增长方式等问题的研究日益显得重要，尤其是中国宏观经济格局发生了根本性变化，货币超量供应问题、财政过度负债问题、国际收支失衡问题、贸易项目与资本项目失衡问题、外汇储备及汇价问题等，都需要有新的研究，因而这一时期的论文及著作基本上体现了这个时期的特点。因此，若从论文及著作的内容及发表的时间来看，我的论文与著作基本上表现为三个特点：一是以中国的改革开放为主线，二是以改革开放中的问题为导向，三是理论分析与政策建议相结合。

不过，我的论文及著作的有些内容，其实也与我的工作变动有关系。例如我在原国务院国家国有资产管理局任职期间，论文与著作基本都与国有资产管理体制相关。尤其是我1999年到清华大学经管学院任教后，研究方向有了一个很大的变化，即把重点放在对企业的研究上，因为清华经管学院是一所典型的商学院，其教学与研究的中心是企业经营活动与战略。根据清华经管学院的特点与我自己的研究长项，我将研究活动的重点放到了企业经济学上，主要研究了企业的五大问题：一是企业制度设置，二是企业战略选择，三是企业文化塑造，四是企业哲学积淀，五是企业社会定位。

我发表的一些有关论文及著作，都反映了企业经济学的内容，其中有些书还成了畅销书，例如《企业前沿问题》一书短短几年内重印了 11 次。

最近在阅读经济学界一些同志的文章或者学术回忆录时，经常看到争“发明权”的现象，似乎那些观点或那些提法是他首先提出来的，喜欢把中国经济学界的某些发展与进步归功于自己。这倒没有什么不好，因为确实有一个知识产权的问题。但问题是中国经济学界的学术规范问题也只是近几年才刚刚开始，而且现在也仍然做得非常不好，例如因为信息不对称等原因，有些人在中国所讲的某某新观点，实际来自于西方学界。因此，在中国改革开放的几十年中要真正确立那些提法或思想首先是出自于谁，确实很难。尤其是我发现，有些观点最早是出自于“小人物”，而且发表于不起眼的刊物，但后来却成了“大人物”发表于“大刊物”的专利。既然实际上很难确定所谓的“发明权”，那还不如将中国经济学的这些进步，看作是中国经济学界共同努力的结果，充其量大家可以将自己的论文及著作列出一个目录，供人们去查询。

在这里还要谈到的一种现象，就是有人非常喜欢给自己的某些观点贴上官方认可的标签，似乎中央的某些决策是来自于自己的学术贡献，经常将官方认可作为津津论道的话题，经常以高层智库的面目示人，甚至将自己对高官的某些授课也写入自我简介中。官与学之间的互动与交流是应该的，而且也是必需的，但如果以官方认可为目标并以官方认可而显示自己的所谓背景，那就没有多大必要，而且也是有害的，甚至会出现一些不良的投机行为。真正的学术价值，在于对实践有用并被实践所认可。实际上，学术进步往往是许多人的相互影响和潜移默化地共同推进的结果，思想的源泉往往源自于公众的贡献与社会实践，学者仅仅是梳理与推动其形成并传播而已。有人说，勤奋于学问，平实于做人，这句话是很对的。

中国的改革开放基本上是在激烈争论中推进的。我有幸几乎参加了所有这些争论，发表了论文及专著，可以说形成了自己个人的改革开放认知史。在改革开放进行了几十年的今天，认真翻阅这些文字，可以说感慨万千。

一、论文目录

关于整理论文目录的说明。

第一，这里所收集的论文目录，从内容上讲，不仅仅是指学术论文，而且还包括经济现象评述、思想评述、改革实践评述、记者访谈、演讲整理稿，等等。同时，从形式上讲，不仅仅包括初次发表，还包括文摘与转载，尤其是有的论文在内部刊物发表后，公开刊物再次发表，甚至是有的论文被有些刊物同时登载。总之，凡是有我署名的文章，这里全部收入，并不是按有关学术规范来收集的。

第二，并未按发表的时间来排序，而是按照查询的次序来排列，而且有些是整理后又发表的，所以就排在了最后，因而在排列上并未严格按时间为序。

第三，我发表文章并未去刻意选择杂志社，而是有了新的文章就随意性投稿，而且我过去特想让全国的所有报刊都能发表我的文章，所以几乎涉到全国大部分报刊，因而既涉及学术性极强的报刊，也涉及学术性不强的报刊。

1. 试谈按比例规律在社会主义条件下的实现形式,《西北大学学报》1980 年第 3 期。

2. 多劳多得要照顾国家利益和左邻右舍,《西北大学学报》1983 年第 4 期。

3. 如何处理农村生产队内部的级差收益,《赣江经济》1983 年第 11 期。

4. 民间信贷：农村金融活动中的一个新问题,《陕西金融》1984 年第 8 期。

5. 我国农业水利发展战略初探,《农业经营管理》1984 年第 4 期。

6. 略论乡镇工业的作用,《农业经济问题》1984 年第 8 期。

7. 探索自觉利用价值规律调节作用的新形式,《经济问题》1985 年第 8 期。

8. 商品质量下降问题之我见,《财贸经济研究》1985 年第 9 期。

9. 开辟我国劳务市场刍议,《劳动科学研究资料》1985 年第 19 期。

10. 技术知识也是价值源泉吗,《社会科学研究》1985 年第 4 期。

11. 新经济体制下的计划功能,《学习与实践》1985 年第 3 期。

12. 谈宏观调控,《理论学刊》1985 年第 12 期，与他人合作。

13. 控制投资规模的两个环节,《浙江经济研究》1985 年第 18 期。

14. 应当建立社会主义职业市场,《光明日报》1985 年 8 月 10 日。

15. 改革经济体制与坚持共产主义理想,《解放军报》1985 年 7 月 27 日，与他人合作。

16. 论适度消费,《解放军报》1985 年 4 月 2 日。

17. 技术知识不是价值的源泉,《经济学周报》1985 年 4 月 14 日。

18. 信息商品如何定价,《陕西经济信息》1985 年 5 月 6 日。

19. 智力商品市场,《陕西经济信息》1985 年 7 月 1 日。

20. 完善和发展社会主义市场,《光明日报》1985 年 10 月 19 日。

21. 消费基金膨胀之我见,《云南财贸学院学报》1985 年第 4 期。

22. 社会主义市场新论,《财经问题研究》1985 年第 5 期。

23. 浅谈工业企业的招标投标责任制,《经济与管理研究》1985 年第 1 期。

24. 新体制下的税收调节功能,《湖北财税》1985 年第 5 期。

25. 略论广告商店——城市改革的一点设想,《商业经济研究》1985 年第 1 期，与他人合作。

26. 新经济体制下传统财政体制必须改变,《湖北财税》1985 年第 8 期。

27. 关于如何加强宏观调控的几个问题,《理论与实践》1985 年第 12 期。

28. 再谈关于如何加强宏观调控的几个问题,《理论与实践》1985 年第 21 期,与他人合作。

29. 市场改革的目标模式,《城市改革理论研究》1985 年第 5 期。

30. 建立一个开放的市场,是进一步增强企业活力的关键,《中国企业家》1985 年第 10 期。

31. 发展商办工业的几个问题,《商业经济研究》1985 年第 5 期,与他人合作,以笔名汉曹发表。

32. 有计划商品经济体制下的计划功能,《经济体制改革》1985 年第 6 期。

33. 试论社会主义市场的广泛性与计划性,《社会科学》1985 年第 10 期。

34. 放活价格与自觉利用价值规律的调节作用,《中央财政金融学院学报》1985 年第 5 期。

35. 谈谈国营企业调节税的利与弊,《重庆经济研究》1985 年第 4 期,与他人合作,笔名汉曹。

36. 对经济监督问题的探讨,《贵州财政会计》1985 年第 7 期。

37. 商品质量下降问题的经济学思考,《江苏经济探讨》1985 年第 10 期。

38. 论进一步完善市场机制,《成都经济》1985 年第 6 期。

39. 信贷的作用及其控制,《福建论坛》1985 年第 8 期。

40. 对自觉利用价值规律调节作用的新认识,《赣江经济》1985 年第 6 期。

41. 社会主义商品经济条件下的信贷功能,《湖南金融研究》1985 年第 9 期。

42. 价值规律运行条件的再思考,《丹东集体经济》1985 年第 2 期。

43. 社会主义生产资料市场论要,《吉林物资经济》1985 年第 5 期。

44. 试论投资体制改革,《投资管理与研究》1985 年第 4 期。

45. 社会主义市场论要,《江西社会科学》1985 年第 6 期。

46 自觉运用价值规律之我见,《贵州财经学院学报》1985 年第 3 期。

47. 控制投资规模的原则与方法,《湖南金融职工大学学报》1985 年第 4 期。

48. 也谈生产资料市场,《河北财经学院学报》1985 年第 4 期。

49. 有计划商品经济与财政体制改革,《理论研究文稿》1985 年第 1 期。

50. 金融体制改革之我见,《太原经济》1985 年第 7 期。

51. 财政体制要实现五个转变,《学术论坛》1985 年第 6 期。

52. 价值规律发挥调节作用的新模式,《争鸣》1985 年 4 期。

53. 当前要注重从宏观上克服价值规律自发调节的盲目性,《湖南经济研究》1985 年第 7 期。

54. 当前经济生活中的一个重要问题是正确认识和处理企业利益与国家利益的关系,《江西审计》1985 年第 6 期。

55. 计划机制和市场机制,《经济研究资料》1986 年第 4 期，与他人合作。

56. 论社会生产比例的调节机制,《经济理论与经济管理》, 1986 年 2 期，与他人合作。

57. 关于社会主义消费的几个问题,《消费经济》1986 年第 2 期，与他人合作。

58. 社会主义经济的基本运行目标,《财经科学》1986 年第 3 期，与他人合作。

59. 论企业活力与企业行为约束,《学术月刊》1986 年第 4 期，与他人合作。

60. 总供给与总需求的调节机制,《中国工业经济学报》1986 年 2 期，与他人合作。

61. 进一步完善社会主义商品经济的运行条件,《学习与实践》1986 年第 1 期。

62. 试析企业生产目标与社会主义生产目的的辩证统一,《福建论坛》1986 年第 1 期，与他人合作。

63. 试论社会主义商品经济条件下企业利益与国家利益的矛盾,《财贸经济通讯》1986 年第 1 期。

64. 应该建立社会主义伦理学,《赣江经济》1986 年第 3 期，与他人合作。

65. 计划调节模式的转变,《贵州计划经济》1986 年第 2 期，与他人合作。

66. 注重从宏观上调节“比例矛盾”,《浙江经济》1986 年第 4 期。

67.《经济学文摘》1985 年第 10 期、11 期及 1986 年 1 期、2 期、3 期、7 期、8 期、10 期、12 期分别转登我的相关文章的观点。

68. 浅谈计划调节模式的改革,《山东经济》1986 年第 3 期，与他人合作。

69. 试论当前我国放开物价的条件,《太原经济》1986 年第 4 期，与他人合作。

70. 宏观调控的微观基础,《财贸经济》1986 年第 6 期。

71. 间接宏观调控与市场,《云南财贸学院学报》1986 年第 2 期，与他人合作。

72. 关于总供给与总需求矛盾的几个问题,《理论学习》1986 年第 2 期。

73. 浅谈财政部门扶持乡镇企业发展的几个问题,《农业经济问题》1986 年第 3 期，与他人合作，以汉曹笔名发表。

74. 对农业税改制的进一步探讨,《农村经济管理》1986 年第 1 期，与他人合作，以汉曹笔名发表。

75. 经济计划论评价，《经济理论与管理》1986 年第 3 期，发表评论我的译著《经济计划论》。

76. 计划机制与市场机制的结合形式，《经济问题文摘》1986 年第 1 期，与他人合作。

77. 消费基金膨胀之原因，《金融研究》1986 年第 4 期。

78. 论控制投资需求，《中州学刊》1986 年第 1 期。

79. 消费基金膨胀的再思考，《社会科学》1986 年第 1 期。

80. 社会主义商品经济条件下的信贷功能及控制，《兰州学刊》1986 年第 3 期。

81. 经济运行的间接控制与参数调节，《学术研究》1986 年第 4 期，与他人合作。

82. 试论经济运行的间接调控与市场，《人文杂志》1986 年第 4 期，与他人合作。

83. 控制投资规模的关键是抑制投资需求扩张冲动，《上海投资》1985 年第 4 期。

84. 当前改革的一项关键任务是建立开放的社会主义市场，《体制改革探索》1985 年第 6 期。

85. 社会主义市场体系，《湖南经济》1986 年第 3 期。

86. 间接宏观控制与完善市场，《改革与战略》1986 年第 4 期。

87. 正确认识直接控制向间接控制的转变，《经济问题探索》1986 年第 6 期，与他人合作。

88. 比例矛盾的形成原因及对策，《贵州社会科学》1986 年第 7 期。

89. “储币待购”的辨析与对策设想，《辽宁经济》1985 年第 9 期，与他人合作。

90. “进取互利”是共产主义道德的重要原则，《理论内参》1986 年第 5 期，与他人合作。

91. 企业行为机制与企业活力，《企业界》1986 年第 1 期，与他人合作。

92. 全国社会主义商品经济理论研讨会简报第 6 期、10 期、11 期刊登我关于市场体系问题的发言。

93. 实践对经济理论的严重挑战，《理论内参》1986 年第 7 期。

94. 论市场功能，《新疆社会科学》1986 年第 5 期，与他人合作。

95. 略论市场机制，《重庆经济研究》1986 年第 5 期，与他人合作。

96. 市场的发育与社会主义经济关系的完善，《经济研究参考资料》1986 年第 186 期，与他人合作。

97. 竞争机制·风险机制·供求机制，《财经问题研究》1987 年第 2 期，与他人合作。

98. 论市场组织，《体制改革探索》1986 年第 6 期，与他人合作。

99. 市场功能与经济发展，《开拓》1986 年第 5 期，与他人合作。

100. 略论结构平衡的实现途径，《求索》1986 年第 5 期，与他人合作。

101. 论总供给与总需求平衡，《管理世界》1986 年第 6 期，与他人合作。

102. 中央银行机制的宏观控制功能，《管理世界》1987 年第 2 期。

103. 实践对经济理论的严重挑战，《新华文摘》1986 年第 10 期，与他人合作。

104. 完善宏观控制的几点思考，《经济日报》1987 年 4 月 18 日，与他人合作。

105. 评《社会主义经济运行机制》，《人民日报》1987 年 4 月 6 日，发表评论我与他人合作的专著。

106. 计划经济与经济计划，《光明日报》1986 年 6 月 14 日，评论我的译著《经济计划论》。

107. 改革经济体制与完善市场体系，《经济学周报》1986 年 11 月 9 日，发表评论我与他人合著的《市场结构与市场机制》一书。

108. 全国社会主义商品经济理论研讨会侧记，《理论信息报》1986 年 9 月 22 日，发表我的发言。

109. 经济监督失灵的原因，《东北经济报》1986 年 3 月 1 日。

110. 对“必要价值规律”的质疑，《经济学周报》1987 年 5 月 31 日，与他人合作。

111. 实践对经济理论的严重挑战，《经济学周报》1986 年 8 月 3 日，与他人合作。

112. 间接宏观控制模式的选择，《北京日报》1986 年 10 月 8 日。

113. 评《社会主义经济的运行、发展和调节》，《人民日报》1988 年 5 月 13 日，发表评论我与他人合作的专著。

114. 计划和市场问题的再认识，《理论界》1987 年第 3 期，与他人合作。

115. 财政政策的内容构成及其各自功能，《贵州财政会计》1987 年第 5 期。

116. 商品经济条件下的计划管理，《计划与管理》1987 年第 3 期。

117. 浅谈如何完善间接宏观控制，《湖南经济》1986 年第 10 期。

118. 论货币政策，《浙江经济》1987 年第 2 期。

119. 关于产业政策的两个问题，《成都经济》1987 年第 3 期。

120. 注重从政策上调节分配结构矛盾，《湖南经济》1987 年第 5 期。

121. 关于改革与建设的几个问题，中国人民大学对中央的重点课题，1987 年 1 月 22 日，我是参加者。

122. 论财政的宏观调节作用，《西北大学学报》1987 年第 2 期。

123. 论非经济调节手段，《东岳论丛》1987 年第 2 期，与他人合作。

124. 论宏观控制模式的选择，《争鸣》1987 年第 1 期。

125. 产业政策之我见，《江海学刊》1987 年第 2 期。

126. 关于间接宏观控制的几个问题，《江西社会科学》1986 年第 6 期。

127. 在运行中认识和把握社会主义经济运行机制，《中国社会科学》1987 年第 3 期，发表评论我与他人合作的专著。

128. 完善间接宏观控制的市场条件，《探索》1986 年第 4 期。

129.《经济学文摘》1987 年第 1 期、2 期、3 期、4 期、5 期、6 期、7 期分别转载我的相关文摘。

130. 全方位地配置和完善市场，《经济问题》1986 年第 10 期。

131. 计划调节导向和约束的市场调节，《经济研究》1987 年第 1 期，与他人合作。

132. 计划调节与市场调节的再认识，《经济与社会发展》1986 年第 4 期，与他人合作。

133. 计划机制与市场机制，《经济纵横》1987 年第 1 期，与他人合作。

134. 社会主义商品经济的矛盾与宏观控制内容，《经济与管理研究》1986 年第 5 期。

135. 论产业组织政策，《赣江经济》1987 年第 3 期。

136. 价格机制 · 利率机制 · 工资机制，《经济理论与经济管理》1986 年第 6 期，与他人合作。

137. 中央银行机制是间接宏观控制的主导机制，《福建论坛》1987 年第 3 期。

138. 应当充分注重的三种调节手段，《经济问题》1987 年第 5 期。

139. 宏观调节手段的选择，《经济研究》1987 年第 4 期，与他人合作。

140. 完善市场的思路，《中国工业经济研究》1987 年第 1 期。

141. 论产业政策，《经济研究资料》1987 年第 7 期。

142. 论宏观经济政策，《理论学习》1987 年第 3 期。

143. 间接宏观控制模式的系统分析，《经济理论与经济管理》1987 年第 2 期。

144. 论完善市场机制，《经济体制改革》1986 年第 6 期。

145. 新体制下财政政策，《财经理论与实践》1987 年第 2 期。

146. 新体制下的货币政策，《争鸣》1988 年第 1 期。

147.《物价文汇》1987 年第 2 期，收入我的论文“完善市场的思路”。

148. 宏观控制机制辨析，《兰州学刊》1987 年第 3 期。

149. 两权分离与间接宏观控制的微观基础，《浙江学刊》1987 年第 5 期。

150. 选择货币政策的几个问题，《经济研究参考资料》1987 年第 80 期。

151. 论财政的宏观调节作用，《财金贸易》1987 年第 7 期。

152. 论社会主义经济运行机制，《红旗内部文稿》1987 年第 13 期，与他人合作。

153. 完善货币政策的几个问题，《财贸经济通讯》1987 年第 7 期。

154. 财政发挥宏观调控作用的两个问题，《学术论坛》1987 年第 4 期。

155. 投资结构政策的作用及特点，《投资管理与研究》1987 年第 4 期。

156. 完善间接宏观控制的市场条件，《城市改革理论研究》1987 年第 10 期。

157. 市场配置资源的有效性与宏观控制，《学术界》1988 年第 2 期。

158. 浅谈当前国民收入分配调节，《经济论坛》1988 年第 1 期。

159. 用国家订货替代指令性计划以深化改革，《体制改革探索》1987 年第 6 期，与他人合作。

160. 论非经济调节手段，《长白学刊》1987 年第 6 期。

161. 几种国民收入分配政策的对比分析，《贵州财经学院学报》1987 年第 4 期。

162. 论经济管制手段，《新疆社会科学》1987 年第 6 期。

163. 我国原有经济运行方式的弊端与新的构想，《经济与社会发展》1987 年第 4 期，与他人合作。

164. 论二元经济结构,《开放研究》1987 年第 3 期，与他人合作。

165. 国民收入分配政策的内涵及其功能,《江西社会科学》1988 年第 1 期。

166. 国营企业所有制关系改革的构想,《河北财经学院学报》1987 年第 2 期，与他人合作。

167. 论产业结构,《科学·经济·社会》1987 年第 5 期，与他人合作。

168. 计划是宏观控制的核心,《计划经济通讯》1987 年第 2 期。

169. 为什么我们必须实行以控制为主的消费政策,《理论教育》1988 年第 3 期。

170. 论投资约束政策,《云南财贸学院学报》1987 年第 4 期。

171. 国有经济的非主要部分应实行非国有化,《理论内参》1988 年第 6 期。

172. 论投资政策,《江苏经济探讨》1987 年第 6 期。

173. 产业结构调整与产业结构政策,《经济问题》1988 年第 5 期。

174. 货币政策的作用范围及其条件,《山东金融研究》1987 年第 11 期。

175. 略论货币政策的选择,《山东金融研究》1987 年第 10 期。

176. 货币政策的系统分析,《长春金融专科学校学报》1988 年第 2 期。

177. 计划经济与社会主义商品经济的几个问题,《东岳论丛》1987 年第 5 期，与他人合作。

178. 市场功能简论,《云南社会科学》1987 年第 4 期，与他人合作。

179. 必须打破的一个理论原则,《江西社会科学》1988 年第 3 期。

180. 宏观控制必须注重对利益矛盾的调节,《天府新论》1987 年第 6 期。

181. 关于财政政策的几个问题,《河北经济管理干部学院学报》1987 年第 5 期。

182. 论资源的有效配置与经济调节,《学术月刊》1987 年第 9 期，与他人合作。

183. 论财政调节手段,《计划与管理》1987 年第 12 期。

184. 中国经济体制改革规划，中国人民大学课题组，1988 年 3 月，我是成员之一。

185. 宏观经济控制构想,《财经问题研究》，1988 年第 1 期。

186. 宏观控制机制的属性及构成,《改革与战略》1987 年第 3 期。

187. 总供给与总需求矛盾之我见,《贵州计划经济》1987 年第 5 期。

188. 国民收入分配政策与供给形成,《理论学刊》1987 年第 10 期。

189. 单纯抑制总需求并不是调节供求平衡的有效方法,《福建论坛》1988 年第 1 期。

190. 均态市场的形成,《财贸经济》1988 年第 9 期,与他人合作。

191. 试论产业结构调整中的收入补偿问题,《经济参考报》1989 年 4 月 10 日。

192. 改革的难点与出路,《新疆社会科学》1989 年第 4 期。

193. 新短缺经济学评介,《光明日报》1989 年 10 月 21 日。

194. 经济运行机制与“三角债”问题,《经济参考报》1990 年 3 月 13 日。

195. 搞好结构调整,促进治理整顿,《人民日报》1990 年 3 月 25 日,与他人合作。

196. 论计划与市场的有机结合,《光明日报》1990 年 2 月 17 日,与他人合作。

197. 严格控制国民收入分配过程,《经济日报》1990 年 2 月 27 日。

198. 消费需求膨胀对改革与发展的影响,《经济日报》1989 年 11 月 14 日。

199. 关于当前经济形势与政策的若干问题,《经济参考报》1989 年 12 月 11 日,与他人合作。

200. 实行稳定通货的货币政策,《经济日报》1989 年 7 月 21 日。

201. 宏观控制与政府经济权力转换,《光明日报》1989 年 11 月 18 日。

202. 消费政策应与国情相适应,《经济日报》1989 年 8 月 11 日。

203. 牢固树立反通货膨胀思想,《经济日报》1989 年 10 月 6 日,与他人合作。

204. 社会主义的分配理论与实践,《理论信息报》1989 年 10 月 23 日。

205. 退休人员收入保障三题,《社会保障报》1989 年 10 月 6 日。

206. 经济发展需要稳定的政治环境,《北京日报》1989 年 5 月 15 日,与他人合作。

207. 在治理整顿中为企业创造良好的外部经营环境,《中国企业报》1990 年 1 月 11 日。

208. 以刺激为主的消费政策行不通,《文摘报》1989 年 8 月 20 日。

209. 试论收入保障制度,《中国社会报》1990 年 1 月 26 日。

210. “结合”的讨论不能流于形式,《经济日报》1990 年 5 月 11 日。

211. 如何设置“国家调节市场,市场引导企业”的新经济运行机制,《经济研究参考资料》1988 年第 151 期,与他人合作。

212. 新经济机制中国家对市场的调节,《计划与管理》1988 年第 10 期。

213.《经济学文摘》1988 年第 11 期、1989 年第 2 期、第 8 期、11 期、12 期摘发我的文章。

214. 计划与国家调节市场,《计划经济探索》1988 年第 4 期。

215. 论国家对市场的短期调节和长期调节,《贵州计划经济》1988 年第 4 期,与他人合作。

216. 谈企业相对硬预算约束,《经济理论与经济管理》1989 年第 1 期,与他人合作。

217. 收入分配体制的现实考察与对策设计,《经济研究》1989 年第 1 期,与他人合作。

218. 也谈全民所有制企业财产关系的内容与特征,《经济论坛》1988 年第 9 期,与他人合作。

219. 关于实行股份制的几个问题,《经济问题探索》1989 年第 3 期。

220. 关于建立“国家调节市场、市场引导企业”机制的思考,《辽宁经济计划研究》1988 年第 12 期。

221. 试论新经济运行机制下的国家组织行为科学化,《东岳论丛》1989 年第 1 期,与他人合作。

222. 制定产业政策的关键是选择主导产业,《新华文摘》1989 年第 4 期。

223. 面对挑战的深层次思考,《新华文摘》1989 年第 4 期,与他人合作。

224. 建立新的经济运行机制的若干问题,《改革》1989 年第 2 期,与他人合作。

225. 改革思路的评价与我们的主张,《经济学家》1989 年第 1 期,与他人合作。

226. 公有制与商品经济关系的新思考,《探索》1989 年第 1 期,与他人合作。

227. 略论建立新经济秩序,《江西社会科学》1989 年第 2 期。

228. 新的经济运行机制浅析,《新疆社会科学》1988 年第 5 期。

229. 国家调节市场的模式比较,《社会科学辑刊》1988 年第 5 期,与他人合作。

230.“国家调节市场、市场引导企业”的运行过程和作用原理,《江西社会科学》1988 年第 4 期,与他人合作。

231. 市场引导企业与市场新秩序形成，《改革与战略》1988 年第 6 期，与他人合作。

232. 谈企业意识，《企业经济》1989 年第 3 期，与他人合作。

233. 进一步完善投资体制的设想，《投资管理与研究》1989 年第 2 期，与他人合作。

234. 当代社会主义危机与《资本论》，《新思维辑刊》1989 年第 2 期，与他人的译文。

235. 略论物价与通货膨胀问题，《财金贸易》1989 年第 4 期。

236. 对“国家调节市场、市场引导企业”新机制的深层思考，《经济管理》1989 年第 3 期。

237. 对公有制的新理解，《理论内参》1989 年第 2 期。

238. 两头卡紧——滞胀的危机与对策，《现代企业导刊》1989 年第 3 期，与他人合作。

239. 论无序经济的摆脱与市场秩序的建立，《经济论坛》1989 年第 4 期。

240. 两难选择中的双向发展途径，《经济研究参考资料》1989 年第 17 期，与他人合作。

241. 也谈国家调节市场，《财经问题研究》1988 年第 10 期。

242. 收入分配体制的现实考察与对策设计，《湖北日报》1989 年 2 月 16 日，与他人合作。

243. 求实、求深的探索，《中国人民大学校报》1989 年 2 月 26 日。

244. 关于治理整顿秩序思路的探索，《人民日报》1988 年 12 月 19 日。

245. 面对挑战的深层次思考，《光明日报》1989 年 1 月 28 日，与他人合作。

246. 抑制需求和增加供给的关系，《人民日报》1988 年 11 月 7 日。

247. “脑体倒挂”：中国改革与发展的沉重翅膀，《亚太经济时报》1988 年 11 月 13 日，与他人合作。

248. 国家调节市场是复合性调节，《中国人民大学校报》1988 年 9 月 25 日，与他人合作。

249. 提高效率与社会公平，《经济参考报》1989 年 1 月 17 日，与他人合作。

250. 研究社会主义商品经济问题的新思路，《光明日报》1988 年 10 月 1 日，与他人合作。

251. 应对市场实行双向校正，《光明日报》1988年8月6日，与他人合作。

252. 认真研究经济滞胀现象，《经济日报》1989年1月3日，与他人合作。

253. 治理经济环境与消除总需求膨胀，《光明日报》1988年10月29日，与他人合作。

254. 关于试行股份制的几个问题，《光明日报》1989年1月2日。

255. 关于国家有效调节市场的思考，《经济参考报》1988年7月11日，与他人合作。

256. 国家调节市场是复合性总体调节，《人民日报》1988年8月26日，与他人合作。

257. 核心工作是抑制总需求，促进供求关系平衡发展，《北京日报》1988年10月14日。

258. 论建立新经济运行机制，《中国人民大学校报》1988年12月25日。

259. 究竟应该选择哪种货币政策，《金融时报》1988年4月29日。

260. 市场引导企业的总体考察，《经济参考报》1989年3月15日。

261. 也谈企业文化的内容，《企业文化报》1989年3月22日，与他人合作。

262. 关于净化成才环境的建议，《光明日报》1985年4月15日。

263.1988–1995年中国经济体制改革的改革规划，《计划经济研究》1988年第8期，我是课题组成员。

264. 小议国家调节市场的工具，《福建论坛》1988年第8期。

265. 是“完善和发展”还是“补课与退却”，《理论内参》1988年第10期，与他人合作。

266. 如何看待和处理国有企业职工的个人收入差距，《贵州财政会计》1988年第12期。

267. 管制并非治理通货膨胀的根本措施，《理论教育》1989年第2期，与他人合作。

268. 要重视和解决脑体收入倒挂的收入分配不公平问题，《活力》1989年第1期，与他人合作。

269. 从财贸领域看收入分配不公平问题，《大连财贸》1988年第10期，与他人合作。

270. 正确理解“国家调节市场、市场引导企业”的全部含义，《企业经济》

1988 年第 8 期。

271.“脑体倒挂”原因试析,《长白学刊》1989 年第 1 期。

272. 本报“1988 年理论研究述评”在美国引起有关专家关注,《光明日报》“情况反映”1989 年 4 月 3 日，我是该文作者之一。

273. 我国经济体制改革理论研讨会简报的第 4 期、17 期转发我的发言。此会 1988 年 10 月 5 日至 9 日在京召开。

274. 全国纪念十一届三中全会十周年理论研讨会简报第 5 期、12 期、26 期、32 期转发我的发言，此会 1988 年 12 月 18 日至 22 日在京召开。

275. 全国市场发育理论讨论会简报第 3 期、4 期、9 期转发我的发言，此会 1988 年 9 月 25 日至 27 日召开。

276. 对股份制问题的几点思考,《计划与管理》1989 年第 2 期。

277. 关于物资体制改革的若干思考,《吉林物资流通》1988 年第 5 期，与他人合作。

278. 论市场规则,《商业经济论坛》1988 年第 9 期，与他人合作。

279.“治理环境、整顿秩序、全面深化改革”方针的几个争论问题,《企业家》1989 年第 1 期。

280. 市场引导企业与市场新秩序形成,《湖北社会科学》1989 年第 1 期，与他人合作。

281. 论产业规模政策,《贵州社会科学》1988 年第 2 期。

282. 市场引导企业的总体考察,《财贸经济》1989 年第 1 期。

283. 也谈国家调节市场,《财经问题研究》1988 年第 10 期。

284. 略谈消费政策选择,《新长征》1988 年第 11 期。

285. 亚洲“四小龙”的宏观经济政策,《经济研究资料》1989 年第 5 期，与他人合作。

286. 收入分配不公的病源何在,《三不月刊》1989 年第 3 期。

287. 激发动力和平衡运行的经济机制,《中央财政金融学院学报》，1989 年第 5 期，与他人合作。

288. 计划与市场关系问题的探索与争鸣,《计划与管理》1990 年第 1 期。

289. 收入保障与收入公平化,《新疆计划经济研究》，1989 年第 3 期。

290. 目前中小企业的困境与出路,《山东经济》1989 年第 3 期。

291. 关于宏观调控问题的讨论，《贵州计划经济》1989 年第 3 期。

292. 试论通货膨胀下的收入补偿问题，《福建论坛》1989 年第 7 期。

293. 治理通货膨胀问题的四类方式及其选择，《理论与实践》1989 年第 4 期。

294. “国家调节市场，市场引导企业”问题讨论综述，《计划与市场研究》1989 年第 2 期。

295. 我国经济滞胀是一种“体制病”，《企业家》1989 年第 13 期。

296. 分配机制对总需求与总供给关系的调控，《中国人民大学学报》1989 年第 6 期。

297. 结构调整与产业结构政策，《贵州财经学院学报》1989 年第 4 期。

298. 竞争政策的系统分析，《经济学家》1989 年第 6 期。

299. 对收入保障制度的理论思考，《社会科学辑刊》1989 年第 4 期。

300. 坚持有计划商品经济的改革方向，《甘肃理论学刊》1990 年第 1 期。

301. 利益分配政策的系统分析，《江西社会科学》1990 年第 1 期。

302. 对公有制的新理解，《争鸣》1989 年第 4 期。

303. 论储蓄政策的内容，《经济研究》1990 年第 2 期。

304. 市场新秩序与新经济运行机制，《新长征》1989 年第 6 期，与他人合作。

305. 宏观经济政策要素的系统分析，《经济纵横》1990 年第 4 期。

306. 稳定物价和抑制通胀的座标选择，《现代企业导刊》1990 年第 3 期，与他人合作。

307. 市场结构政策与协调供求结构矛盾，《改革与战略》1989 年第 6 期。

308. 关于消费需求膨胀的几个问题，《消费经济》1990 年第 1 期，与他人合作。

309. 滞胀现象的理论分析与对策设计，《财贸经济》1989 年第 6 期，与他人合作。

310. 重要的供给推进政策：劳动增加政策，《天津社会科学》1990 年第 1 期。

311. 十年改革中计划与市场关系问题讨论评述，《教学与研究》1990 年第 1 期。

312. 谈谈我国经济生活中的滞胀现象，《金融与经济》1989 年第 5 期。

313. 走出通货膨胀的思考，《太原经济》1989 年第 5 期。

314. 宏观经济政策构成体系的系统分析，《江海学刊》1989 年第 6 期。

315. 宏观经济政策的作用过程,《新华文摘》1990 年第 1 期。

316. 生产资料公有制的几种形态,《新华文摘》1989 年第 10 期。

317. 对收入保障制度的理论思考,《新华文摘》1989 年第 11 期。

318. 企业财产关系的深层次思考,《学术月刊》1989 年第 4 期,与他人合作。

319. 论宏观经济政策的作用过程,《经济论坛》1989 年第 10 期。

320. 试论政府经济权力的变革,《中国工业经济研究》1990 年第 1 期。

321. 论消费需求膨胀,《理论教育》1989 年第 11 期。

322. 公平与效率是不同经济运行过程的原则,《改革》1989 年第 3 期,与他人合作。

323. 论治理总需求膨胀的供给调节措施,《经济体制改革》1990 年第 2 期。

324. 论总需求膨胀的治理方式,《财金贸易》1990 年第 4 期。

325. 重要的供给增加政策:资产增加政策,《社会科学辑刊》1990 年第 2 期。

326. 货币政策与总需求的抑制,《当代经济》1990 年第 1 期。

327. 不同经济成分间的收入分配不公问题,《新疆社科论坛》1990 年第 1 期。

328. 供求结构平衡与宏观分配结构政策,《东岳论丛》1990 年第 2 期。

329. 抑制投资需求膨胀与投资政策,《学术界》1990 年第 1 期。

330. 财政政策与抑制总需求膨胀,《河南财经学院学报》1990 年第 1 期。

331. 结构调整与产业结构政策,《贵州财经学院学报》1989 年第 4 期。

332. 建立经济运行的新秩序,《江西大学学报》1989 年增刊,与他人合作。

333. 宏观经济政策的作用取向及格局,《经济理论与经济管理》1989 年第 6 期。

334. 分配机制对经济利益关系的调整,《经济纵横》1989 年第 6 期。

335. 论亚洲四小龙的宏观经济政策,《云南财贸学院学报》1989 年第 2 期,与他人合作。

336. 股份制的争论热点,《经济研究参考资料》1989 年第 62 期,与他人合作。

337. 供求结构平衡与需求结构政策,《上海经济研究》1990 年第 1 期。

338. 产业组织政策的系统分析,《财经问题研究》1989 年第 12 期。

339. 消费政策与抑制总需求膨胀,《贵州社会科学》1990 年第 1 期。

340. 重要的生产力发展政策:科技政策,《生产力研究》1989 年第 6 期。

341. 谈我国目前经济困难的实质,《理论内参》1990 年第 1 期,与他人合作。

342. 社会主义经济体制改革理论基础的新探索,《经济学动态》1989 年第 12 期，与他人合作。

343. 宏观经济政策与体制建设,《政府法制》1990 年第 4 期。

344. 如何实现公有制与商品经济兼容,《改革与理论》1990 年第 5 期。

345. 投资膨胀的双向治理方式,《经济论坛》1990 年第 4 期。

346. 论完善和深化全民所有制经济改革,《天津社会科学》1990 年第 6 期。

347. 改革 · 开放 · 发展笔谈,《经济纵横》1990 年第 12 期。

348. 治理结构失衡的方式及措施,《中央财政金融学院学报》1990 年第 3 期。

349. 评对 234 户重点企业的“双保政策”,《理论内参》1990 年第 8 期，与他人合作。

350. 公有制与商品经济的内在要求,《江汉论坛》1990 年第 11 期。

351. 结构失衡与调整对策,《求索》1990 年第 3 期。

352. 在消费需求膨胀条件下促进经济发展,《理论探讨》1990 年第 3 期。

353. 论通货失衡的具体实现形式及危害,《学术论坛》1991 年第 2 期。

354. 关于财政失衡的两个问题,《争鸣》1990 年第 4 期。

355. 治理通货膨胀的三部曲,《学习与探索》1990 年第 5 期。

356. 应对结构失衡应进行双向调整,《光明日报》1990 年 12 月 15 日。

357. 社会主义经济体制比较通论评介,《光明日报》1990 年 6 月 23 日，与他人合作。

358. 加强改革理论的研究,《经济参考报》1991 年 4 月 10 日。

359. 对研究计划与市场相结合问题的几点设想,《经济日报》1990 年 5 月 8 日，与他人合作。

360. 对结构调整问题的几点思考,《经济日报》1990 年 7 月 3 日。

361. 完善和发展两权分离理论的几个问题,《经济参考报》1990 年 9 月 11 日。

362. 关于市场疲软问题的几点看法,《四川经济报》1990 年 6 月 22 日。

363. 如何看待储蓄巨额增加,《经济日报》1990 年 11 月 30 日。

364. 还是多争鸣而少下判决为好,《四川经济报》1990 年 12 月 27 日。

365. 围绕计划与市场相结合进行配套改革,《经济参考报》1991 年 1 月 15 日。

366. 提高劳动生产率的宏观与微观措施,《中国企业报》1990 年 11 月 19 日。

367. 在农业中建立双层次计划与市场相结合体制,《四川经济报》1990 年 9

月 6 日。

368. 走出困境的选择：提高劳动生产率，《四川经济报》1990 年 10 月 23 日。

369. 对结构失衡要进行双向调整，《经济参考报》1991 年 1 月 20 日。

370.《光明日报》1991 年 7 月 6 日、《北京日报》1991 年 7 月 4 日、《人民日报》1991 年 7 月 6 日，刊登我的发言。

371. 对建立计划与市场相结合体制的设想，《福建论坛》1991 年第 4 期。

372. 论公有制企业的预算约束，《福建论坛》1990 年第 9 期。

373. 治理财政赤字的方式及措施，《湖北社会科学》1990 年第 7 期。

374. 通货膨胀形成原因的系统分析，《湖南社会科学》1990 年第 3 期。

375. 财政赤字的形成机理及过程，《云南财贸学院学报》1990 年第 2 期。

376. 论我国所有制体制改革方向，《理论教育》1990 年第 10 期。

377. 财政失衡的可能性及财政失衡的典型形式，《社会科学探索》1990 年第 2 期。

378. 社会主义初级阶段经济制度与经济体制改革，《改革与理论》1991 年第 1 期。

379. 锲而不舍，不断追求，《研究生时代》1990 年第 4 期。

380. 建立双层次的计划与市场相结合体制，《经济理论与经济管理》1991 年第 1 期。

381. 宏观经济政策的内在性及形成基础，《学术月刊》1990 年第 6 期。

382. 试析我国现阶段所有制构成体系的互补性与矛盾，《高校社会科学》1990 年第 4 期。

383. 所有制改革的方向辨析，《教学与研究》1990 年第 5 期。

384. 宏观控制与政府权力转换，《现代企业导刊》1990 年第 9 期。

385. 关于计划经济与市场调节问题的探讨，《农业经济问题》1990 年第 8 期。

386. 关于发展个体及私营经济的几个问题，《中国工业经济研究》1990 年第 6 期。

387. 经济失衡与失衡经济学，《经济学动态》1990 年第 7 期。

388. 论治理总需求膨胀的需求调节措施，《社会科学》1990 年第 5 期。

389. 关于计划与市场调节相结合的讨论，《求是》1990 年第 12 期。

390. 如何在总量失衡下促进经济发展，《探索》1990 年第 4 期。

391. 论双向投资膨胀,《社会科学》1990年第4期。

392. 通货失衡的两个理论问题,《中国人民大学学报》1990年第6期。

393. 改革和完善集体所有制的几个问题,《天府新论》1990年第6期。

394. 论结构失衡的实质及易发性,《求索》1991年第1期。

395. 通货失衡分析,《高等学校文科学报文摘》1991年第2期。

396. 总量失衡的危害及其在社会主义条件下的典型形式,《中州学刊》1990年第3期。

397. 宏观经济政策的选择及其使用,《管理世界》1990年第2期。

398. 经济机制与经济体制改革的深化,《东岳论丛》1991年第2期。

399. 论双向消费膨胀,《南京社会科学》1990年第3期。

400. 论结构失衡的形成机理及过程,《湖南金融职工大学学报》1990年第2期。

401. 论投资失衡与消费失衡,《兰州学刊》1990年第4期。

402. 以产业组织创新实现产业结构调整,《云南社会科学》1990年第3期。

403. 总量调节与收入分配政策,《河南财经学院学报》1990年第3期。

404. 论总量失衡的实质及经济含义,《学术论坛》1990年第3期。

405. 收入保障制度刍议,《新华文摘》1990年第4期。

406. 总需求膨胀形成机理及过程的理论探讨,《社会科学战线》1990年第3期。

407. 宏观经济政策要素的系统分析,《新华文摘》1990年第7期。

408. 论商品经济分配原则与公有制分配原则,《江海学刊》1990年第6期。

409. 投资中的计划与市场相结合,《财经问题研究》1991年第6期。

410. 从经济职能看中央政府与地方政府的关系,《现代企业导刊》1991年第11期。

411. 计划与市场相结合的地位及其功能,《湖北社会科学》1991年第9期。

412. 计划与市场相结合的特殊性与矛盾性,《中央财金学院学报》1991年第3期。

413. 金融体制中的计划与市场相结合,《当代经济科学》1991年第3期。

414. 分配机制对总供给与总需求关系的调控,《中国人民大学学报》1989年第6期。

415. 关于计划与市场相结合的两个问题,《湖南金融职工大学学报》1991年第2期。

416. 论国有企业与国家之间的财产关系,《云南社会科学》1991年第6期。

417. 对提高劳动生产率的几点新思考,《社会科学辑刊》1991年第3期。

418. 论公有企业与非公有企业之间的兼并,《天津社会科学》1991年第4期。

419. 要十分重视经济分析中的结构分析,《银行与企业》1991年第4期。

420. 论农业中的计划与市场相结合,《经济学家》1991年第5期。

421. 论公有制企业与非公有制企业的股份制,《争鸣》1991年第5期。

422. 微观投资市场性与宏观投资计划性的有机结合,《高校文科学报文摘》1991年第5期。

423. 市场经济纵横谈,《前进》1992年第4期

424. 新的改革时期的新战略,《中国金融》1992年第9期。

425. 选择符合中国国情的市场经济模式,《理论参考》1992年第21期。

426. 微观经济运行不可缺少的两大主体:农民与居民,《理论内参》1992年第9期。

427. 在搞活企业问题上思想再解放一点,《改革月报》1992年第7期。

428. 抓住有利时机,加快新体制的建立,《教学与研究》1992年第4期,与他人合作。

429. 谈公有经济与商品经济的兼容,《农业经济问题》1992年第1期。

430. 魅力在于理论性,《经济文献信息》1992年第1期。

431. 公有制企业与非公有制企业的矛盾及其调节,《甘肃社会科学》1992年第1期。

432. 中国宏观经济变动趋向分析,《湖南金融职工大学学报》1992年第1期。

433. 公有经济与非公有经济的地位与关系,《学术论坛》1992年第3期。

434. 我国微观经济的新格局,《学术论丛》1992年第4期。

435. 公有制企业与非公有制企业的矛盾分析,《山西经济管理学院》1992年第2期。

436. 经济体制改革与欠发达地区的发展问题,《菏泽党校学刊》1992年第1期。

437. 新的改革时期与新的改革战略,《前进》1992年第1期。

438. 关于居民储蓄的几个基本问题,《中国金融》1992年第5期。

439. 新的改革时期的新战略,《经济研究》1992年第5期。

440. 按照市场经济要求改革政府体制,《中国工业经济研究》1993年第2期,与他人合作。

441. 中国改革攻坚,《佛山研究》1994年第1期。

442. 我国居民储蓄的几个问题,《城市金融》1994年第8期, 与他人合作。

443. 当前经济形势与宏观调控,《经济消息》1994年3月6日。

444. 市场经济与多种经济成分并存,《知识界》1994年第1期。

445. 94年经济形势走向取决于加快改革,《当代经济研究》1994年第1期。

446. 公司与企业、公司制与股份制的异同,《学习与研究》1994年第7期。

447. 关于国有经济改革的几个问题,《党校科研信息》1994年第14期。

448. 关于国有经济改革的两个问题,《中国国情国力》1994年第9期。

449. 论公有制的生产要素流动,《企业活力》1994第12期。

450. 必须注重中央与地方的两个积极性,《生产力研究》1994年第3期。

451. 寻求中国经济的振兴之路,《新视野》1994年第2期。

452. 跨世纪的冲刺,《佛山研究》1994年第2期。

453. 1994年经济发展预测,《宏观经济管理》1994年第4期。

454. 下半年改革怎样迈大步,《中国青年》1994年第6期。

455. 找准突破口, 再创佛山辉煌,《佛山研究》1994年第3期。

456. 经济发展与道德进步,《青年研究》1994年第2期。

457. 如何在经济发展中反腐败,《人民中国》日文版1994年第4期。

458. 如何加强对消费文化的研究和引导,《消费经济》1994年第6期。

459. 关于建立市场经济体制的几个问题,《湖南金融职工大学学报》1994年第4期。

460. 神州学人评价,《神州学人》1994年第12期。

461. 关于国有经济改革的两个问题,《中国国情国力》1994年第9期。

462. 评“一租、二卖、三变、四改”,《上海改革》1994年第9期。

463. 渐进式改革与双轨价,《前进》1994年第6期。

464. 新二元经济及其协调,《前进》1994年第9期。

465. 当前宏观经济中的几个问题,《改革与理论》1994年第5期。

466. 社会主义市场经济的三个基本问题,《轻工标准与质量》1994 年第 1 期。

467. 攻坚阶段的抉择,《中外房地产导刊》1994 的第 40 期。

468. 维护私产就是维护稳定,《星光》1994 年第 5 期。

469. 企业改革年要解决的五个问题,《改革月报》1994 年第 12 期。

470. 广东创新优势的几个问题,《广东经济》1994 年第 5 期。

471. 通胀现象的矛盾,《党校论坛》1993 年第 8 期。

472. 当前我国经济中的主要问题及走势,《生产力之声》1993 年第 9 期。

473. 对宏观经济运行状态的深层剖析,《经济体制改革内参》1993 年第 1 期。

474. 市场经济与国有经济体制改革,《福建论坛》1993 年第 1 期。

475. 市场经济与社会主义经济理论的发展,《经济理论与经济管理》1993 年第 1 期,与他人合作。

476. 市场经济与公有制体制改革,《经济研究》1993 年第 3 期,与他人合作。

477. 市场经济与投资体制变革,《投资导刊》1993 年第 5 期。

478. 一定要抓住主要问题,《内部文稿》1993 年第 13 期。

479. 政府主导型市场经济模式的选择,《学术月刊》1993 年第 5 期。

480. 市场经济与金融体制的变革,《财贸经济》1993 年第 2 期。

481. 市场经济与农业体制变革之二,《理论界》1993 年第 2 期。

482. 市场经济与宏观调控体制变革,《中国金融》1993 年第 1 期。

483. 北京市青年研究会第四届委员名单,《北京青年工作研究》1993 年第 3 期。

484. 解决通货膨胀问题的关键在于深化改革,《中央财金学院学报》1993 年第 7 期。

485. 政府规模缩小与国有经济体制改革,《中国物资经济》1993 年第 5 期。

486. 市场经济与投资体制改革,《经济纵横》1993 年第 1 期。

487. 怎样认识经纪人的地位与作用,《学习与研究》1993 年第 14 期。

488. 收入分配体制的市场化,《理论界》1993 年第 4 期。

489. 市场经济与农业体制改革之一,《理论界》1993 年第 1 期。

490. 社会主义市场经济百词解说,《人民论坛》1993 年第 1 期。

491. 市场经济与收入分配体制,《江汉论坛》1993 年第 3 期。

492. 通货膨胀的一种矛盾现象,《党校论坛》1993 年第 9 期。

493. 当前经济问题的症结在哪里,《前进》1993 年第 8 期。

494. 市场经济与税务改革,《北京税务》1993 年第 1 期。

495. 市场经济与金融体制改革,《社会科学辑刊》1993 年第 3 期。

496. 论市场经济与政府体制改革,《经济师》1993 年第 3 期。

497. 推进国有企业产权制度改革的前提剖析,《现代企业导刊》1993 第 7 期。

498. 区分两种不正当竞争行为,《中国工商管理研究》1993 年第 11 期。

499. 对市场经济与计划经济的再认识,《中国社会科学》1993 年第 2 期,与他人合作。

500. 国有企业经营机制转变的两个前提条件,《中国人民大学学报》1993 年第 4 期。

501. 市场经济笔谈,《管理世界》1993 年第 1 期。

502. 中国人民大学经济学家介绍,《中国人民大学学报》1993 年第 3 期。

503. 居民经济行为的系统分析,《中州学刊》1993 年第 2 期。

504. 企业负担与现代企业制度,《开放潮》1995 年第 2 期。

505. 金融改革要闯“五关”,《江海侨声》1995 年第 2 期。

506. 国企改革的关键是思想要解放,《欧中经贸》1995 年第 4 期。

507. 两岸经贸合作策略与前景,《变迁中的两岸经贸关系》1993 年第 3 期。

508. 世界著名经济论著专栏,《环球企业家》1993 年第 3 期。

509. 如何判断当前通货膨胀形势,《经济导刊》1993 年第 25 期。

510. 中央政府应当先改善职能而后加强管理,《金三角》1993 年第 3 期。

511. 今年下半年和明年初改革态势的基本估计,《现代企业导刊》1995 年第 17 期。

512. 国企改革地方尝试极具借鉴价值,《华声月报》1995 年第 4 期。

513. 对我国近期改革的几点基本估计,《南方经济》1995 年第 10 期。

514. 魏杰等谈中国证券及期货市场,《特区理论与实践》1995 年第 9 期。

515. 中国中青年专家展望《九五》荆棘,《欧中经贸》1995 年第 12 期。

516. 京城权威人大咨政,《现代画报》1995 年第 1 期。

517. 革除均等化:收入分配体制改革的重点,《西部高新科技》1995 年第 3 期。

518. 理顺收入分配关系是基础,《中国社会保障》1995 年第 8 期。

519. 对奇症下良药,《市场经济导报》1995 年第 2 期。
520. 农村市场经济发展的三个问题,《现代金融导刊》1995 年第 1 期。
521. 市场经济与报业发展,《新闻建设》1995 年第 2 期。
522. 关于深化国企改革的五个关键问题,《经济纵横》1995 年第 5 期。
523. 农村经济发展的两个战略问题,《经济纵横》1995 年第 10 期。
524. 中国潜在的十大经济问题,《经济与信息》1995 年第 4 期。
525.《九五》期间财政形势不容乐观,《财贸经济》1995 年第 12 期。
526. 当前证券市场急需研究的几个问题,《党校科研信息》1995 年第 14 期。
527. 企业负担与现代企业制度,《经济改革与发展》1995 年第 1 期。
528. 关于国有企业市场化的几个问题（一）,《理论导刊》1995 年第 10 期。
529. 关于国有企业市场化的几个问题（二）,《理论导刊》1995 年第 11 期。
530. 国有经济：范围不必太大,《改革内参》1995 年第 7 期。
531. 尽快建立市场规则,《高校文科学报文摘》,1995 年第 2 期。
532. 对症而下药,《广东社会科学》1995 年第 3 期。
533. 国有企业市场化问题,《管理世界》1995 年第 6 期。
534. 中国市场经济体制的完善与经济发展,《管理世界》1995 年第 1 期。
535. “九五”时期消费品市场态势,《发展论坛》1996 年第 4 期。
536. 论完善市场组织,《学习与实践》1996 年第 3 期。
537. 1996 年中国经济体制改革前瞻,《经济纵横》1996 年第 3 期。
538. 经济学教材要做到四个面向,《教学与教材研究》1996 年第 2 期。
539. 关于政府体制改革的几点断想,《经济界》1996 年第 1 期。
540. 加快发展山区经济,《开发研究》1996 年第 2 期。
541. 解决国有企业债务负担的几点想法,《城市金融论坛》1996 年第 3 期。
542. 土地资源可持续利用：另一种审视,《中国土地》1996 年第 2 期。
543. 加快发展山区经济的深层思考,《经济论坛》1996 年第 3 期。
544. 北京四学者莅禅“侃”经济走势,《探求》1996 年第 1 期。
545. 加快我国行政管理体制改革,《特区理论与实践》1996 年第 3 期。
546. 解决问题需要新思路,《企业活力》1996 年第 4 期。
547. 推进中国农村经济市场化的几个问题,《经济纵横》1996 年第 2 期。
548. 谈 1996 年中国市场与资本,《宝安风》1996 年第 5 期。

549. 用制度卡住腐败，《改革内参》1996年第4期。

550. 市场经济与投资体制改革，《中国工商管理》1993年第3期。

551. 1995年经济形势回顾与1996年经济改革前瞻，《价格理论与实践》1996年第1期。

552. 解决问题要有新思路，《前进》1996年第3期。

553. 腐败的温床在哪里，《改革内参》1996年第3期。

554. 关于政府体制改革的几点断想，《福建论坛》1996年第4期。

555. 关于当前经济改革中的几个问题，《东岳论丛》1996年第2期，与他人合作。

556. 国有企业改革的几个问题，《学术界》1996年第1期。

557. 深化经济体制改革，转变经济增长方式，《管理世界》1996年第1期。

558. 新的路径，《宏观经济形势分析》1996年第3期。

559. 多元化经营：运行偏差及矫正，《学术界》1996年第6期，与他人合作。

560. 关于财产关系、产权及国有企业改革的几个理论问题，《管理世界》1996年第5期，与他人合作。

561. 坚决消除经济失信现象，《新华文摘》1994年第10期。

562. 中国资本市场发育中的缺陷及其基本架构选择，《新华文摘》1996年第12期。

563. 政府经济职能及中央与地方的经济关系，《江海学刊》1992年第1期。

564. 论我国投资基金的完善，《高校文科学报文摘》1996年第4期，与他人合作。

565. 实现国有企业与非国有企业之间的有效竞争，《经济改革》1996年第5期，与他人合作。

566. 中国山区经济发展存在的问题及对策，《嘉应大学学报》，1996年第2期。

567. 全方位转变经济增长方式，《改革与战略》1996年第6期，与他人合作。

568. 造就真正的企业家阶层，《江西社会科学》1996年第10期，与他人合作。

569. 解决问题的新思路，《学术研究》1996年第4期。

570. 解决问题要靠非规范办法，《经济管理文摘》1996年第14期。

571. 按照市场经济要求改革政府体制，《中国工业经济研究》1993年第2期，与他人合作。

572. 大中型国有企业改革研讨会综述,《中国特色社会主义研究》1996 年第 5 期。

573. 市场态势与企业对策,《湖南经济》1996 年第 4 期。

574. 外资进入大陆趋向分析,《湖南经济》1996 年第 12 期。

575. 必须重视中央与地方的两个积极性,《生产力研究》1994 年第 3 期。

576.《现代企业创新》评价,《经济学动态》1996 年第 7 期。

577. 新问题需要有新路径,《企业活力》1996 年第 4 期。

578. 论公有制经济的生产要素流动,《企业活力》1994 年第 12 期,与他人合作。

579. 国有企业并购中的障碍及其对策,《内部参考》1996 年第 96 期。

580. "九五"期间我国市场发展态势,《经济与信息》1996 年第 5 期。

581. 利息下降对中国经济的影响,《经济与信息》1996 年第 10 期,与他人合作。

582. 宏观经济政策的重点定位,《财贸经济》,1996 年第 12 期,与他人合作。

583. 我国市场变化的新态势,《经济问题》1996 年第 6 期。

584. 中国资本市场发育中的缺陷及基本框架选择(上),《经济师》1996 年第 7 期,与他人合作。

585. 中国资本市场发育中的缺陷及其基本框架选择(下),《经济师》1996 年第 8 期,与他人合作。

586. 加快金融改革应解决三个问题,《投资文苑》1996 年第 2 期。

587. 国有企业投资失误与国有企业亏损,《经济研究参考资料》,1996 年 18 期,与他人合作。

588. 有效需求不足:宏观经济运行新形势,《价格理论与实践》1996 年第 12 期。

589. 浅谈大型国有企业的改革,《瞭望》1996 年第 36 期。

590. 如何看待外资投资及其影响,《瞭望》1996 年第 41 期。

591. 我国商品市场将出现新变化,《改革内参》1996 年第 17 期。

592. 经济学讨论不需要"裁判",更不需要"奏折学者",《改革内参》1996 年第 18 期。

593. 论居民投资权益(上),《现代金融导刊》1996 年第 2 期,与他人合作。

594. 论居民投资权益（下），《现代金融导刊》1996 年第 2 期，与他人合作。

595. 关于收入保障制度的思考，《新视野》1996 年第 6 期，与他人合作。

596. 关于国有企业的分配原则，《体改纵横》1996 年第 5 期，与他人合作。

597. 刺激有效需求，《福建论坛》1996 年第 12 期，与他人合作。

598. 论国有企业的内部组织结构，《学习与实践》1996 年第 9 期。

599. 投资失误与国有企业亏损，《现代企业导刊》1996 年第 11 期 .

600. 论产权关系与内部人控制，《经济学家》1996 年第 5 期，与他人合作。

601. 加快发展山区经济，《开发研究》1996 年第 2 期，与他人合作。

602. “九五”时期消费品市场态势，《发展论坛》1996 年第 4 期。

603. 企业多元化经营的运作偏差及矫正，《河北企业家》1996 年第 12 期。

604. “长虹模式”一席谈，《国有资产管理》1996 年第 11 期。

605. “椰风”经验与国有企业改革和发展，《国有资产管理》1996 年第 12 期。

606. 收入分配市场化进程中的“新病”及其诊治，《南方经济》1996 年第 8 期，与他人合作。

607. 国有企业所有者行为规范及其合理性，《经济与金融》1996 年第 6 期，与他人合作。

608. 资产重组：推动国有经济发展的第三级火箭，《改革内参》1997 年第 4 期。

609. 国有产权中的利益主体问题，《经济工作者学习资料》1997 年第 75 期，与他人合作。

610. 我国企业与希腊经济合作应注意的问题，《内参选编》1997 年第 45 期。

611. 资产重组：国有经济发展的新动力，《内部参考》1997 年第 39 期。

612. 这不是区分姓不姓社的标准，《特供信息》1997 年第 44 期。

613. 重复建设：病根子在于国有制，《特供信息》1997 年第 23 期。

614. 关于建立社会主义市场经济体制的问题，《理论参阅》1993 年第 3 期。

615.《经济研究参考资料》1997 年第 5 期、15 期、25 期摘登我的有关文摘。

616. 认真解决关系改革和发展的重大问题，《管理世界》1997 年第 1 期。

617. 学术争论需要好的论坛，《学术月刊》1997 年第 1 期。

618. 对发挥企业家作用的再认识，《学术月刊》1997 年第 2 期，与他人合作。

619. 资产重组中大企业集团的作用，《社会科学辑刊》1997 年第 4 期。

620. 国有资产形态的多元化与国有资产管理模式的多样化,《管理世界》1997年第5期，与他人合作。

621. 用股份制经济重塑国有企业与国有资产管理体制,《改革与战略》1997年第5期，与他人合作。

622. 产融结合的体制基础,《财经科学》1997年第5期。

623. 国有企业的产权制度改革,《1996—1997年宏观经济分析》1997年1月10日。

624. 中国经济增长三大要素拉力弱化探因,《社会科学战线》1997年第3期，与他人合作。

625. 重庆发展战略的几点看法,《重庆经济社会发展战略研究》1997年3月15日。

626. 中国民营企业发展思路探析,《佛山研究》1997年第2期。

627. 六大经济学家谈“港澳”观点综述,《八面来风》1997年第5期。

628. 资产重组与大企业集团的作用,《经济改革与发展》1997年第5期。

629. 资产重组中的实践与政策,《江苏企业管理》1997年第7期。

630. 挣脱束缚，突破观念,《金花》1997年第9期。

631. 中国民营经济发展的机遇已经来临,《佛山研究》1997年第6期。

632. 中国资产重组的类型,《经济改革与发展》1997年第12期。

633. 政府在资产重组中的作用,《改革纵横》1997年第4期。

634. 更新观念，促进经济发展,《佛山研究》1997年第5期。

635. 资产重组的类型分析,《前进》1997年第9期。与他人合作。

636. 多元化经营：运作偏差与矫正,《中央财经大学学报》1997年第1期，与他人合作。

637. 国有企业收入的分配关系之争论,《体改纵横》1997年第1期。

638. 对发挥企业家作用的再认识,《山东经济》1997年第1期。

639. 中国下一个经济增长热点的基础在于农村市场,《经济与信息》1997年第1期。

640. 放开国有小型企业的若干思考,《经济问题》1997年第1期，与他人合作。

641. 关于国有经济结构调整中的十个争论问题,《财贸经济》1997年第2期，与他人合作。

642. 国有资产存量重组中的增量问题,《上海经济研究》1997 年第 2 期。

643. 股份经济的功能及其在国有资产改革中的运用,《资产与产权》1997 年第 10 期。

644. 关于放开国有小型企业的若干思考,《经济学动态》1997 年第 3 期，与他人合作。

645. 对资产重组的几点看法,《纺织财会》1997 年增刊。

646. 谈资本经营,《前进》1997 年第 12 期。

647. 进一步推进股份制的必要性与条件,《支部生活》1997 年第 12 期。

648. 国有资产重组的意义及其两种形式,《探索与求是》1997 年第 3 期。

649. 走出国企投资误区,《青海经济研究》1997 年第 2 期。

650. 国有企业资本金不足状况分析,《企业活力》1997 年第 1 期，与他人合作。

651. 为股份制改革创造条件,《广东财政》1997 年第 11 期。

652. 构建国有产权监督机制的若干问题分析,《资产与产权》1997 年第 2 期。

653. 加快国有经济的资产重组,《国有资产管理》1997 年第 1 期。

654. 国有经济功能的全面认识,《国有资产管理》1997 年第 2 期。

655. 在邓小平理论指导下推动我国开放大业,《国有资产管理》1997 年第 3 期。

656. 资产重组过程中的剥离费用问题,《国有资产管理》1997 年第 3 期，与他人合作。

657. 国有资产监管中应加强的两大环节,《国有资产管理》1997 年第 4 期。

658. 应注重对资产重组案例的分析,《国有资产管理》1997 年第 5 期。

659. 产权分析法与利益关系分析法,《国有资产管理》1997 年第 6 期。

660. 国资管理要注重国资形态的变化,《国有资产管理》1997 年第 7 期。

661. 当前国有经济改革中的利益主体分析,《国有资产管理》1997 年第 7 期。

662. 注重探索国有资产评估中的各种新问题,《国有资产管理》1997 年第 8 期。

663. 中国资产重组的类型,《国有资产管理》1997 年第 9 期。

664. 大力推进国有经济的战略性重组,《国有资产管理》1997 年第 10 期。

665. 国有产权中的利益主体问题,《国有资产管理》1997 年第 10 期。

666. 积极探索公有制的各种实现形式,《国有资产管理》1997 年第 11 期。

667. 十五大后企业应实现五大转变,《国有资产管理》1997 年第 12 期。

668. 转变国企融资方式，扩宽国企资金来源,《国有资产管理》1997 年第 12 期。

669. 广东国资增值的经验应该总结,《国有资产管理》1997 年增刊。

670. 扎根于实践的沃土,《前线》1997 年第 1 期。

671. 论国有企业负担问题,《开发研究》1997 年第 1 期，与他人合作。

672. 发展公共产品，刺激市场需求,《金融与经济》1997 年第 7 期，与他人合作。

673. 产权整合中的障碍与对策,《开发区导刊》1997 年第 1 期。

674. 中国经济理论队伍后浪推前浪,《方法》1997 年第 9 期。

675. 有无市场是企业兴衰的关键,《沿海新潮》1997 年第 2 期。

676. 再谈企业家问题,《资产管理与评估》1997 年第 4 期，与他人合作。

677. 论国企重组问题,《企业改革与管理》1997 年第 10 期。

678. 开拓农村市场、培育新的经济增长点,《经济论坛》1997 年第 2 期，与他人合作。

679. 走出国资改革的误区,《沿海经济》1997 年第 9 期，与他人合作。

680. 企业改革与资本市场发育,《理论前沿》1997 年第 12 期。

681. 国有企业投资失误与国有企业亏损面增大,《理论前沿》1997 年第 2 期。

682. 企业应当重视对宏观经济预期的研究,《理论前沿》1997 年第 9 期，与他人合作。

683. 探索公有制的有效实现形式,《理论前沿》1997 年第 20 期。

684. 论我国公共产品准商业化经营,《江苏经济》1997 年第 6 期，与他人合作。

685. 资产何以难重组,《中国改革》1997 年第 3 期。

686. 国有企业规模结构：一个沉重的话题,《中国改革》1997 年第 5 期，与他人合作。

687. 规模经济与大集团战略,《前线》1997 年第 2 期，与他人合作。

688. 关于国有资产管理模式选择的思考,《特区经济与实践》1997 年第 7 期，与他人合作。

689. 推行股份制的目的及条件,《特区理论与实践》1997年第12期。

690. 论资产重组的推动作用,《开放潮》1997年第6期。

691. 国有资产重组中的增量与剥离费用,《中国期货》1997年第3期。

692. 变革时期中的中国经济学,《经济学家》1997年第3期。

693. 九三年中国股市展望,《中国财经报》1993年4月20日。

694. 微观经济研讨,《工人日报》1992年12月4日。

695. 人大经济系教学科研面向经济建设,《北京日报》1992年9月7日。

696. 发展市场经济的战略思考,《北京日报》1992年11月10日。

697. 产学研合作,《北京青年报》1992年11月15日。

698. 专家学者为改革发展和振兴财政鼓与呼,《中国财经报》1992年7月4日。

699. 按照市场经济要求深化改革,《中国财经报》1992年9月26日。

700. 专家再评冷热,问调控有何良方,《经济日报》1993年7月6日。

701. 国有企业如何减亏,《中国经营报》1993年6月18日。

702. 非国有经济不能安于“拾遗补缺”,《现代人报》1992年12月15日。

703. 按照市场经济要求加快改革步伐,《中国人民大学学报》1992年11月15日。

704. 根植于实践的沃土,《中国教育报》1991年11月8日。

705. 陕西要用新体制救老企业,《陕西日报》1992年11月4日。

706. 确立市场经济的改革趋向,《工人日报》1992年7月24日。

707. 千方百计促进企业技术进步,《人民日报》1992年2月26日。

708. 中国经济体制改革的中心环节——政府改革,《侨报》1994年11月11日。

709. 改革的步子迈得再大一点,《经济日报》1992年4月14日,与他人合作。

710. 评政治经济学原理,《光明日报》1992年11月14日。

711. 论市场经济与国有经济体制改革,《电子商报》1993年5月25日、28日,6月1日、4日、8日连载。

712. 陕西经济的出路,《陕西工人报》1992年10月29日。

713. 深化改革遏制投资需求,《市场经济导报》1993年7月19日。

714. 必须进行总体体制的改革,《首都经济信息报》1993 年 6 月 21 日。

715. 300 万字的背后,《中国青年报》1993 年 2 月 23 日。

716. 把政府挤出经济领域,《香港联合报》1993 年 10 月 1 日。

717. 按照市场经济重塑国家与企业的关系,《大众日报》1993 年 4 月 13 日。

718. 人大助中青年学者成长,《北京日报》1993 年 5 月 26 日。

719. 深层次原因还在于体制,《工商时报》1993 年 6 月 21 日。

720. 全面改革国有制经济体制,《光明日报》1993 年 7 月 27 日。

721. 怎样认识当前经济生活中的问题,《经济日报》1993 年 6 月 18 日。

722. 魏杰的“爹论”与改革核心说,《合肥晚报》1993 年 12 月 12 日。

723. 经改需把权力挤出金融领域,《香港联合报》1993 年 6 月 23 日。

724. 不是通货膨胀而是通货腐败,《香港商报》1993 年 5 月 16 日。

725. 关于腐败的断想,《中国青年报》1993 年 12 月 21 日。

726. 民营经济是基础,国有经济是主导,《首都经济信息报》1993 年 2 月 19 日。

727. 社会主义市场经济的道德观念与价值取向,《光明日报》1993 年 3 月 4 日。

728. 证券市场要有大发展,《上海证券报》1993 年 10 月 9 日。

729. 外商投资需作战略调整,《广州日报》1993 年 8 月 15 日。

730. 专家学者论扭亏,《 经济日报》1993 年 5 月 21 日。

731. 速度需要消费支持,《经济日报》1993 年 1 月 9 日。

732. 通货膨胀与通货腐败,《中国人才报》1993 年 7 月 25 日。

733. 市场经济与政府体制改革,《广州日报》1993 年 2 月 16 日。

734. 寻找新思路,《南德视界》1993 年 3 月 28 日。

735. 人民大学经济学理论新走向,《北京日报》1993 年 6 月 9 日。

736. 抑制通货腐败,《南方周末》1993 年 7 月 2 日。

737. 生活并非别无选择,《中国青年报》1993 年 6 月 13 日。

738. 缓解资金约束,保持增长,《南德视界》1993 年 7 月 8 日。

739. 利益是推动发展的动力,《朝日新闻》1993 年 8 月 31 日,日文版。

740. 社会主义市场经济理论研究在深入,《经济日报》1993 年 6 月 11 日。

741. 首届企业家论坛论文评选,《光明日报》1993 年 6 月 22 日。

742. 建立新的产权制度刻不容缓,《公共关系导报》1993 年 10 月 30 日。

743. 小康之路,《东阳报》1993 年 5 月 22 日。

744. 在现有金融体制上不能建立真正的商业银行,《粤港信息日报》1993 年 12 月 19 日。

745. 区域发展大计,《佛山日报》1993 年 12 月 15 日。

746. 稳步协调国家与企业的关系,《光明日报》1991 年 12 月 15 日。

747. 解除双重约束, 还权国有企业,《经济参考报》1991 年 7 月 2 日。

748. 论市场经济条件下的财政,《四川经济报》1993 年 2 月 28 日、3 月 3 日、3 月 10 日连载。

749. 坚决消除经济失信现象,《光明日报》1994 年 8 月 19 日。

750. 经济走势评述,《中国物资报》1994 年 6 月 1 日。

751. 也谈权钱交易,《太原日报》1994 年 5 月 15 日。

752. 选准方位而突围,《亚太经济时报》1994 年 5 月 22 日。

753. 入黔献妙策,《现代人报》1994 年 4 月 27 日。

754. 94 年改革下半年怎样迈大步,《沿江时报》1994 年 7 月 1 日。

755. 华南经济中心在广州,《大公报》1994 年 9 月 28 日。

756. 让收入充分市场化,《中国市场经济报》1994 年 11 月 3 日。

757. 果真是“老虎屁股”,《信息时报》1994 年 10 月 14 日。

758. 渐进式改革及其战略突破,《浙江经济报》1994 年 6 月 21 日。

759. 信誉高于一切,《经济日报》1994 年 7 月 20 日。

760. 国有经济应在系统改革中发展,《光明日报》1994 年 8 月 5 日。

761. 要加大放权促改革,《香港经济日报》1994 年 11 月 17 日。

762. 94 年改革的回顾与 95 年改革的展望,《亚太经济时报》1994 年 10 月 30 日。

763. 渐进式改革的变革,《中国财经报》1994 年 6 月 21 日。

764. 失信已侵蚀社会各个层面,《公共关系导报》1994 年 2 月 26 日。

765. 中国经济体制改革与发展,《东方晨报》1994 年 5 月 10 日。

766. 论试点与政策差异,《经济参考报》1994 年 5 月 24 日。

767. 论压缩投资规模,《工人日报》1994 年 5 月 27 日。

768. 谈我国融资方式的选择,《工人日报》1994 年 3 月 25 日。

769. 市场经济与历史包袱,《羊城晚报》1994 年 2 月 2 日。

770. 经济改革中应该注意的几个问题,《经济日报》1994 年 2 月 22 日。

771. 进一步发展乡镇企业,《经济日报》1994 年 7 月 12 日。

772. 租、卖、变、改国有企业,《合肥晚报》1994 年 2 月 27 日。

773. 要保障居民的投资权益,《广州日报》1994 年 4 月 25 日。

774. 消费品升级及难度,《亚太经济时报》1994 年 6 月 12 日。

775. 再论通货膨胀与通货腐败,《合肥晚报》1994 年 3 月 20 日。

776. 改革也要多元化,《现代人报》1994 年 2 月 16 日。

777. 改革怎样抓住历史每一瞬间,《亚太经济时报》1994 年 1 月 13 日。

778. 公款吃喝为什么管不住,《中国青年报》1994 年 1 月 4 日。

779. 也谈大陆目前的价格问题,《香港联合报》1994 年 12 月 27 日。

780. 论佛山发展模式,《南方周末》1994 年 5 月 6 日。

781. 居民、银行、国有企业信用关系分析,《中华工商时报》1994 年 3 月 24 日。

782. 攻坚还需努力,《中华工商时报》1994 年 4 月 20 日。

783. 改革如何配套,《广州日报》1994 年 1 月 4 日。

784. 甩掉包袱是前提,《哈尔滨日报》1994 年 1 月 8 日。

785. 沿边开放与税收改革,《光明日报》1994 年 4 月 1 日。

786. 论二元结构协调,《深港经济时报》1994 年 4 月 15 日。

787. 论 1994 年的中国改革,《北京青年报》1994 年 1 月 13 日。

788. 佛山需重新定位和定性,《现代人报》1994 年 5 月 4 日。

789. 经济学家谈改革,《经济日报》1994 年 1 月 25 日。

790. 现代企业制度与企业负担,《香港联合报》1994 年 1 月 12 日。

791. 一些特殊形式国企需要界定产权关系,《中华工商时报》1994 年 4 月 29 日。

792. 评国企改革,《真理的追求》1994 年第 5 期。

793. 大陆今年后两个月经济走势,台湾《中国时报》和《中央日报》1993 年 10 月 28 日。

794. 粮食为何成为大陆的严峻问题,《香港联合报》1994 年 11 月 22 日。

795. 所有制问题没有解决股市无法正常,《信息时报》1994 年 10 月 4 日。

796. 治理通胀的根本出路在于深化国企改革，《中国贸易报》1995年7月13日。

797. 企业权利是法律赋予的，《经济日报》1995年12月14日。

798. 不能把国资流失记在改革的账上，《中国市场经济报》1995年5月20日。

799. 求实与创新，《中国市场经济报》1995年6月14日。

800. 超前的学者，《人民政协报》1995年5月27日。

801. 谋发展之策，《咸阳调研》1995年第33期。

802. 币值稳定与国有企业发展，《香港联合报》1995年2月26日。

803. 中国大陆资金漏斗现象，《香港联合报》1995年2月19日。

804. 中国大陆潜在的信用危机问题，《香港联合报》1995年2月18日。

805. 消费日益多层次化，《天津日报》1995年1月25日。

806. 经济学家浮出海面，《沿海时报》1995年1月20日。

807. 长安的名人，《长安报》1995年9月13日。

808. 农业的宏观调控与市场，《深圳特区报》1995年6月20日。

809. 在市场机制与宏观调控体制有机结合上作文章，《光明日报》1995年10月12日。

810. 经济专家建言“九五”，《北京市场经济导报》1995年10月20日。

811. 中国改革将出现新模式，《新闻报》1995年9月19日。

812. 我国经济学发展的断想，《经济学消息报》1995年7月18日。

813. 实现宏伟目标的坚实保证，《人民日报》1995年11月2日。

814. 改革不能等靠要，《亚太经济时报》1995年10月17日。

815. 95年企业改革展望，《人民日报》1995年2月22日。

816. 减轻企业负担就是改革，《发展导报》1995年3月4日。

817. 通货膨胀目前不是大敌，《中国经济时报》1995年1月17日。

818. 论国企改革的抓大放小，《光明日报》1995年11月22日。

819. 农业资源配置要市场化，《深圳特区报》1995年8月8日。

820. 未来一年大陆经改走向评估，《香港联合报》1995年8月28日。

821. 企业改革年的由来及面临的问题，《南京日报》1995年2月7日。

822. 中国经济热点开始西移，《中国青年报》1995年10月10日。

823. 下半年中国经济不会软着陆，《香港明报》1995年6月29日。

824. 不断探索改革新路，《深圳特区报》1995 年 6 月 23 日。

825. 务必重视潜在信用危机，《新闻报》1995 年 3 月 21 日，与他人合作。

826. 找准缩小地区收入差距的基点，《经济日报》1995 年 12 月 11 日。

827. 两岸先以经济发展作为主轴，台湾《中国时报》1995 年 3 月 4 日。

828. 两岸经贸合作策略与前景，台湾《中国时报》1995 年 3 月 5 日。

829. 经营性国资统计不能用实物概念，《中国市场经济报》1995 年 6 月 21 日。

830. 体制内改革与体制外推进，《中国市场经济报》1995 年 10 月 15 日，与他人合作。

831. 我国证券期货市场面临挑战，《期货导报》1995 年 2 月 17 日。

832. 95 年中国宏观经济形势分析，《泰达时报》1995 年 3 月 28 日。

833. 我国未来十年政治经济走势，《沿海时报》1995 年 4 月 25 日。

834. 谈山区经济发展中的八个问题，《梅州社会科学》1995 年第 4 期。

835. 世纪之变的中国社会科学，《新文化报》1995 年 5 月 9 日。

836. 经济学家谈经济，《北京青年报》1996 年 1 月 22 日。

837. 刺激市场有效需求的几点建议，《深圳特区报》1996 年 9 月 20 日。

838. 现代企业制度下企业控制模式转换，《深圳特区报》1996 年 3 月 1 日。

839. 关于经济学教学及教材的几点想法，《经济学消息报》1996 年 3 月 8 日。

840. 北海下步怎么走，《沿海时报》1996 年 4 月 16 日。

841. 中国经济的新特点，《北海建设报》1996 年 5 月 8 日。

842. 民营企业面临的困境和对策，《亚太经济时报》1996 年 7 月 28 日。

843. 要采取非规范方式推进国企改革，《首都经济信息报》1996 年 7 月 26 日。

844. 国有股拟分批上市，《星岛日报》1996 年 12 月 2 日。

845. 资产重组的主体是大企业集团，《产经周刊》1996 年 12 月 15 日。

846. 如何应对消费市场疲软，《中国消费者报》1996 年 11 月 6 日。

847. 国企并购遇到六大障碍，《中国经济时报》1996 年 11 月 29 日。

848. 要注重市场供求变动，《经济日报》1996 年 2 月 28 日。

849. 发展要有新思路与新措施，《广州日报》1996 年 1 月 23 日。

850. 走出过度负债的怪圈，《广州日报》1996 年 4 月 2 日。

851. 中国企业面临的市场及对策，《市场报》1996 年 4 月 16 日。

852. 中国还需要多少外资，《南方周末》1996 年 1 月 15 日。

853. 资本主义经济史上的“经理革命”,《深圳特区报》1996年5月17日。

854. 宽投资限制，纳良性循环,《香港经济日报》1996年10月23日。

855. 中国外资政策会否调整,《亚太经济时报》1996年11月3日。

856. 漫谈“陆昊现象”,《北京青年报》1996年11月7日。

857. 走向实践,《中华读书报》1996年11月13日。

858. 高效率的资产经营之路,《中国证券报》1996年12月30日。

859. 规范投资行为，减少企业亏损,《工人日报》1996年12月16日，与他人合作。

860. 民营企业的困境与未来,《南方都市报》1996年8月2日。

861. 发挥支柱作用，促进经济发展,《人民邮电报》1996年8月24日。

862. 资产重组即将热起来,《新闻报》1996年12月2日。

863. 市场化：国有经济的改革之路,《探索与争鸣》1996年第3期。

864. 1997年我国经济运行态势,《新疆机械电子》1997年第2期。

865. 建起国资管理“新长城”,《资产新闻》1996年12月3日。

866. 让真正的企业家掌握国企命运,《经济日报》1996年9月25日。

867. 国企直面八大樊篱,《中华工商时报》1996年12月7日。

868. 国企现状之忧,《世界日报》1996年10月26日。

869. 完善委托代理制的探讨,《经济日报》1996年9月30日，与他人合作。

870. 东西部经济差距成因与缩小方向,《香港经济日报》1996年12月26日。

871. “经济学”的改革意义,《广州日报》1996年9月16日。

872. 利率下调对市场刺激有限,《亚太经济时报》1996年9月24日。

873. 贫困山区要超常规发展,《人民日报》1996年1月26日。

874. “海航”现象与现代企业制度,《中国青年报》1996年4月30日。

875. 发展第二产业，写好以港兴市,《北海日报》1996年4月13日。

876. 现代企业制度下国有企业特征,《深圳特区报》1996年3月5日。

877. 旧瓶焉能装新酒,《亚太经济时报 》1996年2月4日。

878. 真知灼见，指点迷津,《亚太经济时报》1996年1月30日。

879. 企业、股市和珠三角发展的新思路,《羊城晚报》1996年1月25日。

880. 国有企业改革为企调队提供了广阔的战场,《中国企业报》1996年7月8日。

881. 寻找中西部结合的切入口,《沿海时报》1996 年 4 月 23 日。

882. 解决问题有时要靠非规范办法,《中国经济时报》1996 年 6 月 7 日。

883. 店名应为“市”而题,《光明日报》1996 年 6 月 8 日。

884. 西部经济起飞的重要途径,《新疆日报》1996 年 6 月 4 日。

885. 新问题与新思路,《山西日报》1996 年 5 月 20 日。

886. 论各经济主体基本利益的保障机制,《深圳特区报》1996 年 6 月 11 日。

887. 放宽投资政策推动经济,《香港信报》1996 年 10 月 23 日。

888. 数百万年薪该不该拿,《南方周末》1996 年 12 月 20 日。

889. 经济学的准确定位,《北京日报》1996 年 2 月 15 日。

890. 名牌现象的经济学思考,《工人日报》1996 年 8 月 12 日。

891. 寻找经济学的准确定位,《中国青年报》1996 年 8 月 27 日。

892. 资产重组是推动国有经济发展的三级火箭,《时代信息》1997 年第 157 期。

893. 给非国有经济“正名”,《中国经济时报》1997 年 8 月 5 日。

894. 对某些国有企业应有特殊政策,《中国改革报》1997 年 4 月 15 日。

895. 十字路口的中国民营企业,《南方周末》1997 年 2 月 21 日。

896. 企业应注重研究宏观经济预期,《中国资产新闻》1997 年 3 月 31 日。

897. 关于重庆国有企业如何发展的几个问题,《重庆日报》1997 年 5 月 22 日。

898. 大企业集团应在资产重组中发挥重要作用,《中华工商时报》1997 年 6 月 20 日。

899. 市场经济条件下的政府作用,《亚太经济时报》1997 年 2 月 4 日。

900. 中国经济展望,《朝日新闻》1997 年 1 月 24 日，日文版。

901. 发展住宅建设还需要新理念,《经济参考报》1997 年 2 月 18 日。

902. 企业改革路在何方,《科技日报》1997 年 3 月 28 日。

903. 争创世界品牌,《绿丹兰报》1997 年 1 月 22 日。

904. 从整体上搞好国有经济,《光明日报》1997 年 3 月 10 日，与他人合作。

905. “济源现象”的经济学分析,《经济参考报》1997 年 3 月 7 日。

906. 关于国有经济结构调整的十种选择,《人民日报》1997 年 5 月 6 日。

907. 让资本流动起来,《南方周末》1997 年 11 月 28 日。

908. 日益大众化的经济学科,《中国市场经济报》1997 年 1 月 7 日。

909. 国有经济为何存在重复建设,《经济日报》1997 年 4 月 21 日，与他人合作。

910. 经济学家眼中的“凤凰模式”,《市场报》1997 年 6 月 23 日。

911. 未来中国市场结构有七个特点,《华商报》1997 年 3 月 6 日。

912. 中国改革需要注意的几个问题,《陕西日报》1997 年 3 月 19 日。

913. 以产权流动促进战略调整,《经济参考报》1997 年 6 月 21 日。

914. 大力推进资本经营,《人民日报》1997 年 9 月 30 日。

915. 要优化股份制企业的股权结构,《中国改革报》1997 年 9 月 27 日。

916. 发展公共产品，刺激市场需求,《光明日报》1997 年 6 月 2 日，与他人合作。

917. 国企改革新视点,《澳门日报》1997 年 10 月 9 日、14 日连载。

918. 唱响时代主旋律,《中国工商报》1997 年 10 月 16 日。

919. 为股份制改造创造良好的外部环境,《中国市场经济报》1997 年 9 月 26 日。

920. 十字路口上的中国经济学,《南方周末》1997 年 10 月 10 日。

921. 论名牌,《中国经济时报》1997 年 9 月 30 日。

922. 中国资产重组的类型问题,《中国企业报》1997 年 10 月 8 日，与他人合作。

923. 为股份化改革创造良好的条件,《中国证券报》1997 年 10 月 6 日。

924. 国企重组障碍及对策,《中国证券报》1997 年 9 月 25 日。

925. 资产重组，戏有多重,《中国信息报》1997 年 6 月 9 日。

926. 建设经济学的中国学派,《资产新闻》1997 年 5 月 5 日。

927. 股份经济应是国资的最主要财产组织方式,《中国经济时报》1997 年 8 月 19 日。

928. 这么多经济学家缘何出自于西北大学,《光明日报》1997 年 1 月 14 日。

929. 谈谈国有企业的并购,《中国青年报》1997 年 1 月 16 日。

930. 发展住宅建设还要再破“禁区”,《瞭望周刊》1996 年第 51 期。

931. 企业并购，努力“突围”,《亚太经济时报》1997 年 1 月 21 日。

932. 资产重组的“剥离”问题,《经济日报》1997 年 1 月 6 日。

933. 股份制改造成为舆论焦点,《人民日报》海外版 1997 年 8 月 18 日。

934. 谈国有资产管理中的股份经济问题,《中国企业报》1997 年 8 月 6 日。

935. 以产权流动带动改革,《中华工商时报》1997 年 6 月 30 日。

936. 重塑国资管理体制,《亚太经济时报》1997 年 8 月 12 日。

937. 国资股份化改造势在必行,《中国证券报》1997 年 8 月 8 日。

938. 售后服务关系企业生死存亡,《中国轻工报》1997 年 3 月 14 日。

939. 国有经济风险预期实证分析,《经济参考报》1997 年 3 月 18 日。

940. 企业能否搞好,经营者是关键,《中国民航报》1997 年 3 月 31 日。

941. 应注重以农产品为原料的国有企业的特殊性,《经济参考报》1997 年 4 月 8 日。

942. 水是经济发展的基本要素,《中国水利报》1997 年 4 月 12 日。

943. 唱好结构调整的重头戏,《资产新闻》1997 年 3 月 10 日。

944. 盲目发展“三产”将导致泡沫经济,《中国民航报》1997 年 3 月 10 日。

945. 强化金融驱动,推进资产重组,《中国资产新闻》1997 年 4 月 2 日。

946. 纺织业不是夕阳是永恒,《中国资产新闻》1997 年 3 月 31 日。

947. 论名牌世界,《中国民航报》1997 年 3 月 17 日、4 月 7 日、4 月 12 日、5 月 5 日、5 月 26 日连载。

948. 京城来陕青年经济学者探访,《陕西日报》1997 年 2 月 28 日。

949. 资源型城市更要注重做好结构调整,《枣庄日报》1997 年 4 月 27 日。

950. 走出国企投资误区,《亚太经济时报》1997 年 2 月 27 日。

951. 民营经济进入新的发展阶段,《香港文汇报》1997 年 12 月 15 日、16 日连载。

952. 民营企业做大之后,《南方周末》1997 年 2 月 21 日。

953. 国资模式的探讨,《三九周报》1996 年 12 月 4 日。

954. 资产重组类型探讨,《经济日报》1997 年 8 月 25 日,与他人合作。

955. 关键在于上市公司的兼并,《中国改革报》1997 年 8 月 23 日。

956. 国资股份化如箭在弦,《南方周末》1997 年 8 月 29 日。

957. 关于企业家的几个问题,《中国企业报》1997 年 9 月 3 日。

958. 论国有产权中的利益主体,《中国改革报》1997 年 8 月 28 日。

959. 论国企冗员问题,《中国资产新闻》1997 年 8 月 27 日,与他人合作。

960. 论发展我国的资本市场和场外交易,《河南产权交易》1997 年第 3 期。

961. 资产重组是第三级推动力,《中国民航报》1997 年 11 月 16 日。

962. 管好国有经济各级所有者代表,《经济日报》1997 年 2 月 24 日。

963. 国企并购中的障碍及对策,《中国企业报》1997 年 1 月 29 日。

964. 构建国有资产管理的新体制,《经济日报》1997 年 11 月 3 日。

965. 股份制改革关键不在企业,《中国财经报》1997 年 11 月 5 日。

966. 突破三个约束需要换思路,《华商报》1997 年 9 月 21 日。

967. 构建国有产权监管机制的若干问题,《资产与产权》1997 年第 2 期，与他人合作。

968. 论公有制实现形式的选择,《中国青年报》1997 年 12 月 11 日。

969. 大企业集团是资产重组的重要主体,《国内动态清样》1997 年 11 月 4 日。

970. 推行股份制需完善五项条件,《中国机电日报》1997 年 10 月 24 日。

971. 企业和股份制究竟谁改造谁,《北京经济报》1997 年 11 月 2 日。

972. 企业扩张应三思而后行,《中国经济时报》1997 年 12 月 18 日。

973. 论反腐败,《香港前哨月刊》1997 年 9 月号

974. 构建国有资本运营体系是根本性制度创新,《中国市场经济报》1997 年 8 月 22 日。

975. 如何成功实施大集团发展战略,《经济日报》1997 年 12 月 6 日。

976. 中国企业战略重组,《证券时报》1997 年 12 月 3 日。

977. 民营企业发展的新阶段,《佛山日报》1997 年 11 月 23 日。

978. 探讨大型国企发展之路,《深圳特区报》1997 年 10 月 20 日。

979. 大力推进国有企业改革,《深圳商报》1997 年 10 月 20 日。

980. 全国报纸理论研究评出 1996 年论文奖,《深圳特区报》1997 年 12 月 9 日。

981. 实施国有经济结构战略调整,《国内动态清样》1997 年 5 月 16 日。

982. 经济列车驶入平稳增长期,《中国财经报》1997 年 11 月 7 日。

983. 走在时代的前列,《三九周报》1997 年 11 月 12 日。

984. 产权整合中的障碍及对策,《证券时报》1997 年 12 月 8 日。

985. 没有超前就没有发展,《深圳商报》1997 年 11 月 7 日。

986. 正泰之路分析,《正泰报》1997 年 12 月 29 日。

987. 政府整合资产：怎么看，怎么做,《中国证券报》1997 年 12 月 4 日。

988. 海尔扩张对全国资产重组的启示,《经济日报》1997 年 12 月 17 日。
989. 关于大型国企强强联合问题,《香港联合报》1997 年 10 月 20 日。
990. 大鹏展翅恨天低,《中国改革报》1998 年 12 月 16 日。
991. 积极稳妥地实现国有股流通,《中国改革报》1998 年 10 月 14 日。
992. 在学言学,《中国青年报》1998 年 12 月 16 日。
993. 消费需求的周期性与反周期财政政策,《光明日报》1998 年 11 月 20 日。
994. 科学理解扩大内需,《中国证券报》1998 年 12 月 31 日。
995. 调研偏转,《偏转报》1998 年 6 月 30 日。
996. 与刘永好对话,《希望集团报》1998 年 5 月 15 日。
997. 企业家持股分析,《中国市场经济报》1998 年 6 月 15 日。
998. 我国企业的十大发展趋势,《中国企业报》1998 年 1 月 8 日。
999. 兼并热的冷思考,《中国民航报》1998 年 3 月 23 日。
1000. 中国资产重组四论,《智业发展》1998 年 5 月 18 日。
1001. 论库存与市场经济,《中国物资报》1998 年 2 月 18 日。
1002. 企业与资产重组,《儒商报》1998 年 4 月 30 日。
1003. 资产重组将攻三关,《建筑报》1998 年 4 月 21 日。
1004. 民营企业发展要有新路子,《正泰报》1998 年 4 月 25 日。
1005. 春兰模式分析,《经济日报》1998 年 4 月 28 日。
1006. 灾害与经济发展,《经济日报》1998 年 9 月 6 日。
1007. 深化国企改革要义无反顾,《中国改革报》1998 年 2 月 6 日。
1008. 98 年企业改革方位,《华西都市报》1998 年 9 月 13 日。
1009. 中国改革发展论坛评介,《经济日报》1998 年 10 月 5 日。
1010. 强化主业是方向,《经济日报》1998 年 4 月 1 日。
1011. 搞股份制要有科学观,《华西都市报》1998 年 3 月 28 日。
1012. 从供给与需求两个方面保证适度增长,《经济日报》1998 年 10 月 19 日。
1013. 论资产重组与资本经营,《国际经贸报》1998 年 6 月 11 日。
1014. “世纪通”网联中国,《中国机电日报》1998 年 10 月 23 日。
1015. 年薪制为何多坎坷,《中国民航报》1998 年 4 月 27 日。
1016. 国企股份化乍暖还寒,《中国民航报》1998 年 1 月 26 日。
1017. 民企发展十大趋势,《市场报》1998 年 1 月 15 日。

1018. 民营企业如何练好内功，《中国改革报》1998 年 2 月 9 日。

1019. 私企发展评介，《北京经济报》1998 年 2 月 15 日。

1020. 资产重组快慢决定经济强弱，《亚太经济时报》1998 年 2 月 12 日。

1021. 民企发展走势，《中国物资报》1998 年 2 月 4 日。

1022. 主业是企业的发展基础，《经济参考报》1998 年 4 月 14 日。

1023. 论科龙的战略选择，《香港文汇报》1998 年 4 月 12 日。

1024. 资产重组今年攻关，《中华工商时报》1998 年 4 月 10 日。

1025. 资产重组需解决六大问题，《资产新闻报》1998 年 4 月 8 日。

1026. 市场经济呼唤智业振兴，《广州日报》1998 年 3 月 24 日。

1027. 不仅求大，更要求强，《人民日报》1998 年 4 月 20 日。

1028. 1998 年资产重组的非常机遇，《华西都市报》1998 年 3 月 31 日。

1029. 借助资产重组的东风，《华西都市报》1998 年 3 月 30 日。

1030. 漫谈中国经济大“裂变”，《亚太经济时报》1998 年 2 月 10 日。

1031. 高起点的发展战略，《人民日报》海外版 1998 年 5 月 28 日。

1032. 火锅经济论，《重庆商报》1998 年 5 月 28 日。

1033. 综合刺激需求，促进经济增长，《光明日报》1998 年 12 月 25 日。

1034. 中国民营经济面临十大难题，《中国改革报》1998 年 11 月 19 日。

1035. 政府与企业应“眼明心亮”，《厦门商报》1998 年 1 月 16 日。

1036. 经济理论的课堂撼到“歌坛天王”，《广州日报》1998 年 1 月 3 日。

1037. 资产重组快慢将导致区域经济差异，《资产新闻报》1998 年 2 月 11 日、《经济消息报》1 月 28 日。

1038. 对资产重组要保持清醒头脑，《上海证券报》1998 年 1 月 7 日。

1039. 中国新一代思想家自白，《作家文摘》1998 年 10 月 26 日。

1040. 创新才有生命力，《经济日报》1998 年 1 月 5 日。

1041. 经济理论进入社会，《北京青年报》1998 年 1 月 6 日。

1042. 企改任重道远，《中国资产新闻报》1998 年 1 月 26 日。

1043. 多方利益阻滞中国资产重组，《中国民航报》1998 年 1 月 19 日。

1044. 未来企业所有制观念趋淡，《香港文汇报》1997 年 11 月 7 日。

1045. 股份制与资产重组，《青岛日报》1998 年 8 月 15 日。

1046. 改不好的国企该卖就卖，《中国经营报》1998 年 8 月 25 日。

1047. 企业扩张之路,《名牌时报》1998 年 4 月 8 日。

1048. 创造名牌的四条路径,《名牌时报》1998 年 8 月 26 日。

1049. 加强灾害经济学的研究,《经济日报》1998 年 9 月 7 日。

1050. 创新就业机会与新增长点,《中国资产新闻报》1998 年 9 月 9 日。

1051. 股份制与资产重组战略,《绵阳广播电视报》1998 年 7 月 21 日。

1052. 高新技术企业发展之路,《人民日报》1998 年 8 月 1 日。

1053. 纵论企业资本经营,《华西都市报》, 1998 年 5 月 31 日。

1054. 让国资成为真正的资产,《中国市场经济报》1998 年 2 月 11 日。

1055. 用制度看紧企业家,《中国市场经济报》1998 年 2 月 18 日。

1056. 高效率的资产经营之路,《中国证券报》1996 年 12 月 30 日。

1057. 1998 年县域经济研讨,《新郑日报》1998 年 6 月 5 日。

1058. 名人比“坏人”还难当,《中国民航报》1998 年 8 月 1 日。

1059. 构建新的国资管理体制,《经济日报》1998 年 7 月 20 日。

1060. 顺德人对经济理论“发烧”,《经济日报》1998 年 1 月 18 日。

1061. 民营经济发展热点与难点分析,《佛山日报》1997 年 11 月 26 日。

1062. 产权结构多元化是国有企业产权改革的方向,《管理世界》1998 年第 5 期，与他人合作。

1063. 中国股市七论,《经济研究参考》1998 年第 111 期。

1064. 再就业的断想,《国有资产管理》1998 年第 12 期。

1065. 应当建立灾害经济学,《国有资产管理》1998 年第 11 期。

1066. 坚决废除股市中的所有制歧视,《金融与经济》1998 年第 11 期。

1067. 需求不足与财政政策,《经济纵横》1998 年第 12 期。

1068. 中国股市论要,《现代金融导刊》1998 年第 5 期。

1069. 资产重组中要注意解决好六个问题,《资产与产权》1998 年第 5 期。

1070. 构建股票体系的科学原则,《中国证券期货》1998 年第 26 期。

1071. 转变融资方式是改革的现实要求,《经济纵横》1998 年第 1 期。

1072. 关于改革后国有企业的股权优化,《经济纵横》1998 年第 3 期。

1073. 创新的魅力,《经济日报》1998 年 12 月 7 日。

1074. 股份制改造需要创造五个条件,《内部参考》1998 年第 12 期。

1075. 国企改革的三种方式,《特供信息》1998 年第 35 期。

1076. 公有制的多种实现形式：理论根据与观念创新，《学术月刊》1998 年第 4 期，与他人合作。

1077. 纵论国资管理新动态，《军队国资管理》1997 年 12 月 1 日。

1078. 资产重组的障碍问题，《佛山研究》1998 年第 6 期。

1079. 走向新世纪，《三月风》2001 年第 3 期。

1080. 实践中的经济学，《中华儿女》1998 年第 11 期。

1081. 国企发展趋势分析，《中国企业家》1998 年第 1 期。

1082. 股份制与股份合作制，《理论前沿》1998 年第 15 期。

1083. 经济学家风采，《经济学家》1998 年第 1 期。

1084. 完善股份制的条件，《中国证券期货》1998 年第 2 期。

1085. 破除所有制歧视，《中国证券期货》1998 年第 23 期。

1086. 应完善国有资产进入股市的基本条件，《中国证券期货》1998 年第 22 期。

1087. 仅有产权清晰是不行的，《中国证券期货》1998 年第 18 期。

1088. 如何实现技术产业化，《中国证券期货》1998 年第 12 期。

1089. 资产重组会如何避免“拉郎配”，《中国证券期货》1998 年第 1 期。

1090. 公有流通股的多种渠道，《中国证券期货》1998 年第 5 期。

1091. 全面认识产权制度改革，《国有资产管理》1998 年第 10 期。

1092. 按照高科技企业的特性发展高科技企业，《国有资产管理》1998 年第 9 期。

1093. 论技术产业化，《国有资产管理》1998 年第 8 期。

1094. 资产重组中易发生的问题，《国有资产管理》1998 年第 7 期。

1095. “两个下岗”的思考，《国有资产管理》1998 年第 6 期。

1096. 如何对待面临破产的国有企业，《国有资产管理》1998 年第 5 期。

1097. 有关东南亚金融危机的几个争论问题，《国有资产管理》1998 年第 4 期。

1098. 股份制的功能不能任意夸大，《国有资产管理》1998 年第 3 期。

1099. 构建新的国有资产管理体制必须要考虑的要素，《国有资产管理》1998 年第 2 期。

1100. 国资管理体制改革是“牛鼻子”，《国有资产管理》1998 年第 1 期。

1101. 政府整合资产怎么看，怎么作？《新华文摘》1998 年第 2 期。

1102. 明年经济改革与经济发展预期，《经济参考报》1998 年 12 月 1 日。
1103. 关注新的企业文化，《经济参考报》2000 年 12 月 20 日。
1104. 重组与经营，《时代工商》1998 年第 11 期。
1105. 98 年的重组路径，《中国工商》1998 年第 5 期。
1106. 论发展我国的资本市场，《经济经纬》1998 年第 1 期。
1107. 企业改革二十年，《国有资产研究》1998 年第 6 期，与他人合作。
1108. 警惕民营企业患“国企病”，《中国民营经济》1998 年第 8 期。
1109. 技术产业化的几个问题，《中国国情国力》1998 年第 8 期。
1110. “含水”的数字，《南风窗》1998 年第 10 期。
1111. 国资管理新述，《中国资产新闻》1998 年 7 月 17 日。
1112. 国资股份化的条件，《前进》1998 年第 12 期。
1113. 我国国有企业发展趋势判断，《前进》1998 年第 1 期。
1114. 1998 年中国改革与经济发展预期，《中国党政干部论坛》1998 年第 1 期。
1115. 推行股份制的目的及实现条件，《人大复印资料》1998 年第 2 期。
1116. 探索有利于生产力发展的公有制实现形式，《管理世界》1998 年第 1 期。
1117. 8% 增长速度的可能与不可能，《特供信息》1998 年第 34 期。
1118. 产、学、研共论 99 年企业经营环境，《中外管理》1999 年第 3 期。
1119. 国有企业走出困境的几点思考，《中外企业家》1999 年第 8 期。
1120. 封面人物，《经济经纬》1999 年第 2 期。
1121. 教育启动需求与教育产业化的思考，《消费经济》1999 年第 4 期。
1122. 适度通胀是 2000 年经济之需，《领导决策信息》1999 年第 50 期。
1123. 反思国企改革的三大思路，《经理人内参》1999 年第 22 期。
1124. 经济开发区的四个定位，《珠江经济》1999 年第 11 期。
1125. 国有企业如何走出三大困境，《珠江经济》1999 年第 8 期。
1126. 企业二次创业与企业管理现代化，《行为科学》1999 年第 1 期。
1127. 搞活国有企业与重塑国资管理体制，《理论前沿》1999 年第 21 期。
1128. 经理人与企业二次创业，《河北企业家》1999 年第 10 期。
1129. 扩大内需中金融风险防范与金融服务，《国有资产管理》1999 年第 7 期。
1130. 对教育产业化的再思考，《市场内参》1999 年第 8 期。
1131. 扩大内需的四个相结合，《河北企业家》1999 年第 2 期。

1132. 新时期企业的新趋势，《理论前沿》1999年第1期。
1133. 论国企改革的深层次问题，《沿海企业与科技》1999年第6期。
1134. 国企负担应予“清盘”，《福建改革》1999年第8期。
1135. 二次创业中的人的因素，《经理人内参》1999年第16期。
1136. 国企走出困境的思考，《理论前沿》1999年第16期。
1137. 国企脱困需“清盘”，《市场经济导报》1999年第8期。
1138. 影响企业竞争的几个问题，《中外管理》1999年第9期。
1139. 国企如何走出困境，《上市公司》1999年第8期。
1140. 新形势下的新任务，《国有资产管理》1999年第1期。
1141. 中国股市的“难产期”，《港澳经济》1999年第1期。
1142. 中国入世评述，《港澳经济》1999年第6期。
1143. 中国经济跨世纪的改革主题，《港澳经济》1999年第7期。
1144. 产权多元化势在必行，《北京经济报》1999年4月25日。
1145. 把握好消费需求旺盛点，《北方航空报》1999年4月20日。
1146. 国企改革的一大优势，《温州时报》1999年10月10日。
1147. 99年中国经济形势预期，《中国工商时报》1999年1月12日。
1148. 教育产业问题的再争论，《北京晚报》1999年5月24日。
1149. 福利彩票为啥这么火，《北京晚报》1999年10月30日。
1150. 国企负担是历史问题，《北京晚报》1999年6月3日。
1151. 产权制度合理设置是前提，《经济日报》1999年12月8日。
1152. 历史问题要善后处理，《山西发展导报》1999年8月31日。
1153. 如何促进中小企业发展，《人民日报》1999年9月21日。
1154. 启动内需政策能否行之有效，《科学时报》1999年9月17日。
1155. 启动消费的关键在于增加收入，《市场经济报》1999年8月28日。
1156. 治理通货紧缩三策，《中国经济时报》1999年12月31日。
1157. 中国股市简论，《中国民航报》1999年4月26日。
1158. 中小企业发展的选择路径，《中国经济导报》1999年11月17日。
1159. 在创新中求发展，《光明日报》1999年9月1日。
1160. 民企发展的必经之路，《经济日报》1999年9月8日。
1361. 寻找上司公司发展的机遇，《中国改革报》1999年4月6日。

1162. 论“虚拟联合体”模式,《山西发展导报》1999 年 6 月 29 日。
1163. 网络的风险投资,《中国信息报》1999 年 7 月 1 日。
1164. 市场需求不足的形成原因何在,《羊城晚报》1999 年 7 月 17 日。
1165. 经济学的实践行为,《科学时报》1999 年 4 月 16 日。
1166. 飞龙模式评介,《市场报》1999 年 3 月 6 日。
1167. 民营企业为何成长艰难,《中国图书商报》1999 年 2 月 23 日。
1168. 二次创业与企业家素质升华,《光明日报》1999 年 9 月 17 日。
1169. 务实的选择,《经济参考报》1999 年 6 月 16 日。
1170. MBA 与人才市场,《北京人才市场报》1999 年 8 月 2 日。
1171. 利用优势形成新增长点,《新疆日报》1999 年 1 月 13 日。
1172. 国企负担如何“清盘”,《经济参考》1999 年 5 月 28 日。
1173. 跨世纪的路径,《浙江经济日报》1999 年 2 月 13 日。
1174. 消费与打折热,《北京晚报》1999 年 2 月 12 日。
1175. 调整预期与优化供给,《经济日报》1999 年 6 月 16 日。
1176. 中国股市总论,《经济改革与经济发展》1999 年第 7 期。
1177. 谈谈“有进有退”中的“退”,《光明日报》1999 年 10 月 29 日。
1178. 目前可以承受 5% ~ 9% 的通胀,《粤港信息日报》1999 年 3 月 17 日。
1179. 国企改革路在何方,《中国青年报》1999 年 6 月 13 日。
1180. 企业家的素质分析,《中国财经报》1999 年 6 月 15 日。
1181. 产权多元化与技术创新之路,《金融早报》1999 年 9 月 24 日。
1182. 再谈教育产业,《经济日报》1999 年 6 月 16 日。
1183. 如何消除国企负担,《中国民航报》1999 年 6 月 28 日,
1184. 扩大内需举措分析,《厂长经理日报》1999 年 3 月 9 日。
1185. 二次创业与企业家素质提升,《光明日报》1999 年 9 月 17 日。
1186. 2000 年中国经济快速发展的关键,《中国经济时报》1999 年 12 月 24 日。
1187. 中国经济发展中的三大问题,《厂长经理日报》1999 年 2 月 10 日。
1188. 经济结构调整的思路,《辽宁日报》1999 年 4 月 29 日。
1189. 冷静对待经济热点,《信息日报》1999 年 9 月 10 日。
1190. 定位开发区,科技是核心,《科学时报》1999 年 9 月 7 日。
1191. 论企业家人才市场,《北京人才市场报》1999 年 8 月 30 日。

1192. 行走民间,《信息时报》1999 年 7 月 25 日。

1193. 资源优势到经济优势,《市场报》1999 年 9 月 15 日。

1194. 建立符合国际惯例的企业家制度,《浙江日报》1999 年 7 月 22 日。

1195. 世纪之交的全球形势与我国经济,《杭州日报》1999 年 7 月 26 日。

1196. 国企该彻底清盘,《中国商界》1999 年第 4 期。

1197. 个性不能作为企业家的评价标准,《北京日报》1999 年 12 月 22 日。

1198. “长城”模式的启示,《经济日报》1999 年 8 月 16 日。

1199. 经济全球化的挑战与机遇,《新华日报》1999 年 7 月 18 日。

1200. 启动消费要在增加居民收入上作文章,《市场报》1999 年 8 月 10 日。

1201. 中国经济面临三大挑战评介,《北京晚报》1999 年 8 月 7 日。

1202. 要注意影响消费因素的特殊性,《中国改革报》1999 年 8 月 11 日。

1203. 名牌发展中的三大基础问题,《中国轻工报》1999 年 4 月 12 日。

1204. 高新产业不应一哄而上,《都市快报》1999 年 7 月 13 日。

1205. 谈企业家素质提升问题,《厂长经理日报》1999 年 9 月 21 日。

1206. 快速启动消费四题,《北京日报》1999 年 10 月 14 日。

1207. 关于消费信贷问题,《北京日报》1999 年 5 月 11 日。

1208. 我国企业制度必须适应全面竞争,《经济参考报》1999 年 11 月 30 日。

1209. 改革与发展对企业家的要求,《山西发展导报》1999 年 10 月 26 日。

1210. 经济学家的作用与经济学家的自我超越,《光明日报》1999 年 1 月 22 日。

1211. 实施综合性需求刺激政策,《中国改革报》1999 年 2 月 3 日。

1212. 货币政策与刺激有效需求,《中国民航报》1999 年 11 月 22 日。

1213. 论企业产权结构多元化,《经济日报》1999 年 10 月 18 日。

1214. 论旅游产业,《新疆都市报》1999 年 7 月 27 日。

1215. 挑战与机遇并存,《浙江市场导报》1999 年 12 月 30 日。

1216. 浙江的产业风险甚于金融风险,《浙江经济日报》1999 年 3 月 30 日。

1217. 浙江直面产业危机,《联谊报》1999 年 4 月 2 日。

1218. 我国市场需求将出现六大特点,《浙江经济日报》1999 年 4 月 14 日。

1219. 关于债券热的背后,《北京晚报》1999 年 1 月 19 日。

1220. 扩大内需与财政政策,《中国财经报》1999 年 1 月 5 日。

1221. 如何有效扩大内需,《中国民航报》1999 年 1 月 11 日。

1222. 99 年经济走势分析,《中国财经报》1999 年 1 月 12 日。

1223. 刺激需求与货币政策,《经济参考报》1999 年 12 月 22 日。

1224. 有效实施积极的宏观经济政策,《改革时报》1999 年 12 月 30 日。

1225. 经济发展与货币供应量,《中国资产新闻》1999 年 12 月 23 日。

1226. 经济政策要防止滞胀,《中国财经报》1999 年 12 月 28 日。

1227. 国有企业面临的难题及其对策,《西安日报》1999 年 2 月 3 日。

1228. 21 世纪中国经济前进的三大动力,《中国文化报》1999 年 12 月 31 日。

1229. 国有企业改革走出困境的几点思考,《天津社会科学》1999 年第 5 期。

1230. 影响消费的因素的特殊性,《价格理论与实践》1999 年第 9 期。

1231. 全球化的机遇与挑战,《世界经济与政治》1999 年第 4 期。

1232. 经济学家风采,《经济与信息》1999 年第 8 期。

1233. 如何扩大国内市场需求,《经济研究参考资料》1999 年第 99 期。

1234. 国企改革的新思路,《经济研究参考资料》1999 年第 100 期。

1235. 推进金融服务与防范风险,《资产与产权》1999 年第 4 期。

1236. 扩大内需与国企发展,《智业经济》1999 年第 10 期。

1237. 产权制度研究的三个误区,《智业经济》1999 年第 1 期。

1238. 国有企业产权清晰的新思路,《理论视野》1999 年第 6 期。

1239. 中国经济发展与苏州跨世纪发展战略选择,《领导理论与实践》1999 年第 6 期。

1240. 上半年经济运行分析,《瞭望》1999 年第 25 期。

1241. 国有企业必须清盘,《万科》1999 年第 7 期。

1242. 扩大内需问题综述,《前进》1999 年第 4 期。

1243. “虚拟联合体”的理论意义与实践价值,《山西发展导报》1999 年 6 月 18 日。

1244. 国企改革要解决的几个问题,《资产与产权》1999 年第 5 期。

1245. 如何扩大内需,《经济与经济发展》1999 年第 19 期、20 期连载。

1246. 启动需求与教育产业化问题,《山东经济》1999 年第 5 期。

1247. 1999 年中国金融政策聚焦,《证券市场》1999 年第 9 期。

1248. 中国传统产业面临的困境与 21 世纪新兴产业发展战略,《浙江经济日报·跨世纪论坛》1999 年 3 月 27 日。

1249. 国企改革重点要实现三个突破,《经济与信息》1999 年第 6 期。

1250. 中国股市论纲,《经济改革与经济发展》1999 年第 7 期。

1251. 重视金融服务对启动内需的作用,《经济与信息》1999 年第 5 期。

1252. 当前经济形势与企业创新,《企业发展与经济信息》1999 年第 10 期。

1253. 国企改革思路分析,《改革内参》1999 年第 15 期。

1254. 国企改革思路之分析,《管理世界》1999 年第 6 期。

1255. 辽宁经济结构调整思路,《经济界》1999 年第 4 期。

1256. 扩大内需要有四个相结合,《中华儿女》1999 年第 2 期。

1257. 扩大内需的几个问题,《财经科学》1999 年第 1 期。

1258. 经营人与经营利润,《企业活力》1999 年第 12 期。

1259. 国有企业路在何方,《中外管理》1999 年第 12 期。

1260. 搞活企业与重塑国资体制,《理论前沿》1999 年第 21 期。

1261. 资产重组咋操刀,《企业活力》1999 年第 2 期。

1262. 1999 年经济发展预期,《调查研究》1999 年第 1 期。

1263. 尽快淡化股市发行的行政性,《中外管理导报》1999 年第 2 期。

1264. 扩大内需的思路与举措,《时代工商》1999 年第 5 期。

1265. 国企改革思路再探讨,《经济纵横》, 1999 年第 11 期。

1266. 民企与资产重组,《中国工商》1999 年第 1 期。

1267. 解决资金与产权的办法要切实可行,《改革与理论》1999 年第 11 期。

1268. 国有企业走出困境的再思考,《知识经济与企业家》1999 年第 11 期。

1269. 经营者是无形资本,《经理人》1999 年第 8 期。

1270. 扩大内需要有新招,《中国国情国力》1999 年第 4 期。

1271. 货币政策如何定,《视点》1999 年第 9 期。

1272. 高新技术产业发展刍议,《中国经济快讯》1999 年第 17 期。

1273. 二次创业要求管理方式根本转变,《福建改革》1999 年第 10 期。

1274. 国企如何走出困境,《视点》1999 年第 11 期。

1275. 消除企业家危机,《成功营销》1999 年第 7 期。

1276. 构建完善的股市交易主体,《中国证券期货》1998 年第 29 期。

1277. 再谈国企改革,《江苏经济》1999 年第 2 期, 与他人合作。

1278. 发展经济技术开发区要注意的问题,《上海改革》1999 年第 10 期。

1279. 乡镇企业要闯五关,《中国经济快讯》1999 年第 8 期。

1280. 非国有企业应该上市, 国有股应该流通,《经济纵横》1999 年第 1 期。

1281. 国有经济调整与资产重组评介,《国有资产研究》1999 年第 5 期。

1282. 扩大内需要注重刺激精神产品的需求,《国有资产管理》1999 年第 6 期。

1283. 注重对供给的调节,《国有资产管理》1999 年第 5 期。

1284. 重要的是调整人们的经济预期,《国有资产管理》1999 年第 4 期。

1285. 扩大内需的四个相结合,《国有资产管理》1999 年第 3 期。

1286. 关键在于扩大内需,《国有资产管理》1999 年第 2 期。

1287. 关于开发区的几个问题,《新亚经贸》1999 年第 9 期。

1288. 如何有效扩大内需,《开放导报》1999 年第 4 期。

1289. 扩大内需中的金融问题,《开放导报》1999 年第 7 期。

1290. 技术创新问题的思考,《开放导报》1999 年第 11 期。

1291. 中国股市的思考,《开放导报》1999 年第 6 期。

1292. 二次创业的核心,《经济纵横》1999 年第 10 期。

1293. 防范风险与服务并重,《经济月刊》1999 年第 6 期。

1294. 国有企业如何走出困境,《苏州经济》1999 年第 5 期。

1295. 刺激总需求三题,《财经科学》2000 年第 2 期。

1296. 资产管理公司要明确股权管理目标,《华融论坛》2000 年 10 月 20 日。

1297. 从总需求的形成过程刺激总需求,《前进》2000 年第 3 期。

1298. 货币政策要尽快调整,《清华管理评论》2000 年第 1 期。

1299. 从体制上消除腐败,《中国工商》2000 年第 11 期。

1300. 高校如何办企业,《经济月刊》2000 年第 10 期。

1301. 民企发展趋势分析,《重庆社会主义学院学报》2000 年第 1 期。

1302. 如何建立现代企业制度,《中国石油和化工》2000 年第 3 期。

1303. 西部开发的战略选择,《财经科学》2000 年第 6 期。

1304. 扩大内需的路径选择,《江苏经济》2000 年第 7 期。

1305. 产权清晰与国资管理体制改革,《江苏经济》2000 年第 1 期。

1306. 2000 年刺激消费需求与投资需求的战略选择,《特区理论与实践》2000 年第 1 期。

1307. 如何理解十五届四中全会精神,《经理人》2000 年第 1 期。

1308. 国有企业退出竞争性行业的方式,《中外管理》2000 年第 10 期。

1309. 刺激消费需求的几个问题,《消费经济》2000 年第 1 期。

1310. 在优化供给中解决总需求不足问题,《科技与管理》2000 年第 1 期。

1311. 产权流动要解决三个问题,《领导决策信息》2000 年第 5 期。

1312. 如何启动国内市场,《新视野》2000 年第 1 期。

1313. 近期中国经济走势,《经贸导刊》2000 年第 10 期。

1314. 国企改革面临新的环境,《中外管理》2000 年第 3 期。

1315. 现代产权制度的四个问题,《上海改革》2000 年第 2 期。

1316. 适度增加货币供应量,《中国党政干部论坛》2000 年第 1 期。

1317. 产权清晰的实质何在,《市场经济导报》2000 年第 3 期。

1318. 在结构调整中如何对待传统产业,《市长参考》2000 年第 9 期。

1319. 中国经济面临的紧迫问题,《行为科学》2000 年第 6 期。

1320. 十问如何“走出去”,《经济月刊》2000 年第 1 期。

1321. 论国有资产变现,《国有资产研究》2000 年第 1 期。

1322. 资产重组后遗症的消除,《国有资产研究》2000 年第 2 期。

1323. 关注新生代民营经济,《福建改革》2000 年第 12 期。

1324. 如何开发西部,《改革与理论》2000 年第 7 期。

1325. 要防止重组“后遗症”,《河北企业家》2000 年第 7 期。

1326. 国企需要产权多元化,《领导决策信息》2000 年第 38 期。

1327. 今年民企要闯四道关,《领导决策信息》2000 年第 30 期。

1328. 民营企业如何走好二次创业之路,《东宇经纬》2000 年第 9 期。

1329. 关于创业股东与技术创新,《时代信息》2000 年第 305 期。

1330. 新世纪中国企业发展与改革中的两大问题,《广东社会科学》2000 年第 2 期。

1331. 产权制度与人力资本的积极性,《中外企业家》2000 年第 2 期。

1332. 国企改革的两大难题,《社会科学辑刊》2000 年第 2 期。

1333. 反腐倡廉的经济学思考,《理论与实践》2000 年第 9 期。

1334. 二次创业与中国三大经济增长拉动的重塑,《天津社会科学》2000 年第 1 期。

1335. 产权清晰与法人治理,《资产与产权》2000 年第 2 期。
1336. 加入世贸的战略性思考,《理论视野》2000 年第 2 期。
1337. 国有资产委托代理制的分析,《改革内参》2000 年第 20 期。
1338. 实物流网络的特点及建议,《中国市场经济论坛》2000 年第 6 期。
1339. 关于西部大开发的思考,《中国青年政治学院学报》2000 年第 5 期。
1340. 社会保障制度"固态化",《特供信息》2000 年第 16 期。
1341. 2000 年中国经济快速发展的关键,《市场经济研究》2000 年第 1 期。
1342. "走出去"的战略思考,《天津经济》2000 年第 7 期。
1343. 清晰产权与调动人力资本的积极性,《学术月刊》2000 年第 5 期。
1344. 产权结构多元化与产权具有流动性,《学术论丛》2000 年第 2 期。
1345. 西部大开发与我国经济发展的几个问题,《当代财经》2000 年第 5 期。
1346. 西部开发的主体是企业,《领导决策信息》2000 年第 29 期。
1347. 谁绊住民营企业的脚,《改革与理论》2000 年第 8 期。
1348. 西部需要战略投资家,《领导决策信息》2000 年第 27 期。
1349. 民企要闯四关,《中外管理》2000 年第 7 期。
1350. 改革需完善公司治理结构,《中国物资流通》2000 年第 3 期。
1351. 腐败的经济学思考,《上海改革》2000 年第 6 期。
1352. 如何实现企业产权结构多元化,《中国经贸导刊》2000 年第 1 期。
1353. 二次创业与企业管理现代化,《时代工商》2000 年第 1 期。
1354. 论人力资本的积极性,《中国统计》2000 年第 2 期。
1355. 如何刺激投资需求,《广东财政》2000 年第 2 期。
1356. 通过优化供给解决问题,《理论前沿》2000 年第 4 期。
1357. 刺激需求要抓住六个关键,《领导决策信息》2000 年第 7 期。
1358. 现代产权制度的四个问题,《上海改革》2000 年第 2 期。
1359. 如何顺利入世,《中外管理导报》2000 年第 2 期。
1360. 遏制腐败重在体制,《领导决策信息》2000 年第 13 期。
1361. 促进国内市场需求应注意的问题,《宏观经济管理》2000 年第 8 期。
1362. "走出去"勿需政府操心,《特供信息》2000 年第 25 期。
1363. 关于产权流动的几个问题,《经理人内参》2000 年第 4 期。
1364. 高通胀低失业与高失业低通胀的选择,《经理人内参》2000 年第 1 期。

1365. 关于通货紧缩问题,《价格理论与实践》2000年第2期。

1366. 国有资产变现与国有企业负担,《经济纵横》2000年第1期。

1367. 产权制度的设置必须重视人力资本,《经济纵横》2000年第2期.

1368. 解决当前需求不足的三点建议,《福建论坛》2000年第4期。

1369. 关于治理通货紧缩的政策建议,《发展论坛》2000年第5期。

1370. 民营企业如何提升,《中国工商》2000年第1期。

1371. 优化供给与需求不足,《经济月刊》2000年第10期。

1372. 目前社会保障体系存在三大问题,《福建改革》2000年第8期。

1373. 腐败与经济体制,《市长内参》2000年第5期。

1374. 应通过减负提高农民的购买力,《领导决策》2000年第22期。

1375. 从六个方面刺激需求,《领导决策信息》2000年第25期。

1376. 2000年中国民营企业发展预期,《广东财政》2000年第4期。

1377. 国企改革不能偏离“三重点”,《福建改革》2000年第2期。

1378. 结构调整“亮点”与产权制度创新“难点”,《福建改革》2000年第3期。

1379. 西部开发与企业的作用,《价格理论与实践》2000年第6期。

1380. 世纪之交的中国经济走势,《经贸导刊》2000年第10期。

1381. 完善公司治理体制的建议,《中国石油和化工》2000年第5期。

1382. 民企如何闯关,《领导决策信息》2000年第18期。

1383. 需求不足与优化供给,《领导决策信息》2000年第19期。

1384. 治理污染的经济学思考,《经济月刊》2000年第6期。

1385. 社会经济现象二题,《现代企业导刊》2000年第5期。

1386. 2000年中国经济的战略选择,《当代银行家》2000年第2期。

1387. 需求不足的刺激举措,《中国经济快讯》2000年第9期。

1388. 产权清晰需法律与体制的内在统一,《领导决策信息》2000年第10期。

1389. 2000年的三大举措与一剂猛药,《广东财政》2000年第3期。

1390. 需求不足与货币政策的调整,《领导决策 》2000年第2期。

1391. 国有产权制度的几个问题,《上海改革》2000年第10期。

1392. 新经济与城市发展,《市长参考》2000年第8期。

1393. 优化供给与扩大内需,《领导决策参考》2000年第4期。

1394. 入世与企业变革,《理论视野》2000 年第 1 期。

1395. 售后服务别给顾客添麻烦,《特供信息》2000 年第 27 期。

1396. 消除国有企业负担的资金来源问题,《经贸导刊》2000 年第 2 期。

1397. 通过减负而增加购买力,《理论视野》2000 年第 5 期。

1398. 如何实现产权结构多元化,《中国质量万里行》1999 年第 2 期。

1399. 我国企业发展的两大课题,《政策》2000 年第 8 期。

1400. 2000 年货币供应量应调整,《中国民航报》2000 年 2 月 21 日 。

1401. 产权清晰在于流动,《改革时报》2000 年 2 月 17 日。

1402. 刺激消费需求的关键,《中国财经报》2000 年 1 月 25 日。

1403. 解三道题, 抢制高点,《重庆商报》2000 年 2 月 25 日。

1404. 走进 2000 年的中国经济,《经济消息报》2000 年 1 月 1 日。

1405. 国资变现如何才能有效,《改革时报》2000 年 1 月 20 日。

1406. 解除国有企业负担与国有资产变现,《学习时报》2000 年 1 月 3 日。

1407. 入世我们要做的事其实不少,《中国经济导报》2000 年 1 月 19 日。

1408. 激活民间投资其实空间很大,《中国财经报》2000 年 1 月 11 日。

1409. 2000 年要重视对货币供应量的调整,《中华工商时报》2000 年 1 月 13 日。

1410. 注重优化供给,《中华工商时报》2000 年 3 月 28 日。

1411. 关于启动投资需求的几点思考,《中国企业报》2000 年 3 月 28 日。

1412. 需求启动与总需求形成,《中国企业报》2000 年 4 月 11 日。

1413. 激活消费仍需加力,《中国经济导报》2000 年 4 月 12 日。

1414. 社保制度不完善是阻碍改革的重要因素,《中华工商时报》2000 年 4 月 15 日。

1415. 西部开发中政府定位转变,《经济消息报》2000 年 8 月 28 日。

1416. 应大幅度为农民减负,《中国经济时报》2000 年 6 月 9 日。

1417. 西部开发的政策与机遇,《粤港信息日报》2000 年 4 月 23 日。

1418. 西部开发与东部企业家机遇,《粤港信息日报》2000 年 5 月 7 日。

1419. 治污要靠经济手段,《中国资产新闻报》2000 年 8 月 18 日。

1420. 国有资产委托代理制需要完善,《中国改革报》2000 年 9 月 15 日。

1421. 西部开发政府职能需要转变,《中华工商时报》2000 年 7 月 25 日。

1422. 如何构建网络时代企业财务管理模式，《中国企业报》2000 年 8 月 9 日。
1423. 企业活力需要产权多元化，《中国经济导报》2000 年 9 月 13 日。
1424. 互联网时代的企业财务管理模式，《中国改革报》2000 年 10 月 11 日。
1425. 传统产业现有地位还不能改变，《中国经济导报》2000 年 7 月 21 日
1426. 我国企业怎样应对国际竞争，《中国财经报》2000 年 4 月 21 日。
1427. 优化供给而扩大内需，《中国企业报》2000 年 4 月 18 日。
1428. 减负与刺激需求，《经济日报》2000 年 6 月 20 日。
1429. 产权制度设置与人的积极性，《中国资产新闻》2000 年 2 月 3 日。
1430. 产权清晰的实质何在，《中国企业报》2000 年 2 月 1 日。
1431. 如何发展 21 世纪的中国经济学，《光明日报》2000 年 6 月 13 日。
1432. 新经济时代与国家政策新变化，《香港经济导报》2000 年第 6 期。
1433. 完善公司治理结构体制的建议，《中国资产新闻》2000 年 2 月 17 日。
1434. 资产管理公司要明确股权管理目标，《金融时报》2000 年 11 月 2 日。
1435. 资产管理公司的作用与运作，《经济日报》2000 年 11 月 8 日。
1436. 谁拖了中国经济后腿，《中国资产新闻》2000 年 1 月 6 日。
1437. 2000 年的宏观选择，《中国证券报》2000 年 1 月 5 日。
1438. 如何调动人力资本的积极性，《中国民航报》2000 年 1 月 3 日。
1439. 启动消费需求的几个问题，《中国企业报》2000 年 3 月 30 日。
1440. 经济腾飞不是等来的，《名牌时报》2000 年 1 月 5 日。
1441. 新世纪要有新战略，《经济日报》2000 年 1 月 4 日。
1442. 制度投入或许更重要，《改革时报》2000 年 1 月 6 日。
1443. 校办企业的双赢模式，《中国改革报》2000 年 11 月 15 日。
1444. 关注新生代民营经济，《中国改革报》2000 年 11 月 22 日。
1445. 消费需求仍需提升，《经济日报》2000 年 3 月 21 日。
1446. 扩大内需的思考和建议，《经济参考报》2000 年 3 月 1 日。
1447. 培育西部资本市场，《中国资产新闻》2000 年 3 月 2 日。
1448. 非上市国企资产变现面临的四个问题，《中国资产新闻》2000 年 3 月 22 日。
1449. 从总需求形成过程入手，《中国经济导报》2000 年 3 月 15 日。
1450. 入世后中国家电产业的发展，《大同日报》2000 年 3 月 16 日。

1451. 民企外部环境法律为先,《中国经济导报》2000 年 10 月 18 日。
1452. 网络可帮助你摆脱财务失控,《中国经济导报》2000 年 10 月 11 日。
1453. 关注新的企业文化,《中国经济导报》2000 年 12 月 30 日。
1454. 新生代民营经济发展的趋向,《中国企业报》2000 年 12 月 13 日。
1455. 企业家与人力资本,《古井报》2000 年 12 月 25 日。
1456. 直面新世纪的中国民营经济,《中国青年报》2000 年 12 月 24 日。
1457. 社会保障体系存在三大问题,《中国经济导报》2000 年 11 月 15 日。
1458. 京港合作的前景与作用,《北京晚报》2000 年 11 月 12 日。
1459. 创新是新经济的必然需求,《浙江市场导报》2000 年 11 月 2 日。
1460. 现代企业文化应创新,《中华工商时报》2000 年 12 月 21 日。
1461. 走进 2000 年的中国经济,《经济消息报》2000 年 1 月 1 日。
1462. 资产重组后遗症需要重视,《中国改革报》2000 年 5 月 10 日。
1463. 国企改革发展的新探索,《中国改革报》2000 年 3 月 31 日。
1464. 激活消费仍需加力,《中国经济导报》2000 年 4 月 12 日。
1465. 启动需求要有新路径,《中国企业报》2000 年 4 月 11 日。
1466. 服务革命是重大的模式转变,《经济日报》2000 年 6 月 13 日。
1467. 尽快完善社会保障,《经济参考报》2000 年 4 月 19 日。
1468. 保护好人力资本,《领导决策参考》2001 年第 5 期。
1469. 什么在阻碍国有企业产权交易,《中国商贸》2001 年第 3 期。
1470. 影响中国市场的 25 位经济学家,《中国市场》2001 年第 3 期。
1471. 中国资本市场走势分析,《中国经济导刊》2001 年第 1 期。
1472. 职业经理人体制中的约束机制,《特区理论与实践》2001 年第 2 期。
1473. 新生代民营经济的特征,《领导决策信息》2001 年第 6 期。
1474. 关注新生代民营经济,《开放潮》2001 年第 1 期。
1475. 结构调整方向：发展新兴产业,《当代经济》2001 年第 2 期。
1476. 论新形态资本,《现代领导》2001 年第 2 期。
1477. 市场经济条件下出版业的模式选择,《新世纪导刊》2001 年第 1 期。
1478. WTO 不仅仅是产业概念,《领导决策信息》2001 年第 3 期。
1479. 关于新商业体系,《中国商贸》2001 年第 2 期。
1480. 老板与经理：婆媳还是夫妻,《经济月刊》2001 年第 3 期。

1481. 当前中国经济热点,《管理与财富》2001 年第 2 期。

1482. 谁能赢得二十一世纪人才大战,《中国经济快讯》2001 年第 4 期。

1483. 保护中国人力资本,《开放潮》2001 年第 2 期。

1484. 企业文化新概念,《经济月刊》2001 年第 1 期。

1485. 资源约束型向需求约束型的转变,《消费经济》2001 年第 1 期。

1486. 通缩未改,经济仍然走弱,《经济观察报》2001 年 12 月 24 日。

1487. 法人治理革命,《天津日报》2001 年 5 月 24 日。

1488. 镇江发展战略分析,《京江晚报》2001 年 5 月 12 日。

1489. 人力资本作为企业制度要素的考虑,《亚太经济时报》2001 年 11 月 7 日。

1490. 入世要求中国对市场经济要再认识,《人民政协报》2001 年 10 月 11 日。

1491. 中小投资者的投资之道,《南方日报》2001 年 3 月 21 日。

1492. 入世是中国经济的新起点,《南方日报》2001 年 11 月 11 日。

1493. 什么是企业前沿问题,《北京经济报》2001 年 6 月 19 日。

1494. 我读企业前沿问题,《中华工商时报》2001 年 6 月 14 日。

1495. 企业家需要搞清的前沿问题,《北京经济报》2001 年 6 月 14 日。

1496. 完善人力资本的约束机制,《证券日报》2001 年 6 月 8 日。

1497. 如何保护人力资本,《人民政协报》2001 年 6 月 21 日。

1498. 高校应引入创业股东机制,《科学时报》2001 年 4 月 12 日。

1499. 应维护人力资本利益,《中华工商时报》2001 年 6 月 26 日。

1500. 重视企业前沿问题,《中国青年报》2001 年 6 月 24 日。

1501. 家电产业发展趋势,《广州日报》2001 年 11 月 3 日。

1502. 企业国际化进程中的两种趋势,《经济日报》2001 年 12 月 31 日。

1503. 人力资本引来新课题,《工人日报》2001 年 4 月 15 日。

1504. 看好职业经理人,《中国财经报》2001 年 3 月 30 日。

1505. 入世:传统产业的六大应对战略,《粤港信息报》2001 年 12 月 3 日。

1506. 奥运经济与企业发展战略,《市场报》2001 年 10 月 24 日。

1507. 人力资源与人力资本,《金融时报》2001 年 11 月 30 日。

1508. 人力资本主导现代经济,《中国改革报》2001 年 12 月 6 日。

1509. 人力资本新说,《北京晨报》2001 年 10 月 3 日。

1510. 重新认识发展中国家,《中华工商时报》2001 年 11 月 15 日。

1511. 我看现代化城市,《中华工商时报》2001 年 12 月 30 日。

1512. 顺德可成为世界家电中心,《佛山日报》2001 年 11 月 5 日。

1513. 现代市场经济运行方式要实现三个内在结合,《中国经济导报》2001 年 9 月 25 日。

1514. 关注市场经济前沿问题,《中国经济导报》2001 年 9 月 18 日。

1515. 面对入世要重新认识市场经济,《中国青年报》2001 年 9 月 23 日。

1516. 改革总是从最前沿的问题入手,《北京经济报》2001 年 9 月 18 日。

1517. 人力资本冲击企业法人治理结构,《人民日报》2001 年 4 月 2 日。

1518. 资本运营与企业竞争,《长沙晚报》2001 年 3 月 29 日。

1519. 信用经济要以制度建设为本,《中国改革报》2001 年 6 月 3 日。

1520. 人力资本：企业制度要素,《中华工商时报》2001 年 3 月 5 日。

1521. 新经济下必须重塑企业文化,《中国化工报》2001 年 2 月 11 日。

1522. 人力资本是企业发展的关键,《中国财经报》2001 年 3 月 14 日。

1523. 新世纪 · 新经济 · 新战略,《经济新报》2001 年 1 月 1 日。

1524. 产权改革不是“大锅饭”,《新经济周刊》2001 年 2 月 27 日。

1525. 关于假货问题的经济观察,《商业周刊》英文版 2001 年 3 月 13 日。

1526. 人力资本要立法,《人民法院报》2001 年 3 月 9 日。

1527. 巨人的发展战略思考,《商业周刊》英文版 2001 年 2 月 20 日。

1528. 关于人才问题的思考,《商业周刊》英文版 2001 年 2 月 6 日。

1529. 大力推进区域性中心城市的建议,《中国改革报》2001 年 1 月 18 日。

1530. 制衡铺平发展路,《中华工商时报》2001 年 1 月 11 日。

1531. 高校办企业出路何在,《中国信息报》2001 年 1 月 8 日。

1532. 经理人制度如何安排,《创维报》2001 年 1 月 15 日。

1533. 提高收入的拉动效应有多大,《经济日报》2001 年 6 月 20 日。

1534. 完善法人治理结构要重视人力资本,《中国经济导报》2001 年 6 月 26 日。

1535. 城市化进程中区域性中心城市问题,《经济纵横》2001 年第 3 期。

1536. 百位经济学家论国富,《经济理论与经济管理》2001 年第 12 期。

1537. 中国没有真正的 CEO,《经济月刊》2001 年第 6 期。

1538. 理顺两种资本的关系,《经贸导刊》2001 年第 6 期。
1539. 财商教育与启动民间投资,《经济理论与经济管理》2001 年第 7 期。
1540. 应充分重视墨西哥在我国开放中的作用,《开放潮》2001 年第 11 期。
1541. 市场制度不等于市场经济,《中国改革》2001 年第 11 期。
1542. 政府最好别出台救市措施,《河北企业家》2001 年第 10 期。
1543. 人力资本概念辨析,《中国国情国力》2001 年第 5 期。
1544. 关于人力资本作为企业制度要素的思考,《理论前沿》2001 年第 10 期。
1545. 高新技术如何与传统产业相结合,《河北企业家》2001 年第 4 期。
1546. 人力资本：企业制度要素,《经济月刊》2001 年第 5 期。
1547. 私募基金：信息不公开不等于信息不对称,《金信证券》2001 年第 4 期。
1548. 职业经理人制度建设上的一个重要问题,《财贸经济》2001 年第 6 期。
1549. 对人力资本的再认识,《当代财会》2001 年第 5 期。
1550. 人力资本的激励与约束,《劳动工资动态》2001 年第 8 期。
1551. CEO 的真正含义,《市场观察》2001 年第 10 期。
1552. 中关村公司治理需要变革,《科学投资》2001 年第 8 期。
1553. 人力资本与现代产权制度,《领导决策信息》2001 年第 25 期。
1554. 市场经济已具有计划性,《经济月刊》2001 年第 11 期。
1555. 建立市场化区域体制,《上海改革》2001 年第 8 期。
1556. 中国 CEO 名不符实,《浙江经济》2001 年第 6 期。
1557. 人力资本登上历史舞台,《海南经济》2001 年第 3 期。
1558. 漫谈企业前沿问题,《中外管理导报》2001 年第 7 期。
1559. 独立董事的体制基础问题,《中外管理》2001 年第 7 期。
1560. 人力资本是体制要素,《中国人力资源开发》2001 年第 5 期。
1561. 人力资源与人力资本的区别,《河北企业家》2001 年第 6 期。
1562. 法人治理新观念,《新远见》2001 年第 3 期。
1563. 应造就差别性房地产市场,《经济月刊》2001 年第 7 期。
1564. CEO 的体制基础,《经贸导刊》2001 年第 9 期。
1565. 人力资本的激励与约束机制,《国有资产管理》2001 年第 8 期。
1566. 法人治理结构与人力资本,《现代企业教育》2001 年第 6 期、7 期连载。
1567. 企业文化创新的成功之路,《管理世界》2001 年第 2 期。

1568. 信用经济的基础,《中国质量万里行》2001 年第 8 期。
1569. WTO 是一个体制概念,《管理与财富》2001 年第 11 期。
1570. 市场经济前沿问题,《中国第三产业》2001 年第 10 期。
1571. 人力资本地位日益重要,《浙江经济》2001 年第 4 期。
1572. 入世与市场经济新认识,《河北企业家》2001 年第 11 期。
1573. 国有企业产权制度的症结及出路,《广东商学院学报》2001 年第 5 期。
1574. 对职业经理人的十个约束,《中国工商》2001 年第 4 期。
1575. 京港合作要双赢,《财神》2001 年第 7 期。
1576. 投资主体多元化与资本运作,《交流与参考》2001 年第 4 期。
1577. 发展中国家的新变化,《经济月刊》2001 年第 11 期。
1578. 重视行业协会在市场经济中的作用,《上海改革》2001 年第 11 期。
1579. 行业协会:助推市场经济发展,《经贸导刊》2001 年第 12 期。
1580. 国有投资公司治理结构特点研究,《管理世界》2001 年第 1 期。
1581. 市场化的财产制度,《社会主义经济理论与实践》2001 年第 12 期。
1582. 企业文化从头说起,《工业企业管理》2001 年第 12 期。
1583. 企业文化是什么,《糖酒快讯》2001 年第 2 期。
1584. 国有投资公司发展趋向,《中国青年政治学院学报》2001 年第 1 期。
1585. 明年中国经济依然看好,《环球财经》2001 年第 12 期。
1586. 国企脱困八大悬念,《中国市场》2001 年第 2 期。
1587. 启动需求与积极财政政策,《天津社会科学》2001 年第 5 期。
1588. 大力发展和完善高新技术产业,《兴涛论坛》2001 年 5 月 20 日。
1589. 市场经济的自觉性与计划性,《特供信息》2001 年第 41 期。
1590. 中国股市的制度障碍,《三联生活周刊》2001 年第 33 期。
1591. 如何处置不良资产,《三联生活周刊》2001 年第 26 期。
1592. 漫谈市场经济,《中国第三产业》2001 年第 11 期。
1593. 互联网时代的财务管理模式,《中国工商》2001 年第 3 期。
1594. 企业经理人的道德约束,《中国工商》2001 年第 2 期。
1595. 新浪网是谁的企业,《三联生活周刊》2001 年第 25 期。
1596. 职业经理人约束制度的探讨,《哈尔滨市委党校学报》2001 年第 5 期。
1597. 封面人物,《金融与经济》2001 年第 10 期。

1598. 市场经济与政府关系的再认识,《中外管理导报》2001 年第 11 期。
1599. 民营企业需要脱胎换骨,《中国工商》2001 年第 5 期。
1600. 房地产产业与市场需求变动,《中国地产市场》2001 年第 3 期。
1601. 用机制约束人力资本,《领导决策信息》2001 年第 12 期。
1602. 职业经理人制度设计的思考《上海国资》2001 年第 3 期。
1603. 中国企业如何走出去,《领导决策参考》2001 年第 35 期。
1604. 市场化的财产制度,《福建论坛》2001 年第 9 期。
1605. 资本市场要有淘汰制,《经济月刊》2001 年第 9 期。
1606. 企业法人治理中的激励机制,《中外管理导报》2001 年第 10 期。
1607. 论农业经济的产业保障问题,《经济纵横》2001 年第 9 期。
1608. 如何建立区域性中心城市,《中国党政干部论坛》2001 年第 9 期。
1609. 个人背后的制度问题,《领导决策参考》2001 年第 34 期。
1610. 关于企业人力资本问题,《白云空港》2001 年第 3 期。
1611. 走出去的主体是企业而不是政府,《中国改革》2001 年第 5 期。
1612. 形成充满活力的房地产企业,《 中国地产市场》2001 年第 12 期。
1613. 如何构建新时期的企业文化,《中国经济快讯》2001 年第 21 期。
1614. 制定企业发展战略的原则,《江西企业家》2001 年第 5 期。
1615. 发展中国家与中国经济关系的重新定位,《中外企业家》2001 年第 12 期。
1616. 改革法人治理制度,《经济日报》2001 年 7 月 11 日。
1617. 西部开发要重视产业结构合理化,《中国资产新闻报》2001 年 4 月 12 日。
1618. 关于人力资本的制度设计,《深圳商报》2001 年 7 月 15 日。
1619. 关注市场经济前沿问题,《中国经济导报》2001 年 9 月 18 日。
1620. 如何再认识市场经济,《经济参考报》2001 年 9 月 12 日。
1621. 现代市场经济已具有计划性,《经济参考报》2001 年 9 月 26 日。
1622. 人力资本的激励与约束是关键,《中国证券报》2001 年 8 月 7 日。
1623. 建立新的企业文化,《科学时报》2001 年 8 月 23 日。
1624. 用制度约束职业经理人,《中华工商时报》2001 年 8 月 16 日。
1625. 互联网要与传统接轨,《科技日报》2001 年 7 月 15 日。

1626. 企业前沿问题前沿在哪里，《中国市场经济报》2001年7月12日。

1627. 如何才能做到真正独立，《粤港信息日报》2001年6月17日。

1628. 人力资本登上历史舞台，《羊城晚报》2001年7月7日。

1629. 传统产业仍是经济发展的重要力量，《经济导报》2001年12月17日。

1630. 装饰产业如何发展，《太原晚报》2001年11月1日。

1631. 两权分离向两种资本关系的转变，《证券日报》2001年6月4日。

1632. 研究应以中国实践为基础，《华夏时报》2001年6月5日。

1633. 组建企业集团配套不可少，《人民日报》2001年6月4日。

1634. 一代学者的心理路程，《光明日报》2001年11月29日。

1635. 独立董事与企业体制变革，《北京人才市场报》2001年7月4日。

1636. 中国也要向发展中国家学习，《中国经济导报》2001年12月4日。

1637. 入世后中国的变革，《人民日报》海外版2001年12月5日。

1638. 体制创新势在必行，《正泰报》2001年11月18日。

1639. 发展中国家的新变化，《中华工商时报》2001年11月15日。

1640. 企业竞争：关注人力资本效能，《工人日报》2001年5月20日。

1641. 堵住国有资产流失的“黑洞”，《北京新报》2001年5月11日。

1642. “能人经济”何以可能，《北京日报》2001年4月30日。

1643. 新经济与企业治理革命，《中国食品报》2001年7月3日。

1644. 国有资产数量多寡与国家控制力没有必然联系，《领导决策信息》2002年第44期。

1645. 论法人治理中的人力资本机制，《福建论坛》2002年第11期。

1646. 关于个人所得税的几个问题，《管理与财富》2002年第11期。

1647. 如何正确认识收入差距，《开放导报》2002年第11期。

1648. 十六大精神到底新在哪里，《中外管理》2002年11月25日。

1649. CEO是制度变革的结果，《企业管理》2002年第11期。

1650. 入世后政府与企业关系的调整，《上海投资》2002年第10期。

1651. 新远见人气指数，《新远见》2002年第1期。

1652. 关于当前就业问题的几点逆向思考，《中国党政干部论坛》2002年第10期。

1653. 卫兴华教授学术思想评介，《经济理论与经济管理》2002年第8期。

1654. 关于收入差距的几个问题，《经济纵横》2002 年第 10 期。
1655. 怎样进行投资，《商界》2002 年第 11 期。
1656. 中国不能不信人力资本，《观察与思考》2002 年第 10 期。
1657. 民营化是大趋势，《时代信息》2002 年第 414 期。
1658. 正确处理当前就业的几个关系，《江苏通讯》2002 年第 19 期。
1659. 美国不少大企业出问题说明了什么，《上海企业》2002 年第 10 期。
1660. 如何改革个人所得税，《上海改革》2002 年第 10 期。
1661. 收入差别问题要正确认识，《经贸导刊》2002 年第 11 期。
1662. 收入差距的形成原因，《理论前沿》2002 年第 20 期。
1663. 论企业与市场的关系，《资本市场》2002 年第 11 期。
1664. 人力资源与人力资本，《投资与证券》2002 年第 3 期。
1665. 号脉美国企业病，《环球财经》2002 年第 9 期。
1666. 有关人力资本问题，《中国国情国力》2002 年第 2 期。
1667. 如何启动就业，《浙江经济》2002 年第 17 期。
1668. 入世给民营企业带来三大优势，《领导决策信息》2002 年第 7 期。
1669. 入世与政企关系调整，《中国道路运输》2002 年第 3 期。
1670. 股市淘汰制势在必行，《浙江经济》2002 年第 2 期。
1671. 入世后中国传统产业的战略调整，《上海企业》2002 年第 2 期。
1672. 经济学家如何看企业家，《新经济》2001 年第 12 期。
1673. 企业核心竞争力与经济增长，《中国经济学家论坛》2002 年 11 月 28 日。
1674. 人力资本问题的再思考，《哈尔滨市委党校学报》2002 年第 1 期。
1675. 就业问题需要新思路，《改革与理论》2002 年第 9 期。
1676. 中国企业到底如何入世，《经理人内参》2002 年第 7 期。
1677. 治理市场秩序与调整政府职能，《经贸导刊》2002 年第 6 期。
1678. 国际化进程中的两种趋向，《工业企业管理》2002 年第 2 期。
1679. 诚信危机之后的企业治理，《中国电信业》2002 年第 10 期。
1680. 个人所得税三题，《经济学消息报》2002 年 11 月 1 日。
1681. 促进金融投资向实业投资转化，《中国证券报》2002 年 10 月 30 日。
1682. 构建国有资产管理新体制，《经济日报》2002 年 11 月 18 日。
1683. 制造业仍要考虑成本优势，《中国乡镇企业报》2002 年 10 月 25 日。

1684. 国有企业转型要过三道关,《证券日报》2002 年 9 月 25 日。

1685. 经济学与心理问题,《经济导报》2002 年 9 月 28 日。

1686. 中国制造业何去何从,《中国证券报》2002 年 11 月 25 日。

1687. 国有资产多种形态可相互转化,《中国改革报》2002 年 11 月 25 日。

1688. 确立权责, 淡化干预,《中华工商时报》2002 年 12 月 17 日。

1689. 长虹民营化问题,《中华工商时报》2002 年 12 月 13 日。

1690. 国有资产管理体制要有新变化,《成都商报》2002 年 11 月 29 日。

1691. 从四个方面给深圳定位,《深圳特区报》2002 年 12 月 11 日。

1692. 人力资本问题漫谈,《市场报》2002 年 5 月 30 日。

1693. 此种公平并不公平,《北京日报》2002 年 12 月 23 日。

1694. 非公有制经济理论有重大突破,《中国资产新闻报》2002 年 11 月 15 日。

1695. 论新的国有资产管理体制,《国际金融报》2002 年 11 月 12 日到 14 日连载。

1696. 构建适应民营化的融资机构,《中国资产新闻报》2002 年 10 月 11 日。

1697. 经济类图书发展趋向,《中华读书报》2002 年 10 月 16 日。

1698. 十六大开始突破国资管理格局,《粤港信息报》2002 年 11 月 11 日。

1699. 站在经济学的风口浪尖,《北京现代商报》2002 年 10 月 10 日。

1700. 区分不同原因造成的收入差距,《经济参考报》2002 年 10 月 16 日。

1701. 就业问题有药可治,《中国财经报》2002 年 8 月 30 日。

1702. 中国企业国际化的新特点,《中国经济时报》2002 年 6 月 8 日。

1703. 对企业要进行非利益性约束,《中国改革报》2002 年 9 月 2 日。

1704. 企业的三大问题,《亚布力论坛报》2002 年 3 月 15 日。

1705. 长虹民营化障碍,《经济观察报》2002 年 8 月 19 日。

1706. 国际竞争决战人力资本,《中国经济导报》2002 年 3 月 23 日。

1707. 企业三大问题研究,《中国改革报》2002 年 8 月 19 日。

1708. 影响当前就业的八个问题,《中国改革报》2002 年 8 月 12 日。

1709. 企业的全方位改革方略,《中国乡镇企业报》2002 年 4 月 29 日。

1710. 就业需要有新举措,《中华工商时报》2002 年 9 月 17 日。

1711. 就业新观念,《北京日报》2002 年 9 月 28 日。

1712. 美国大企业问题频出说明了什么,《经济视点报》2002 年 9 月 10 日。

1713. 就业要注意非组织就业,《中华工商时报》2002 年 9 月 6 日。

1714. 北大清华学经济评介,《中国改革报》2002 年 10 月 21 日。

1715. 从收入差距看公平与效率,《社会科学报》2002 年 11 月 28 日。

1716. 企业文化的内涵,《中华工商时报》2002 年 10 月 4 日。

1717. 国有资产管理也要与国际接轨,《中国财经报》2002 年 12 月 20 日。

1718. 小康不是平均主义,《中国财经报》2002 年 12 月 6 日。

1719. 中国企业国际化趋向,《中国乡镇企业报》2002 年 7 月 23 日。

1720. 中国企业的可持续成长问题,《中国企业报》2002 年 9 月 6 日。

1721. 从三个方面提升企业文化,《中华工商时报》2002 年 8 月 27 日。

1722. 这里需要独特的文化精神,《光明日报》2002 年 3 月 8 日。

1723. 关键是要有核心技术,《光明日报》2002 年 2 月 27 日。

1724. “小鸭”怎么变成了“丑小鸭”,《中华工商时报》2002 年 8 月 23 日。

1725. 长虹民营化尚需逾越五大障碍,《中华工商时报》2002 年 8 月 13 日。

1726. 正确处理当前就业中的几个关系,《经济日报》2002 年 8 月 26 日和 9 月 2 日连载。

1727. 坚持全方位的诚信理念,《经济参考报》2002 年 8 月 21 日。

1728. 关于个人所得税的几个问题,《羊城晚报》2002 年 9 月 21 日。

1729. 政府与企业是平等主体,《中国经济导报》2002 年 3 月 20 日。

1730. 墨西哥:投资拉美国家的“桥头堡”,《民营经济周刊》2002 年 3 月 12 日。

1731. 人力资本是一种制度安排,《中国经济导报》2002 年 7 月 30 日。

1732. 论扩大内需,《人民日报》2002 年 1 月 7 日。

1733. 企业治理结构的新界定,《经济日报》2002 年 6 月 20 日。

1734. 如何看待当前就业形势,《光明日报》2002 年 8 月 20 日。

1735. 人力资本的价值认识,《上海证券报》2002 年 6 月 23 日。

1736. 中国经济发展的几个问题,《温州都市报》2002 年 12 月 2 日。

1737. 美国公司丑闻引发的思考,《经济参考报》2002 年 8 月 14 日。

1738. 温州柳市镇的电器发展之路,《中国经济时报》2002 年 2 月 28 日。

1739. 中国企业国际化战略,《哈尔滨日报》2002 年 1 月 15 日。

1740. 经济学的新绿洲,《羊城晚报》2002 年 1 月 11 日。

1741. 关于西部开发的战略问题，《中国消费者报》2002 年 1 月 22 日。
1742. 新生代民营经济助推中国发展，《经济导报》2002 年 7 月 22 日。
1743. 构建股市的指导思想的失误，《中华工商时报》2002 年 1 月 21 日。
1744. 关于西部开发的几个问题，《中国消费者报》2002 年 1 月 15 日。
1745. 公司治理的关键，《沧州日报》2002 年 5 月 28 日。
1746. 新形势与改革方向，《沧州日报》2002 年 5 月 20 日。
1747. 经济学百年评介，《光明日报》2002 年 6 月 11 日。
1748. 厦门经济发展战略分析，《厦门商报》2002 年 6 月 18 日。
1749. WTO 与中国企业改革，《厦门日报》2002 年 6 月 18 日。
1750. 人力资本就是核心竞争力，《中国财经报》2002 年 2 月 27 日。
1751. 扩大内需必须同改革相结合，《民营经济周刊》2002 年 2 月 26 日。
1752. 重视企业文化的提升，《光明日报》2002 年 9 月 10 日。
1753. 整治市场秩序的关键何在，《北京日报》2002 年 2 月 4 日。
1754. 不能否定目前美国企业制度的合理性，《银行家》2002 年第 9 期。
1755. 中国“行会”批判，《中国工商》2002 年第 4 期。
1756. 如何提升企业文化，《中外管理》2002 年第 3 期。
1757. 企业管理思想的两大根本转变，《新远见》2002 年第 2 期。
1758. 传统产业调整之路，《当代经济》2002 年第 8 期。
1759. 发展中国家之间的矛盾，《环球财经》2002 年第 1 期。
1760. 中国入世后的新政企关系，《管理与财富》2002 年第 6 期。
1761. 中国企业怎样入世，《发展》2002 年第 9 期。
1762. 入世后政府与企业如何协调，《研究与信息》2002 年第 9 期。
1763. 市场秩序：表象背后是什么，《西部大开发》2002 年第 4 期。
1764. 众说纷纭 CEO，《中外管理》2002 年第 4 期。
1765. WTO 与中国经济，《政协论坛》2002 年第 4 期。
1766. 国企改革酝酿新突破，《半月谈》2002 年第 12 期。
1767. 关于中国企业创新，《领导广角》2002 年第 11 期。
1768. 如何应对就业问题的新情况，《时代财会》2002 年第 12 期。
1769. 构建新的国有资产管理体制，《改革》2002 年第 6 期，与他人合作。
1770. 谁运营企业最好，《东方企业家》2002 年第 12 期。

1771. 必须构建新国有资产管理体制，《上海企业》2002 年第 12 期。
1772. 关于内在性诚信理念，《中国工商研究》2002 年第 11 期。
1773. 中国应该成为怎样的制造业中心，《西部大开发》2002 年第 12 期。
1774. 新的国有资产管理体制的特征，《国有资产管理》2002 年第 12 期。
1775. 民营化是大势所趋，《当代经济》2002 年第 10 期。
1776. 中国企业制度、战略及文化问题，《亚洲资本》2002 年第 5 期。
1777. 现代化区域性中心城市的十个标准，《重庆改革》2002 年第 7 期。
1778. 论企业前沿问题，《企业文化纵横》2002 年第 5 期。
1779. 应向市场要就业，《领导决策信息》2002 年第 36 期。
1780. 入世后中国传统产业的战略调整，《经济纵横》2002 年第 1 期。
1781. 政企关系的五大要素，《新西部》2002 年第 1 期。
1782. 市场经济与政府关系的再认识，《管理科学文摘》2002 年第 1 期。
1783. 传统产业发展趋势，《当代财会》2002 年第 2 期。
1784. 市场制度与市场经济的区别，《经贸导刊》2002 年第 3 期。
1785. 入世后企业如何配置人力资本，《清华人》2002 年第 1 期。
1786. 中国就业的出路，《中国经济快讯》2002 年第 35 期。
1787. 新生代民营经济问题，《文明与宣传》2002 年第 8 期。
1788. 为什么形成了新生代民营经济，《领导决策信息》2002 年第 35 期。
1789. 如何建立现代化区域性中心城市，《领导决策信息》2002 年第 3 期。
1790. 论企业的国际化进程，《浙江经济》2002 年第 1 期。
1791. 入世与政企关系调整，《经济月刊》2002 年第 1 期。
1792. 入世后的企业问题，《东湖高新人》2002 年第 4 期。
1793. 二次创业呼唤企业家素质提升，《领导决策信息》2002 年第 4 期。
1794. 入世后政企关系的新变化，《新材料产业》2002 年第 1 期。
1795. 重视对企业前沿问题的研究，《中国改革报》2002 年 8 月 19 日。
1796. 中国如何打造世界级的企业，《北京现代商报》2002 年 8 月 27 日。
1797. 入世与中国企业的机遇与挑战，《香港大公报》2002 年 8 月 28 日。
1798. 关于企业的核心竞争力，《中国民航报》2002 年 12 月 6 日。
1799. 入世与中国经济发展，《江都日报》2002 年 10 月 15 日。
1800. 人才在世界的流动，《北京晚报》2001 年 11 月 12 日。

1801. 评价一个地区可持续发展的标准,《内参选编》2001 年第 43 期。
1802. 关于房地产市场的几个问题,《中国地产市场》2001 年第 3 期。
1803. 咨询业与经济学相结合的几个问题,《中国智业》2001 年 12 月 5 日。
1804. 中国企业与经济发展趋向,《上饶日报》2002 年 3 月 19 日。
1805. 提高适应规则的能力,《京华时报》2002 年 5 月 16 日。
1806. 如何增强企业的活力,《三峡商报》2002 年 6 月 15 日。
1807. 中国经济发展的几个问题,《三峡商报》2002 年 7 月 8 日。
1808. 企业需要有文化的支撑,《中国石油石化》2002 年第 5 期。
1809. 关于董事会质量的若干问题,《康哲药业》2002 年第 3 期。
1810. 企业文化是企业制度的延伸,《中国经济导报》2002 年 8 月 13 日。
1811. 长虹民营化方案,《南方周末》2002 年 8 月 22 日。
1812. 如何有效推动就业,《经济视点报》2002 年 9 月 3 日。
1813. 企业发展与人力资本,《浙江电业》2002 年第 2 期。
1814. 三管齐下支持长虹民营化,《领导决策信息》2002 年第 31 期。
1815. 从人力资源到人力资本,《人力资本》2002 年第 8 期。
1816. 县域经济发展的三大问题,《调查研究》2001 年第 6 期。
1817. 启动需求与积极的宏观政策,《国民经济管理》2002 年第 1 期。
1818. 一句话引起一年辩论,《中国建设报》2003 年 1 月 15 日。
1819. 论农业经济的产业保障问题,《农业经济导刊》2002 年第 2 期。
1820. 治理市场秩序与调整政府职能,《中国市场经济论坛》2001 年第 7 期。
1821. 如何看待当前就业问题,《中国市场经济论坛》2002 年第 5 期。
1822. 长虹民营化的路径,《民营经济内参》2002 年第 31 期。
1823. 民营化是趋势,《特供信息》2002 年第 32 期。
1824. 我们为什么要有国有资产,《特供信息》2002 年第 43 期。
1825. 就业需要通过市场来完成,《经济要参》2002 年第 6 期。
1826. 构建适应民营化的融资机构,《中国质量万里行》2002 年第 11 期。
1827. 国有资产的功能与作用,《中国质量万里行》2002 年第 12 期。
1828. 十六大后中国国有资产管理体制的变革,《经济要参》2002 年第 76 期。
1829. 新经济与新生代民营经济,《研究与信息》2002 年第 4 期。
1830. 中国企业应作三大战略调整,《中国质量万里行》2002 年第 6 期。

1831. 如何看待当前的房地产市场，《特供信息》2002 年第 61 期。

1832. 应该支持新生代民营经济，《民营经济内参》2002 年第 27 期。

1833. 中国企业面临的三大问题，《央行党校工作简报》2002 年第 9 期。

1834. 治理市场秩序与调整政府职能，《求是》2002 年第 8 期，与他人合作。

1835. 加入 WTO 后企业与政府的关系，《国民经济管理》2002 年第 5 期。

1836. 入世后中国传统产业调整势在必行，《中国国情国力》2002 年第 1 期。

1837. 用高新技术改造传统产业，《当代经济》2002 年第 6 期。

1838. 人力资本的激励与约束机制，《新华文摘》2002 年第 1 期。

1839. 产权结构多元化的实现方式，《上海国资》2002 年第 5 期。

1840. 如何治理市场秩序，《中国经济快讯》2002 年第 18 期。

1841. 政企关系应如何调整，《市长参考》2002 年第 4 期。

1842. 入世后政企关系如何调整，《今日东方》2002 年第 1 期。

1843. 入世后中国传统产业如何调整，《新视野》2002 年第 2 期。

1844. 中国经济发展需要银证合作，《现代商业银行》2002 年第 3 期。

1845. 发展中国家的新情况与新趋势，《山东经济》2002 年第 2 期。

1846. 企业制度设置如何反映人力资本要求，《江苏企业管理》2002 年第 3 期。

1847. 市场协会与市场经济，《上海企业》2002 年第 3 期。

1848. 墨西哥在中国对外开放中的作用，《经贸实践》2002 年第 1 期。

1849. 传统产业的特点及调整，《国有资产管理研究》2002 年第 1 期。

1850. 重视行业协会的作用，《中国工商管理研究》2002 年第 1 期。

1851. 政企关系调整趋势，《理论前沿》2002 年第 1 期。

1852. 企业发展的七大战略选择，《经济导报》2003 年 7 月 16 日。

1853. 民企财富思辨，《中国质量万里行》2003 年第 7 期、8 期连载。

1854. 新国资管理体制应最大限度减少政府干预，《中国质量万里行》2003 年第 1 期。

1855. 民营企业将进入转型期，《中华时报》2003 年 9 月 12 日。

1856. 民企参与国资改革的时机已成熟，《中国经济时报》2002 年 11 月 5 日。

1857. 城市化中的农民问题，《内部参阅》2003 年第 31 期。

1858. 完善市场经济体制关键在政府，《中国经济时报》2003 年 10 月 20 日 。

1859. 资产扩张要兼顾改革与发展，《光明日报》2003 年 10 月 24 日。

1860. 如何完善市场经济体制，《学习时报》2003 年 10 月 27 日。
1861. 全面走向市场，《金融时报》2003 年 10 月 10 日。
1862. 非公有经济理论的伟大创新，《理论动态》2003 年 10 月 20 日。
1863. 构建新的国有资产管理体制，《内部参阅》2003 年第 18 期。
1864. 城市化要防止空心化，《重庆商报》2003 年 3 月 24 日。
1865. 浅谈个税改革的三个观点，《中国财经报》2003 年 4 月 15 日。
1866. 国企领导与人力资本，《北京日报》2003 年 9 月 18 日。
1867. 关于国资经营预算的思考，《上海证券报》2003 年 4 月 7 日。
1868. 国资委如何管好国有资产，《中国经济日报》2003 年 3 月 11 日。
1869. 企业文化打造优秀品牌，《中国产经新闻》2003 年 3 月 25 日。
1870. 关于东西部发展的有效协调，《中国经济导报》2003 年 3 月 18 日。
1871. 推动民企核心竞争力，《中华工商时报》2003 年 6 月 25 日。
1872. 如何提升企业核心竞争力，《潞安工作动态》2003 年 3 月 19 日。
1873. 关于经营城市问题，《光明日报》2003 年 7 月 8 日。
1874. 房地产发展中的几个问题，《中国证券报》2003 年 7 月 14 日。
1875. 中西部地区还有两大机遇，《哈尔滨日报》2003 年 1 月 7 日。
1876. 读一本好书，形成一个好思路，《西飞集团报》2002 年 2 月 4 日。
1877. 传统产业会长期存在，《中华工商时报》2003 年 1 月 23 日。
1878. 资本与经营的人格化发展趋向，《中华工商时报》2003 年 1 月 20 日。
1879. 十六大精神新在哪里，《杉杉时报》2003 年 1 月 28 日。
1880. 温州应重视资本市场作用，《温州都市报》2003 年 12 月 11 日。
1881. 国有股流通可借鉴分拆法，《中国证券报》2003 年 11 月 6 日。
1882. 什么是最具竞争力企业，《深圳商报》2003 年 10 月 14 日。
1883. 资本市场改革的四道坎，《中国民航报》2003 年 11 月 19 日。
1884. 上市还须过好三道关，《温州日报》2003 年 12 月 1 日。
1885. 民营企业发展的时代特征，《中国产经新闻》2003 年 10 月 24 日。
1886. 如何理解十六届三中全会决议，《温州晚报》2003 年 11 月 29 日。
1887. 企业发展战略分析，《经济导报》2003 年 7 月 16 日。
1888. 积极培育企业核心竞争力，《中国经济导报》2003 年 5 月 1 日。
1889. 企业如何留住人，《北京晚报》2003 年 4 月 19 日。

1890. 关于所有制理论的创新,《北京日报》2003 年 11 月 10 日。

1891. 关于区域协调问题,《中国商机快递》2003 年 11 月 11 日。

1892. 构建新的财产制度,《上海改革》2003 年第 9 期。

1893. 城市化进程中的中心城市发展,《城市经济》2003 年第 1 期。

1894. 构建新的市场信用制度,《理论前沿》2003 年第 22 期。

1895. 建立现代产权制度面临的问题,《安徽企业工作》2003 年第 5 期。

1896. 关于新的财产制度,《上海改革》2003 年第 11 期。

1897. 中国企业究竟需要什么样的治理结构,《中外管理》2003 年第 1 期。

1898. 企业债务不能压向银行,《证券市场周刊》2003 年第 48 期。

1899. 人力资本应作为制度要素,《工业企业管理》2001 年第 7 期。

1900. 新经济与企业治理结构,《工业企业管理》2001 年第 8 期。

1901. 中国零售业死地求生,《商贸经济》2003 年第 5 期。

1902. 中国民企财富思辨,《民营经济》2003 年第 9 期。

1903. 我国城市化进程中的农民问题,《农业经济导刊》2003 年第 10 期。

1904. 论股份制经济,《北京日报》2003 年 11 月 24 日。

1905. 中国环境与环境经济学,《绿叶》2003 年第 6 期。

1906. 如何规范管理层收购,《经济参考报》2003 年 12 月 17 日。

1907. 从中国收入差别看有效需求不足,《财贸经济》2003 年第 6 期,与他人合作。

1908. 国资出资人角色与职责清晰化,《上海国资》2003 年第 4 期。

1909. 关于国资管理专司机构的几个问题,《理论视野》2003 年第 3 期。

1910. 家族企业的几个争论问题,《中外企业家》2003 年第 8 期。

1911. 十六大精神对企业新在何处,《中外管理》2003 年第 1 期。

1912. 关于内在诚信理念,《上海企业》2003 年第 1 期。

1913. 关于国资管理体制问题,《江西企业家》2003 年第 1 期。

1914. 如何改革国资管理体制,《中国审计》2003 年第 12 期。

1915. 必须构建新的国资管理体制,《新华文摘》2003 年第 3 期,与他人合作。

1916. 城市化进程中农民进城的类型,《市长参考》2003 年第 8 期。

1917. 如何推进区域协调,《上海企业》2003 年第 6 期。

1918. 我国职业经理人的出路与问题,《上海企业》2003 年第 5 期。

1919. 合法与非法收入差别对有效需求的不同影响,《中国经济快讯》2003 年第 8 期。

1920. 货币资本：路在何方,《上海企业》2003 年第 7 期。

1921. 关于国资管理体制的几个问题,《新视野》2003 年第 2 期。

1922. 必须构建新的国资管理体制,《高校文科学术文摘》2003 年第 2 期。

1923. 中国企业改革与理顺公司治理结构,《中外管理》2003 年第 10 期。

1924. 城市化中的农民问题,《理论导刊》2003 年第 9 期。

1925. 农民如何进城,《上海改革》2003 年第 8 期。

1926. 规范市场秩序与贯彻市场规则,《中国党政干部论坛》2003 年第 11 期。

1927. 如何看待住房信贷的规范,《开放导报》2003 年第 8 期。

1928. 市场化运作要实现五个公开,《领导决策信息》2003 年第 29 期。

1929. 非公经济新论,《经贸导刊》2003 年第 1 期。

1930. 工业化进程中的规模以上工业,《理论探讨》2003 年第 5 期。

1931. 非公经济理论的新创举,《中国国情国力》2003 年第 3 期。

1932. 应该有一个产业保护基金,《浙江经济》2003 年第 12 期。

1933. 非公经济的新发展,《上海企业》2003 年第 3 期。

1934. 城市化战略的选择,《理论视野》2003 年第 5 期。

1935. 中国人不能不信人力资本,《人力资源开发与管理》2003 年第 3 期。

1936. 我国城市化进程中农民市民化的问题,《经济纵横》2003 年第 6 期，与他人合作。

1937. 股份制企业发展方略,《开放潮》2003 年第 6 期。

1938. 论金融投资向实业投资转变,《中国食品工业》2003 年第 1 期、2 期连载。

1939. 新国资体制如何建立,《海通证券研究》2003 年第 4 期。

1940. 地产业健康发展才能防范金融风险,《安家》2003 年第 8 期。

1941. 把钱投到实处,《经济世界》2003 年第 3 期。

1942. 货币资本路如何走,《中外企业家》2003 年第 3 期。

1943. 国资管理体制的几个问题,《远东经济》2003 年第 2 期。

1944. 创新与企业核心竞争力,《产权导刊》2003 年第 9 期。

1945. 中国应打造什么样的制造业中心,《中国国情国力》2003 年第 1 期。

1946. 城市化外部环境的四大原则，《红旗画刊》2003年第2期。

1947. 中国经济发展趋势与青年创业，《开放传播》2003年第9期。

1948. 环保应推进环境准入制度，《中华工商时报》2003年11月20日。

1949. 新生代民营经济与中国经济发展，《中国商机快递》2003年第21期。

1950. 创新是竞争力之本，《中华工商时报》2003年4月24日。

1951. 充分认识分工与协作的重要性，《中国经济导报》2003年9月9日。

1952. 增强中心城市的带动能力，《福建日报》2003年6月18日。

1953. 应适时推进产业保护政策，《经济日报》2003年6月19日。

1954. 国资改革要破解四大难题，《中国经营报》2003年6月16日。

1955. 财富排行榜没有多大意义，《中国经济导报》2003年6月24日。

1956. 资本与经营遭遇人格化分离，《中国企业报》2003年6月18日。

1957. 中国民企财富思辨，《中国证券报》2003年6月17日。

1958. 企业职务消费应薪酬化，《深圳商报》2003年6月25日。

1959. 如何降低城市运营成本，《深圳商报》2003年7月31日。

1960. 保护和培养需求与防范金融风险同样重要，《参考消费》2003年7月25日。

1961. 应防范房地产经营风险转化为金融风险，《中国经济时报》2003年7月28日。

1962. 论区域经济发展及其协调，《中国信息报》2003年8月18日。

1963. 中国经济发展的相关问题，《中国日报》英文版2003年7月29日。

1964. 区域协调不要“大锅饭”，《中国财经日报》2003年3月13日。

1965. 责任和权力需要相对称，《中国企业报》2003年3月27日。

1966. 老工业基地要解决三大问题，《人民政协报》2003年8月29日。

1967. 政企关系面临十大转变，《北京日报》2003年3月17日。

1968. 从非典看产业保护政策，《经济参考报》2003年6月11日。

1969. 政企关系将有重大变化，《特供信息》2003年11期。

1970. 国家应从五个方面扶持安全生产产业的发展，《中国产经新闻》2003年3月28日。

1971. 企业对外投资的战略思考，《中国质量万里行》2003年第3期。

1972. 当前经济形势及企业发展战略，《黄石日报》2003年3月21日。

1973. 关于房地产与金融风险的几个问题，《中国贸易报》2003 年 9 月 4 日。

1974. 地方政府在国资管理中的作用，《特供信息》2003 年第 3 期。

1975. 中国企业如何走出去，《人民日报》海外版 2003 年 1 月 2 日。

1976. 国资改革体现五个方面创新，《中国经济导报》2003 年 1 月 28 日。

1977. 零售业上的内外资竞争，《中国企业报》2003 年 1 月 29 日。

1978. 中国应成为何种制造业中心，《中华工商时报》2003 年 1 月 7 日。

1979. 经济学家展望 2003 年，《中国证券报》2003 年 1 月 2 日。

1980. 企业对外投资战略的思考，《中华工商时报》2003 年 2 月 24 日。

1981. 零售业上的中外资较量，《中华工商时报》2003 年 1 月 4 日。

1982. 国资委如何运作，《经济参考报》2003 年 3 月 8 日。

1983. 国资委如何管好国有资产，《中国经济时报》2003 年 3 月 11 日。

1984. 技术创新书写深圳激情，《深圳商报》2003 年 3 月 11 日。

1985. 收入差别与需求不足，《中国信息报》2003 年 9 月 29 日。

1986. 中国制造业何去何从，《中国乡镇企业报》2003 年 3 月 19 日。

1987. 论“国退民进”，《特供信息》2003 年第 8 期。

1988. 如何解决民企中职业经理人与出资人的矛盾，《中国质量万里行》2003 年第 2 期。

1989. 资本与经营遭遇人格化分离，《中国工商时报》2003 年 1 月 20 日。

1990. “国退民进”的争议，《经理人内参》2003 年第 7 期。

1991. 工业化进程中的资金问题，《人文杂志》2003 年第 5 期。

1992. 如何加快城镇化步伐，《当代贵州》2003 年第 3 期。

1993. 非公经济理论的 10 个层面，《中国工商》2003 年第 1 期。

1994. 董事会的规范化运作问题，《中外管理》2003 年第 5 期。

1995. 探讨国资委的八大问题，《经济世界》2003 年第 4 期。

1996. 城市化过程农民进城的类型，《市长参考》2003 年第 8 期。

1997. 学术杂志与改革开放，《广东社会科学》2003 年第 2 期。

1998. 当前如何扩大就业，《科技与企业》2003 年第 5 期。

1999. 有效需求不足的收入原因，《经济界》2003 年第 4 期。

2000. 我国职业经理人的问题及出路，《改革与理论》2003 年第 2 期。

2001. 国有资产应建立三级管理模式，《文明与宣传》2003 年第 2 期。

2002. 论建立新的国有资产管理体制，《江海学刊》2003 年第 1 期。

2003. 城市化外部环境的四大原则，《新华文摘》2003 年第 11 期。

2004. 评 2003 年资本市场年度人物，《证券市场周刊》2003 年第 47 期。

2005. 关于中国职业经理人的有关问题，《上海企业》2003 年第 5 期。

2006. 非公有经济理论的伟大创举，《理论动态》2003 年 10 月 20 日。

2007. 企业对外投资的战略思考，《中国质量万里行》2003 年第 6 期。

2008. 企业创新与核心竞争力，《参阅件》2003 年第 6 期。

2009. 区域发展与协调，《经济要参》2003 年第 23 期。

2010. 房地产与金融风险问题，《第 5 届中国国际高新技术交易》2003 年 10 月 12 日。

2011. 企业文化就是企业信奉并实践的价值理念，《企业文化》2003 年第 2 期。

2012. 为什么强调等级制，《企业文化》2003 年第 7 期。

2013. 有效实现审计的完整性与独立性，《中国审计》2003 年第 17 期。

2014. 城市化中的农民问题，《上海改革》2003 年第 8 期。

2015. 富豪落马归咎于体制弊端，《领导决策信息》2003 年第 24 期。

2016. 用金融市场推动工业化资金筹措，《经济要参》2003 年第 54 期。

2017. 企业创新与核心竞争力，《中国质量万里行》2003 年第 9 期。

2018. 城市化中的农民问题，《内部参阅》2003 年第 31 期。

2019. 十六大与我国非经济的发展，《领导广角》2003 年第 6 期。

2020. 保持高效增长的关键，《上海企业》2003 年第 6 期。

2021. 出资人的责权利，《上海企业》2003 年第 7 期。

2022. 关于企业职务消费问题，《领导决策信息》2003 年第 26 期。

2023. 非公经济的重大发展，《上海改革》2003 年第 1 期。

2024. 关于新国资管理体制，《新长征》2003 年第 1 期。

2025. 政企新关系，《商界》2003 年第 3 期。

2026. 实现两个转变是“中国制造”的目标所在，《领导决策信息》2003 年第 5 期。

2027. 企业改革要以治理结构为主，《城市开发》2003 年第 1 期。

2028. 论经营城市，《经济理论与经济管理》2003 年第 6 期，与他人合作。

2029. 如何正确认识收入差距，《国民经济管理》2003 年第 1 期。

2030. 关于内在诚信理念,《工业企业管理》2003 年第 4 期。

2031. 论体育休闲产业的重点发展方向和产业布局,《体育休闲产业与首都经济》2003 年 2 月。

2032. 关于环境经济学,《科学中国人》2003 年第 12 期。

2033. 关于国资体制改革,《时代财会》2003 年第 3 期。

2034. 论职业经理人,《工业企业管理》2003 年第 6 期。

2035. 关于商界领袖问题,《商界领袖》2003 年第 2 期。

2036. 中华英才 300 人,《中华英才》2003 年第 24 期。

2037. 非公经济的伟大创新,《社会主义经济理论与实践》2003 年第 4 期。

2038. 浅谈税改的三个观点,《财政与税收》2003 年第 6 期。

2039. 构建新的国资体制,《国民经济管理》2003 年第 3 期。

2040. 论企业治理结构中的人力资本机制,《工业企业管理》2003 年第 2 期。

2041. 论金融支持实业发展,《金融与保险》2003 年第 6 期。

2042. 企业究竟需要什么样的治理结构,《中外管理》2003 年第 12 期。

2043. 企业发展的关键是保持稳定,《管理与财富》2004 年第 10 期。

2044. 关于非公经济的几个问题,《民营企业家创新论坛》2004 年 6 月 19 日。

2045. 企业要有科学的资金融通战略,《经济纵横》2004 年第 10 期。

2046. 金融控投公司与风险管理,《金信证券》2004 年第 9 期。

2047. 当前国有企业改革的总体思路,《河北企业家》2004 年第 9 期。

2048. 企业如何看待“空降兵”,《河南日报》2004 年 12 月 1 日。

2049. 企业家应正确对待财富,《经济界》2004 年第 6 期。

2050. 中国金融如何创品牌,《招银财富》2004 年第 5 期。

2051. 中国企业竞争力需提高,《中国质量万里行》2004 年第 10 期。

2052. 防止“硬着陆”,《经理人内参》2004 年第 13 期。

2053. 企业危机及防范,《现代财经》2004 年第 9 期。

2054. 企业应如何反危机,《理论前沿》2004 年第 17 期。

2055. 发展临空经济要注意三个问题,《临空发展论坛》2004 年第 5 期。

2056. 政企关系要适应国际化要求,《中外管理》2004 年第 12 期。

2057. 绿色中国与环境战略,《环境文化》2004 年 9 月 4 日。

2058. 资本市场建设与中国经济发展,《中国经济导报》2004 年 6 月 29 日。

2059. 如何有效监管金融,《中国经济导报》2004 年 7 月 3 日。

2060. 民营经济与城市发展,《中华工商时报》2004 年 6 月 5 日。

2061. 中国要直面世界经济挑战,《中国信息报》2004 年 7 月 5 日。

2062. 关键是完善公司治理结构,《证券时报》2004 年 7 月 5 日。

2063. 建立现代产权制度面临的问题,《安徽企业工作》2003 年第 5 期。

2064. 如何发展中心城市,《城市经济》2003 年第 12 期。

2065. 关于就业问题的争论,《新华文摘》2004 年第 10 期。

2066. 工业化进程中的资金问题,《工业经济》2003 年第 12 期。

2067. 十六大对非公经济的创新,《当代经济》2004 年第 2 期。

2068. 构建新的财产制度,《国有资产管理》2004 年第 5 期。

2069. 如何提升企业核心竞争力,《经济界》2004 年第 1 期。

2070. 中国如何面对国际经济挑战,《上海改革》2004 年第 4 期。

2071. 中国当代经济理论 100 家,《中国经济新闻》2004 年第 1 期。

2072. 企业与人力资本,《中国人才市场报》2004 年 5 月 29 日。

2073. 中国企业竞争力问题,《人民日报》海外版 2004 年 5 月 13 日。

2074. 中国与世界经济的互动与挑战,《上海企业》2004 年第 5 期。

2075. 坚持全方位诚信理念,《中国质量万里行》2004 年第 9 期。

2076. 当前民营企业发展急需解决的十大问题,《中外企业文化》2004 年第 8 期。

2077. 论企业危机问题,《中外企业家》2004 年第 8 期、9 期连载。

2078. 如何建设“绿色中国”,《人民日报》2004 年 9 月 9 日。

2079. 并购后企业如何整合,《中国质量万里行》2004 年第 3 期。

2080. 再论人力资本问题,《现代企业教育》2004 年第 1 期。

2081. 健全现代产权制度的四大内容,《产权导刊》2004 年第 4 期。

2082. 中国如何融入世界,《上海国资》2004 年第 4 期。

2083. 论企业稳定哲学,《上海企业》2004 年第 8 期。

2084. 政府在市场经济中的定位及价值取向,《投资北京》2004 年第 1 期。

2085. 经济发展的关键是企业活力,《中国乡镇企业报》2004 年 1 月 21 日。

2086. 发展首都经济及理论,《北京日报》2004 年 2 月 2 日。

2087. 如何推动股市的全流通,《中华工商时报》2004 年 1 月 12 日。

2088. 企业可持续发展的启示,《中国产经新闻》2004 年 1 月 13 日。

2089. 民企应参与国企重组,《中华工商时报》2004 年 1 月 12 日。

2090. 全流通改革寻突破,《中国济济导报》2004 年 1 月 17 日。

2091. 国企参加并购要解决三个问题,《经济参考报》2004 年 1 月 7 日。

2092. 2004 年中国经济发展趋势分析,《发现》2004 年第 1 期。

2093. 完善治理结构和退市制度对完善资本市场更有用,《财经时报》2004 年 3 月 13 日。

2094. 对中国经济地位上升的逆向思考,《WTO 经济导刊》2004 年第 5 期。

2095. 国外产权制度借鉴要点,《中国质量万里行》2004 年第 5 期。

2096. 公开是国企改制的最佳路径,《经济》2004 年第 2 期。

2097. 国外产权研究的八大要点,《中国改革报》2004 年 2 月 16 日。

2098. 中国国有企业改革状况,《贵州财经学院学报》2004 年第 4 期。

2099. 论企业新发展观,《乌鲁木齐职业大学学报》2004 年第 2 期。

2100. 财产制度的主要形式是产权制度,《产权导刊》2004 年第 5 期。

2101. 摘掉民营经济头上的三顶新帽子,《当代经济》2004 年第 11 期。

2102. 政府与企业究竟是什么关系,《当代经理人》2004 年第 12 期。

2103. 国有企业改革总体思路的有关问题,《中国电力企业管理》2004 年 9 月。

2104. 经济学视觉下的环境保护,《绿叶》2004 年第 5 期。

2105. 关于企业稳定哲学,《资产与产权》2004 年第 4 期。

2106. 企业要重视社会责任,《香港大公报》2004 年 12 月 23 日。

2107. 民企管理信息化六原则,《中华工商时报》2004 年 1 月 6 日。

2108. 如何面对世界经济的挑战,《浙江经济》2004 年第 14 期。

2109. 构建新的财产制度,《金信证券》2004 年第 2 期。

2110. 关于财产制度的讨论,《新视野》2004 年第 1 期。

2111. 中国经济体制改革上的新里程碑,《新长征》2004 年第 1 期。

2112. 中国政企关系面临十大转变,《市场经济研究》2004 年第 1 期。

2113. 要变革资产管理公司的体制与机制,《金融时报》2004 年 12 月 22 日。

2114. 企业影响政府的轨道选择,《经济理论与经济管理》2004 年第 12 期。

2115. 产权是市场信用制度的基础,《经济参考报》2004 年 1 月 2 日。

2116. 构建新的财产制度,《社会主义经济理论与实践》2004 年第 4 期。

2117. 正在崛起的新生代民营经济,《中华工商时报》2004 年 1 月 2 日。

2118. 竞争力的两个评价标准,《中国产经新闻》2004 年 10 月 15 日。

2119. 财产制度的主要形式是产权制度,《新华文摘》2004 年第 14 期。

2120. 宏观调控要看总量，也要看结构,《北京现代商报》2004 年 7 月 15 日。

2121. 不能对民营经济进行金融歧视,《经济日报》2004 年 8 月 17 日。

2122. 作为国有资产出资人没有行政级别,《经济》2004 年第 8 期。

2123. 评说民企头上的三顶帽子,《中华工商时报》2004 年 9 月 7 日。

2124. 关于湛江产业发展方向,《湛江日报》2004 年 9 月 20 日。

2125. 资本市场的全流通问题,《经济导刊》2004 年第 3 期。

2126. 资本经营与企业发展战略,《晋中晚报》2004 年 2 月 25 日。

2127. 产权改革是经济体制改革的突破口,《中华工商时报》2004 年 2 月 10 日。

2128. 关注过高的外贸依存度,《中国经济导报》2004 年 3 月 9 日。

2129. 新一轮国资重组的特征,《经济日报》2004 年 5 月 26 日。

2130. 为官和为学只是职业之异,《华商报》2004 年 5 月 1 日。

2131. 当前中国经济发展的热点问题,《恩施日报》2004 年 6 月 30 日。

2132. 正确对待财富,《新远见》2004 年第 5 期。

2133. 完善宏观调控的根本问题,《社会科学战线》2005 年第 3 期。

2134. 如何提升核心竞争力,《中国质量万里行》2005 年第 9 期。

2135. 加速国企改革的四大难题 ,《中外管理》2005 年第 12 期。

2136. 简论我国城市化战略的新选择,《光明日报》2005 年 11 月 8 日。

2137. 收入分配不公让社会头痛,《社会主义经济理论与实践》2005 年第 9 期。

2138. 完善宏观经济调控的根本问题,《国民经济管理》2005 年第 9 期。

2139. 关于技术创新问题,《21 世纪经济报道》2005 年 11 月 14 日。

2140. 关于国有企业改制的有关问题,《工作情况简报》2005 年第 9 期。

2141. 中国企业高成本时代已经到来,《深圳投资者》2005 年第 10 期。

2142. 关于“十一五”规划建议的有关问题,《产权导刊》2005 年第 12 期。

2143. 高成本时代与中国经济转型,《中国工业经济》2005 年第 9 期。

2144. 中国企业如何才能走出去,《经济界》2005 年第 4 期。

2145. 具有竞争力的企业才是真正的企业,《中国企业报》2005 年 8 月 8 日。

2146. 高成本时代会影响中国经济增速,《金融时报》2005 年 8 月 15 日。

2147. 中国经济走出去的十大思考,《中国企业报》2005 年 6 月 7 日。

2148. 国企改制的三大难点,《中国企业报》2005 年 6 月 2 日。

2149. 技术优势高于成本优势,《中国企业报》2005 年 7 月 7 日。

2150. 培训促进企业发展,《中国质量万里行》2005 年第 8 期,

2151. 中国企业的高成本时代已提前到来,《经理人内参》2005 年第 7 期。

2152. 联想国际化并购的五个特征,《产权导刊》2005 年第 9 期。

2153. 2005 年中国民营企业的突破口,《科技与企业》2005 年第 1 期。

2154. 当前宏观调控的深层思考,《新视野》2005 年第 2 期。

2155. 关于当前宏观调控的几个问题,《国民经济管理》2005 年第 5 期。

2156. 完善宏观调控的根本问题,《新华文摘》2005 年第 15 期。

2157. 当前经济与企业发展中的四大问题,《同窗》2005 年第 1 期。

2158. 企业要重视社会责任,《中国质量万里行》2005 年第 5 期。

2159. 中国企业高成本时代已提高到来,《特供信息》2005 年第 23 期。

2160. 企业家的最后一项修炼,《当代经理人》2005 年第 6 期。

2161. 中国高成本时代提前十年到来,《中国青年报》2005 年 6 月 20 日。

2162. 政府退出微观经济活动是宏观调控的根本,《当代经济》2005 年第 5 期。

2163. 政府携手企业应对高成本时代,《中华工商时报》2005 年 7 月 4 日。

2164. 企业如何应对高成本时代,《深圳商报》2005 年 6 月 22 日。

2165. 深圳要发展两个“孵化器”,《深圳商报》2005 年 6 月 28 日。

2166. 企业社会责任与道义责任不能混同,《光明日报》2005 年 7 月 5 日。

2167. 民企重组国企需要消除三大障碍,《当代经济》2005 年第 3 期。

2168. 经济大国称号的反差与忧虑,《北京日报》2005 年 6 月 6 日。

2169. 收入分配不公与社会不满,《中国国情国力》2005 年第 6 期。

2170. 中国经济发展中收入分配问题,《经济纵横》2005 年第 6 期,与他人合作。

2171. 重化工业是民营经济未来出路,《民营经济研究》2005 年第 1 期,

2172. 没有产权的变革就没有企业的可持续发展,《中国特色社会主义研究》2005 年第 1 期。

2173. 中国如何应对世界经济的挑战,《今日中国论坛》2005 年第 1 期。

2174. 大道至简,《营销学苑》2005 年第 3 期。

2175. 重化工业与民营经济机遇,《中华工商时报》2005 年 2 月 22 日。

2176. 中小企业发展需要有三个支撑点,《中国中小企业》2005 年第 2 期。

2177. 北京金融中心任重而道远,《投资北京》2005 年第 11 期。

2178. 经济学家的历史任务,《清华继教》2005 年第 3 期。

2179. 企业如何主动改善政企关系,《光明日报》2005 年 1 月 11 日。

2180. 民间投资六大热点,《中国投资》2005 年第 1 期。

2181. 民营企业要加强反危机力量,《中华工商时报》2005 年 2 月 4 日。

2182. 人力资本:企业经营的另一种境界,《中华工商时报》2005 年 2 月 4 日。

2183. 2005 年中国民营企业五大投资有前途,《中国民营科技与经济》2005 年第 2 期。

2184. 某些资产重组实际是逃债,《广州日报》2005 年 3 月 17 日。

2185. 金融监管要同改革与服务相结合,《金融时报》2005 年 4 月 25 日。

2186. 海尔靠什么拥有国际竞争力,《人民日报》2005 年 6 月 20 日。

2187. 关注和应对高成本时代的到来,《当代财富报》2005 年 7 月 15 日。

2188. 企业要重视社会责任,《中华工商时报》2005 年 1 月 27 日。

2189. 高成本时代会引起哪些问题,《改革内参》2005 年第 21 期。

2190. 我国认证可实行一元化模式,《中国质量认证》2005 年第 7 期。

2191. 市场竞争不相信“眼泪”,《当代中国》2005 年第 7 期。

2192. 培训促进企业发展,《中华工商时报》2005 年 5 月 25 日。

2193. 转变增长方式才能持续发展,《中华工商时报》2005 年 5 月 23 日。

2194. 他们为中国播种市场经济火种,《南方周末》2005 年 3 月 31 日。

2195. 中国企业如何应对高成本时代,《文汇经济观察》2005 年 6 月 27 日。

2196. 2005 年产权交易不容乐观,《华商世界》2005 年第 2 期。

2197. 在国企改革中要规范政府和企业的关系,《理论动态》2005 年 3 月 30 日。

2198. 现在还不是坐享福利的时候,《北京日报》2005 年 4 月 4 日。

2199. 今年企业的日子会好过一点,《民营经济报》2005 年 3 月 7 日。

2200. 解决不公才能缩小差距,《民营经济报》2005 年 3 月 23 日。

2201. 关注和应对高成本时代的到来,《新华文摘》2005 年第 17 期。

2202. 全球化竞争特点与中国企业应对策略,《上海企业》2005 年第 9 期。

2203. 高成本时代与中国经济转型,《高校文科学术文摘》2005 年第 6 期。

2204. 技术创新要解决好三个问题,《中国质量万里行》2005 年第 12 期。

2205. 国企改革当前要主攻三大难点,《当代经济》2005 年第 5 期。

2206. 加速解决国企改革的四大难题,《中外管理》2005 年第 12 期。

2207. 技术优势高于成本优势,《中国党政干部论坛》2005 年第 9 期。

2208. 如何对待改革中出现的不同声音,《高校文科学术文摘》2006 年第 4 期。

2209. 企业必须解决三大创新问题,《光彩》2006 年第 5 期。

2210. 如何正确对待改革中出现的不同声音,《西北大学学报》2006 年第 3 期。

2211. 其实是相对过剩,《当代经理人》2006 年第 2 期。

2212. 民营经济的回顾与展望,《中国民营科技与经济》2006 年第 1 期。

2213. 认证问题的几个要点,《中国质量认证》2006 年第 3 期。

2214. 二元化困境与中国的教育体制改革,《学术月刊》2006 年第 8 期，与他人合作。

2215. 蓝海战略评述,《营销学苑》2006 年第 2 期。

2216. 慈善捐赠不是企业的社会责任,《光彩》2006 年第 1 期。

2217. 改革中为什么会出现不同声音,《中国改革》2006 年第 9 期。

2218. 对比较优势战略的再认识,《理论前沿》2006 年第 17 期。

2219. 五个原因导致社会对民企不理解,《民营经济研究》2006 年第 1 期。

2220. 从虚假发票看企业的内在约束,《财经界》2006 年第 4 期。

2221. 企业技术创新的几个关键性问题,《科学学与科学技术管理》2006 年第 4 期，与他人合作。

2222. 我国医疗服务体系的内在特性与改革思路,《改革》2006 年第 3 期。

2223. 大小企业的不同管理选择,《财经界》2006 年第 5 期。

2224. 制造业的调整方向,《苏商》2006 年第 2 期。

2225. 什么妨碍了我们自主创新,《半月谈内部版》2006 年第 3 期。

2226. 关注企业的经济学学习,《清华 EMBA 观察》2006 年第 3 期。

2227. 中国经济进入高成本时期,《经理人内参》2006 年第 6 期。

2228. 民营企业家实现自我提升的六条标准,《发展与探索》2006 年第 1 期。

2229. 技术优势决定增长速度,《中国质量万里行》2006 年第 12 期。

2230. 假发票与企业内部约束，《清华 EMBA 观察》2006 年第 4 期。

2231. 基尼系数理论与中国现实的碰撞，《经济学动态》2006 年第 3 期。

2232. 我国收入分配不公的内涵及现状，《财政研究》2006 年第 1 期。

2233. 基尼系数理论与中国的现实，《高校文科学术文摘》2006 年第 3 期。

2234. 影响中国经济发展的制约因素及政策建议，《济南金融》2006 年第 5 期。

2235. 结构变迁、财政转型与中国社会保障制度的改革路径，《社会保障制度》2006 年第 11 期，与他人合作。

2236. 企业自主创新的几个关键性问题，《企业管理研究》2006 年第 7 期。

2237. 如何正确对待改革中出现的不同声音，《社会主义经济理论与实践》2006 年第 8 期，与他人合作。

2238. 我国医疗服务体系的内在特性与改革路径，《社会保障制度》2006 年第 6 期，与他人合作。

2239. 中国经济进入高成本时代，《中国企业报》2006 年 6 月 15 日。

2240. 具有创新能力的企业才是真正的企业，《光明日报》2006 年 6 月 18 日。

2241. 中国经济趋势判断，《中华工商时报》2006 年 10 月 25 日。

2242. 全面审视收入和收入差距问题，《青岛日报》2006 年 1 月 21 日。

2243. 应对高成本时代的战略选择，《中国经济导报》2006 年 2 月 14 日。

2244. 基尼系数理论与中国现实的碰撞，《光明日报》2006 年 2 月 14 日。

2245. 注重对企业经济学的研究，《中国乡镇企业报》2006 年 3 月 24 日。

2246. 收入差距：不要迷信基尼系数，《人民日报》海外版 2006 年 7 月 14 日。

2247. 企业必须要解决的三大创新问题，《中国企业报》2006 年 1 月 12 日。

2248. 改革开放后中国经济波动背后的政府因素，《中央财经大学学报》2006 年第 6 期，与他人合作。

2249. 当前中国产业结构调整中的几个问题，《中国社会科学文摘》2006 年第 3 期。

2250. 改革开放后中国经济波动背后的政府因素，《国民经济管理》2006 年第 10 期。

2251. 基尼系数与中国现实的碰撞，《新华文摘》2006 年第 10 期。

2252. 财政转型与中国社保改革的路径，《新华文摘》2006 年第 20 期。

2253. 守住你的“活资本”，《商界名家》2006 年第 12 期。

2254. 高教体制改革的二元化困境,《中国改革》2006 年第 7 期。

2255. 当前中国产业结构调整中的几个问题,《经济经纬》2006 年第 2 期。

2256. 如何建立学习型企业,《中关村》2006 年第 11 期。

2257. 当前改革的特点及方向,《理论动态》2006 年 4 月 20 日。

2258. 高成本时代与中国经济转型,《国民经济管理》2006 年第 1 期。

2259. 启动总需求的几点建议,《社会科学战线》2006 年第 2 期,与他人合作。

2260. 中国社会保障体制改革的几个问题,《学习与实践》2006 年第 7 期。

2261. 企业管理重在体制创新,《清华人》2006 年第 3 期。

2262. 二元化困境与中国教育体制改革,《教育学》2006 年第 11 期。

2263. 创新路上的浙江民营经济,《今日科技》2006 年第 6 期。

2264. 令人担心的经济数据,《改革内参》2006 年第 32 期。

2265. 政府为什么有人怀疑改革,《国际航空报》2006 年 7 月 17 日。

2266. 2005 年理论经济学的若干热点问题,《新华文摘》2006 年第 14 期。

2267. 结构变迁、财政转型与中国社会保障体系的改革路径,《学习与实践》2006 年第 7 期,与他人合作。

2268. 我国住房制度改革的路径:基于住房商品的特殊性质,《经济体制改革》2007 年第 2 期,与他人合作。

2269. 流动性过剩与企业家选择,《上海企业》2007 年第 2 期。

2270. 2007 年的中国经济预想,《中国发展观察》2007 年第 1 期。

2271. 中国的发展需要新的价值理念,《开达经济学家论坛》2006 年第 4 期。

2272. 转变增长方式:协调人与自然的关系,《绿叶》2007 年第 4 期。

2273. 只有不断否定才能有发展,《小康》2007 年第 10 期。

2274. 如何面对价格的全面上涨,《理论动态》2007 年 8 月 30 日。

2275. 关于流动性过剩问题的全面思考,《经济界》2007 年第 4 期。

2276. 论人与自然的和谐,《中国经济时报》2007 年 4 月 3 日。

2277. 探求流动性过剩的化解之道,《中国金融》2007 年第 17 期。

2278. 泡沫的化解与破灭,《北京青年周刊》2007 年第 49 期。

2279. 不宜再提以某种经济成分为主,《改革内参》2007 年第 30 期。

2280. 我国当前流动性过剩:困境与选择,《经济管理》2007 年第 9 期。

2281. 自然性垄断企业如何改,《理论前沿》2007 年第 20 期。

2282. 法人财产与居民收入差距：需要明确的问题，《学习与实践》2007 年第 9 期。

2283. 法人财产不能与居民收入等同，《经济问题》2007 年第 10 期。

2284. 中国农村居民收入增长的二元机制及其实证研究，《财经研究》2007 年 4 月 5 日，与他人合作。

2285. 加强弱势群体的利益保障，《湖南社会科学》2007 年第 3 期。

2286. 看不起病与看病难是两回事，《中国经济时报》2007 年 5 月 22 日。

2287. 经济利益和谐中的弱势群体与高收入群体，《重庆社会科学》2007 年第 6 期。

2288. 企业文化与企业制度相辅相成，《工商界》2007 年第 5 期。

2289. 股市扩容破解流动性过剩，《21 世纪经济报道》2007 年 5 月 21 日。

2290. 流动性过剩与宏观经济政策调整，《资产与产权》2007 年第 5 期。

2291.2007 年中国经济发展趋势分析，《当代经济》2007 年第 1 期。

2292. 如何面对价格上涨过快，《改革内参》2007 年第 26 期。

2293. 找准制约发展的瓶颈和突破点，《当代贵州》2006 年第 22 期。

2294. 流动性过剩的全方位思考，《中国经济观察》2007 年第 2 期。

2295. 中国经济发展问题，《朝鲜日报》（韩文），2007 年 2 月 1 日。

2296. 英国铁路改革的启示，《国有资产管理》2007 年第 9 期。

2297. 货币“迷失”与货币政策的有效性，《金融与保险》2007 年第 6 期，与他人合作。

2298. 以经济利益原则支撑高增长，《中国与世界观察》2007 年第 2 期。

2299. 建立科学的经济利益和谐观，《新华文摘》2007 年第 16 期。

2300. 建立科学的经济利益和谐观，《理论前沿》2007 年第 9 期 .

2301. 完善产权交易市场的几个问题，《国有资产管理》2007 年第 3 期。

2302. 我们应该感谢谁，《中外企业家》2007 年第 4 期。

2303. 经济利益和谐中的企业法人与资本收入问题，《社会科学战线》2007 年第 3 期。

2304. 中国经济繁荣源于何处，《光明日报》2007 年 6 月 5 日。

2305. 必须破除当前束缚我们的思想观念，《北京日报》2007 年 10 月 15 日。

2306. 关于法治社会的几个问题，《理论视野》2007 年第 4 期。

2307. 货币与货币政策的有效性，《经济学动态》2007年第1期，与他人合作。

2308. 新体制磨合期特征凸显，《中国经济导报》2007年10月25日。

2309. 社会进步与企业发展大思路，《决策与信息》2007年第2期。

2310. 全方位认识流动性过剩问题，《金融与保险》2007年第10期。

2311. 封面人物，《江汉论坛》2007年第4期。

2312. 我们应该感谢纳税人，《光彩》2007年第7期。

2313. 医疗资源短缺与医疗体制改革，《中外企业家》2007年第5期。

2314. 我国当前的流动性过剩：困境与出路，《国民经济管理》2007年第9期。

2315. 如何化解流动性过剩，《中国经济信息》2007年第18期。

2316. 改革开放需要继续解放思想，《改革》2008年第1期。

2317. 本轮宏观经济波动的理性思考，《理论前沿》2008年第19期。

2318. 个税应尽快提高起征点，《中国经济学人评论》2008年第1期。

2319. 改革开放三十年更要解放思想，《中国质量万里行》2008年第9期。

2320. 为什么要调高个税起征点，《经理人内参》2008年第12期。

2321. 国企改革的难点在哪里，《产权导刊》2008年第8期。

2322. 我国新体制磨合期的任务与特点，《上海经济研究》2008年第1期。

2323. 资本市场泡沫与实体经济过热是两回事，《经济界》2008年第1期。

2324. 开放与过度依赖出口的关系，《时代信报》2008年1月19日。

2325. 如何看待财政收入破五万亿，《人民日报》（海外版）2008年1月21日。

2326. 加快保障体系改革和提高初次分配中劳动者的收入，《证券时报》2008年4月29日。

2327. 经济利益和谐观的内在规定性，《体制改革》2007年第12期。

2328. 改革已进入新体制磨合期，《北京日报》2008年2月18日。

2329. 国有企业改革的三种基本模式，《经济与管理研究》2008年第2期。

2330. 还需要继续解放思想，《广州日报》2008年1月9日。

2331. 从税收与民生的关系看如何分享改革成果，《税务研究》2008年第6期。

2332. 经济转型的“危与机”，《中华工商时报》2008年12月8日。

2333. 国家应购买就业机会，《竞报》2008年12月9日。

2334. 民营企业如何实现交接班，《中外企业家》2008年第12期。

2335. 应对资产高价运行问题的五类办法，《金融经济》2008年第1期。

2336. 医疗改革不仅仅是经费问题,《中国审计》2008 年第 2 期。

2337. 民生不是简单的福利主义,《中国经济时报》2008 年 7 月 14.15 日连载。

2338. 国有经济战略布局调整的思路,《国有资产管理》2008 年第 11 期。

2339. 本轮宏观经济变动的背后原因,《开放导报》2008 年第 5 期。

2340. 必须坚持正确的改革方向,《产权导刊》2008 年第 5 期。

2341. 产权制度改革与混合经济的形成,《西北大学学报》2008 年第 3 期。

2342. 改革开放与思想解放,《学习与实践》2008 年第 5 期。

2343.30 年中国对外开放战略的变革,《理论前沿》2008 年第 10 期。

2344. 对外开放的战略变迁,《中国金融》2008 年第 6 期。

2345. 尊重民众首创精神并让民众共享改革成果,《经济纵横》2008 年第 7 期。

2346. 中国面临国际化陷阱,《产权导刊》2008 年第 7 期。

2347. 关注国际化陷阱,《金融经济》2008 年第 7 期。

2348. 中国经济体制改革的历史进程及不同阶段的任务,《体制改革》2008 年第 9 期。

2349. 楼市不需救，但要转型,《重庆时报》2008 年 9 月 22 日。

2350. 中国经济体制改革的历史进程及不同阶段的任务,《新华文摘》2008 年第 12 期。

2351. 如何应对国际化陷阱的挑战,《投资与证券》2008 年第 10 期。

2352. 论社会公平的度量标准,《理论前沿》2008 年第 3 期。

2353. 协调不同利益群体的基本措施,《湖北社会科学》2008 年第 2 期。

2354. 改革开放以来中国对外开放战略的变革,《北京社会科学》2008 年第 5 期。

2355. 中国企业改革的若干要点：1978–2008,《改革》2008 年第 8 期。

2356. 不能将危及公平的帽子戴在效率头上,《中国经济时报》2008 年 4 月 21 日。

2357. 警惕国际化陷阱,《中国流通经济》2008 年第 10 期。

2358. 民生与福利主义的区别,《中外企业家》2008 年第 8 期。

2359. 启动消费需求：2009 年增长的关键,《中国金融》2008 年第 23 期。

2360. 流动性过剩与宏观经济调控变化,《会计之友》2008 年第 1 期。

2361. 中国经济体制改革的历史进程及不同阶段的任务,《社会科学战线》

2008 年第 4 期。

2362. 创新才是中国企业唯一出路,《中国企业报》2008 年 6 月 27 日。

2363. 中国企业将发生三大转变,《中华工商时报》2008 年 6 月 30 日。

2364. 由企业资金断裂而引发的思考,《浙江经济》2008 年第 18 期。

2365. 经营民营化不等于财产私有,《北京日报》2008 年 10 月 27 日。

2366. 如何看待资产价格高价位运行,《投资与证券》2008 年第 4 期。

2367. 全世界国有企业改革的三种模式,《首都经贸大学学报》2008 年第 2 期。

2368.2008 年宏观经济走势,《同窗》2008 年第 11 期。

2369. 从出口、投资、消费到消费、投资、出口,《经贸实践》2008 年第 4 期。

2370. 对症下药解通胀,《中国经济导报》2008 年 5 月 10 日。

2371. 法治社会的核心是尊重人权、财产和契约,《北京日报》2008 年 5 月 12 日。

2372. 为什么股市暴跌和人们要求救市,《中国经济时报》2008 年 9 月 17 日。

2373. 从税收上看如何分享改革成果,《财政与税收》2008 年第 9 期。

2374. 产权制度改革与混合经济的形成,《社会主义经济理论与实践》2008 年第 8 期。

2375. 关注民生是市场经济的应有之义,《检察日报》2008 年 9 月 3 日。

2376. 封面人物介绍,《经济纵横》2008 年第 8 期。

2377. 一部宏观经济分析的力作,《财贸经济》2008 年第 8 期。

2378. 此次通货膨胀主要是由什么原因形成的,《中国经济导报》2008 年 9 月 10 日。

2379. 减税成为新一轮财税改革核心,《经济参考报》2008 年 9 月 3 日。

2380. 破解科学发展难题,《广州日报》2008 年 2 月 24 日。

2381. 科学发展要有新思路,《广州日报》2008 年 1 月 9 日。

2382. 个税起征点提高是必然趋势,《深圳商报》2008 年 7 月 24 日。

2383. 中国制造优势在弱化,《南方都市报》2008 年 7 月 18 日。

2384. 高价资源催逼企业艰难转型,《经济参考报》2008 年 7 月 25 日。

2385. 用股市扩容破解流动性过剩,《人民日报》海外版 2007 年 12 月 16 日。

2386. 用体制改革化解流动性过剩,《现代商业银行》2008 年第 2 期。

2387. 企业文化是企业的最高境界,《国企》2008 年第 2 期。

2388. 企业国资法的特征，《中国企业报》2008 年 12 月 5 日。

2389. 能否搞技术创新退税，《东方周刊》2008 年第 49 期。

2390. 农民工需要公平起点，《瞭望》2008 年第 2 期。

2391. 中国外汇储备过多的五大麻烦，《特供信息》2008 年第 35 期。

2392. 中国要不要降息，《竞报》2008 年 10 月 30 日。

2393. 关于企业国资法的几个特征，《国有资产管理》2008 年第 12 期。

2394. 我国管理学研究的回顾与展望，《光明日报》2008 年 12 月 9 日，与他人合作。

2395. 整合国际资源与开发国内市场，《中国经济导报》2008 年 12 月 18 日。

2396. 中国经济改革与经济学家的忙碌，《领先》2008 年第 6 期。

2397. 企业文化中的团队精神，《清华继续》2008 年第 6 期。

2398. 保就业就要保企业，《IT 经理世界》2009 年第 5 期。

2399. 启动消费与保经济增长，《联合报》2008 年 11 月 1 日。

2400. 如何全面启动内需，《中国企业报》2009 年 2 月 27 日。

2401. 科学发展要强调体制改革，《改革内参》2009 年第 6 期。

2402. 内需启动要有新举措，《金融经济》2009 年第 3 期。

2403. 如何启动居民消费需求，《中国经济时报》2009 年 9 月 25 日，与他人合作。

2404. 百位经济学家展望中国与世界经济前景，《中国经济时报》2009 年 3 月 5 日。

2405. 企业如何应对需求不足的格局，《管理科学》2009 年第 8 期。

2406. 中国经济面临彻底变局，《英才》2009 年第 10 期。

2407. 资产价格走向何方，《新经济导刊》2009 年第 8 期。

2408. 目前应重财政政策而轻货币政策，《中国改革》2009 年第 18 期。

2409. 关于我国目前保增长的几个争论问题，《新华文摘》2009 年第 15 期。

2410. 关于目前保增长的几个争论问题，《高校文科学术文摘》2009 年第 4 期。

2411. 当前宏观经济的几个问题，《姑苏晚报》2009 年 2 月 12 日。

2412. 纪念改革开放中的几个问题，《北京日报》2009 年 1 月 12 日。

2413. 回头路并不是出路，《中国经营报》2009 年 1 月 19 日。

2414. 中国经济回暖了吗？《浙商》2009 年第 5 期。

2415.1998年危机与2008年危机的异同,《瞭望东方周刊》2009年第9期。

2416. 保增长与启动投资战略,《同窗》2009年第9期。

2417. 从“危”中要看到更多的“机”,《杭州日报》2009年2月20日。

2418. 保增长的策略与方向,《钱江晚报》2009年2月20日。

2419.2009年中国经济展望,《今日早报》2009年2月20日。

2420. 如何看待中国经济发展,《印度尼西亚商报》2009年3月25日。

2421. 全球经济复苏的中国因素,印度尼西亚《千岛日报》2009年3月27日。

2422. 中国产业结构调整方向,马来西亚《星洲报》2009年3月25日。

2423. 企业如何应对总需求不足的格局,《同学》2009年第2、3期连载。

2424. 中国经济面临的新挑战及应对之策,《理论视野》2009年第6期。

2425. 前三十年的“强”与后三十年的“富”《北京日报》2009年4月27日。

2426. 启动内需与社会保障制度的建立,《中国经济时报》2009年5月4日。

2427. 注重财政政策而慎用货币政策,《中国经济时报》2009年4月15日。

2428. 企业如何在需求不足中发展,《中国企业报》2009年3月27日。

2429. 出口导向型增长方式与投资拉动型增长方式都不可取,《理论前沿》2009年第5期。

2430. 中国经济增长为什么出问题,《学习月刊》2009年第5期。

2431. 关于启动消费需求不足的两点看法,《中国流通经济》2009年第5期。

2432. 启动需求需要有战略眼光,《福建税务》2009年第5期。

2433. 未来改革要以民富为中心,《佛山日报》2009年1月13日。

2434. 本轮宏观经济波动的理性思考,《国民经济管理》2009年第1期。

2435. 如何全方位启动内需,《经济界》2009年第1期。

2436. 金融危机后的中国宏观经济,《同窗》2009年第12月刊。

2437. 启动居民消费需求仍是关键,《浙江经济》2009年第4期。

2438. 中国经济增长如何才能回归其本意,《中国经济时报》2009年3月18日。

2439.4月将是中国经济的低谷,《浙商》2009年第1期。

2440. 应对经济下滑的举措必须理性,《理论前沿》2009年第2期。

2441. 中国经济增长出问题的原因是什么,《中国经济时报》2009年2月23日。

2442. 如何才能全面启动内需，《消费经济》2009 年第 1 期。

2443. 如何全方位启动内需，《当代经济》2009 年第 2 期。

2444. 中国经济靠什么回暖，《投资家》2009 年第 10 期。

2445. 宏观经济与保增长，《新乡展望》2009 年第 5 期。

2446. 四大转型中是未来中国经济生死穴，《半月谈内部版》2009 年第 9 期。

2447.2009 年的改革必须要做的三件事，《中国经济导报》2009 年 1 月 8 日。

2448.2009 年中国经济转型契机前瞻，《新经济导刊》2009 年第 2 期。

2449. 中国经济保增长的几个问题，《中共中央党校学报》2009 年第 4 期。

2450. 中国经济面临四大转型，《时代信息》2009 年 9 月 8 日。

2451. 不能将宏观政策的重点放在货币政策上，《同窗》2009 年第 4 期。

2452. 前三十年国富而后三十年民富，《清华人》2009 年第 3 期。

2453. 关于房地产的几个问题，《同窗》2009 年第 6 期。

2454. 企业如何在总需求不足中发展，《中外企业家》2009 年第 4 期。

2455. 危机时我国企业应如何应对，《科技成果纵横》2009 年第 3 期。

2456. 怎么让居民既敢消费又能消费，《人民日报》（海外版）2009 年 5 月 27 日。

2457. 关于改革趋势的一点判断，《学习月刊》2009 年第 6 期。

2458. 在转型中中国出口面临的问题，《社会科学战线》2009 年第 6 期，与他人合作。

2459. 启动内需的举措与效果评价，《经济纵横》2009 年第 7 期。

2460. 关于目前保经济增长的几个争论问题，《经济学动态》2009 年第 5 期。

2461. 当前启动内需与宏观经济政策的着重点，《税务研究》2009 年第 5 期。

2462. 企业发展与市场需求变动，《企业与企业家》2009 年第 3 期。

2463. 要正确选择应对经济下滑的举措，《同窗》2009 年第 3 期。

2464. 中国经济保增长的若干问题的思考，《学习与探索》2009 年第 4 期。

2465. 备受关注的 8%，《改革》2009 年第 3 期。

2466. 结构调整必须建立在增长的基础上，《时代信息》2010 年 9 月 14 日。

2467.2010 年中国经济前瞻，《中国经济》2009 年第 12 期。

2468. 中国经济保增长的几个问题，《国民经济管理》2009 年第 12 期。

2469. 中国启动内需如何着力，《投资与证券》2009 年第 11 期。

2470. 关于 2010 年中国经济的几个问题,《紫光阁》2010 年第 1 期。

2471. 基于国民经济生产总值的经济结构调整,《新华文摘》2010 年第 18 期。

2472. 中国经济发展模式的转型,《社会主义经济理论与实践》2010 年第 7 期。

2473. 转变增长方式与提高居民收入,《紫光阁》2010 年第 11 期。

2474. 重点还是要增加居民收入,《中国经济导报》2010 年 1 月 19 日。

2475. 中国经济如何“走钢丝”,《金陵晚报》2010 年 11 月 3 日。

2476. 当下中国最需要的是减税,《瞭望东方周刊》2010 年第 45 期。

2477. 资产投资变动与货币政策选择,《经济学动态》2010 年第 6 期，与他人合作。

2478. 基于国民生产总值的结构调整,《学术月刊》2010 年第 6 期。

2479. 企业如何实现可持续发展,《清华继教》2010 年第 4 期。

2480. 构建技术创新的三大基础,《当代经济》2010 年第 9 期。

2481. 我国中小企业发展的若干问题研究,《经济纵横》2010 年第 7 期。

2482. 后危机时代的机遇,《中国青年报》2010 年 9 月 13 日。

2483. 抓住两个支撑点,《中国青年报》2010 年 9 月 20 日。

2484. 建立强大的技术创新体系,《深圳特区报》2010 年 9 月 28 日。

2485. 中国经济发展中的有关问题,《中国研究》(韩文版)2010 年第 7 期，与他人合作。

2486. 三个层面的结构调整,《综合竞争力》2010 年第 3 期。

2487. 中国经济未来必须把握的几个问题,《法人》2010 年第 9 期。

2488. 中国经济发展模式的转型,《政治经济学评论》2010 年第 2 期。

2489. 在华韩资企业人力资源管理本土化与企业绩效关系研究,《科学学与科学技术管理》2010 年第 10 期，与他人合作。

2490. 我国当前经济走势与明年的发展方向,《中外企业家》2010 年第 12 期和 2011 年第 1 期连载。

2491. 保民生的关键是保中小民企,《中关村》2010 年第 4 期。

2492. 韩资企业人才本土化如何突破,《中国人才》2010 年第 7 期，与他人合作。

2493. 广东产业结构调整的趋势,《南方都市报》2010 年 3 月 9 日。

2494. 勤奋善良与春华秋实,《经济》2010 年第 3 期。

2495. 我国经济增长中的两个为什么，《经济纵横》2011 年第 7 期。

2496. 追求真理之求索，《九州经英》2011 年第 6 期。

2497. 转变增长方式是全面且深入的改革，《新华文摘》2011 年第 23 期。

2498. 转变增长方式是全面且深入的改革，《学术月刊》2011 年第 8 期。

2499. “十二五”结构调整要从调整财政收支入手，《经济参考报》2011 年 2 月 21 日。

2500. 中国经济之船在变局中前行，《经济参考报》2011 年 2 月 23 日。

2501. 中国产业结构调整的历史定位与起点，《中国税务》2011 年第 3 期，与他人合作。

2502. 对我国当前经济结构调整的一些思考，《郑州大学学报》2011 年第 1 期。

2503. 中国经济持续发展的三大对策，《人民政协报》2011 年 10 月 25 日。

2504. “十二五”期间中国产业结构调整的重点与方向，《战略与管理》2011 年第 2 期，与他人合作。

2505.2011 年中国经济走势，《秦商》2011 年第 4 期。

2506. 继续救市后果严重，《英才》2012 年第 10 期。

2507. 反通胀、保增长、调结构的平衡点，《经济学动态》2011 年第 3 期。

2508. 开放条件下自主技术创新的制度安排，《创新政策与管理》2011 年第 1 期。

2509. 深化改革的重点是放松管制，《上海国资》2011 年第 2 期。

2510. 反通胀、保增长、调结构的平衡点，《新华文摘》2011 年第 12 期。

2511. 如何实现三项任务的统一，《当代经济》2011 年第 11 期。

2512. 反通胀、保增长、调结构的平衡点，《高校文科学术文摘》2011 年第 3 期。

2513. 与教学同行，《看天下》2011 年第 29 期。

2514. 对当前我国经济结构调整的一些思考，《国民经济管理》2011 年第 5 期。

2515. 变局与突破，《中国经济》2011 年第 4 期。

2516. 科技创新驱动助推陕西经济起飞，《西安日报》2012 年 12 月 27 日。

2517. 货币紧缩政策抑制通胀的有效研究，《经济纵横》2012 年第 11 期。

2518. 当前经济稳增长与调整结构的重点，《中国市场》2012 年第 42 期。

2519. 深调结构，实现中国经济稳增长，《南方都市报》2012 年 7 月 29 日。

2520. 当前宏观经济分析，《上海企业》2012 年第 7 期。

2521. 经济深度调整是我国保增长的关键，《管理科学》2012 年第 12 期。

2522. 要不要降低存款准备金率，《经济参考报》2012 年 3 月 22 日。

2523. 保增长的重点是深化改革，《中国流通经济》2012 年第 9 期。

2524. 我国当前稳增长的重点应放在哪里，《国民经济管理》2012 年第 12 期。

2525. 我国当前经济稳增长的重点应放在哪里，《经济问题探索》2012 年第 9 期。

2526. 选准稳增长的着力点，《紫光阁》2012 年第 10 期。

2527. 深度调整经济是稳增长的最终出路，《市长参考》2012 年第 10 期。

2528.2012 年经济工作的关键词应是改革，《经济参考报》2012 年 2 月 14 日。

2529. 中国房地产进入结构时代，《扬子晚报》2012 年 10 月 19 日。

2530. 关注房地产市场的新动态，《深圳特区报》2013 年 1 月 23 日。

2531. 永远站在老百姓的立场，《中华英才》2012 年第 14 期。

2532. 服务性政府仍是目标，《三联生活周刊》2013 年第 9 期。

2533.2013 年中国经济发展趋势前瞻，《经济问题探索》2013 年第 1 期。

2534. 以科学代替个人经验判断，《光明日报》2013 年 2 月 1 日。

2535. 十八届三中全会后的改革，《广州日报》2013 年 11 月 29 日。

2536. 稳增长的重点在于改革，《理论视野》2013 年第 2 期。

2537. 被利益集团绑架的国家改革很艰难，《中国商人》2013 年第 4 期。

2538. 经济结构深度调整是稳增长的关键，《社会主义经济理论与实践》2013 年第 12 期。

2539. 人民币汇率变化对韩国企业在中国外包的影响，《国际贸易》2013 年第 2 期，与他人合作。

2540. 对中国未来十年经济发展与改革的判断，《学术月刊》2013 年第 8 期。

2541. 厉行节约的关键是转变政府主导型增长方式，《税务研究》2013 年第 8 期，与他人合作。

2542. 稳中求进取决于解决深层次问题，《紫光阁》2013 年第 5 期。

2543. 宏观经济走势与地区和企业发展战略，《瓷都晚报》2013 年 6 月 17 日。

2544. 技术创新与结构升级，（台湾）《经济日报》2013 年 7 月 16 日。

2545. 两岸产业合作与升级，（台湾）《经济日报》2013 年 6 月 17 日。

2546. 评社会主义宏观控制,《中国图书评论》1998年第2期。

2547. 发展中的中国人民大学,《同经会报》日文版1988年第3期。

2548. 学者宜自重、保障要法治,《学习》1993年第1期。

2549. 关于“回扣”问题,《半月谈》1993年第1期。

2550. 搞活国有企业的两个问题,《马克思主义与现实》1994年第3期。

2551. 政策配套,摆脱流动性过剩,《中国与世界观察杂志社》2007年第3期。

2552. 经济利益中的动态和谐,《中国饭店》2007年第6期。

2553. 对目前稳增长、调整经济结构、转变增长方式、深化改革的认识,《河北经贸大学学报》2014年第1期。

2554. 建立市场起决定性作用的经济增长方式,《经济学家》2014年第2期,同他人合作。

2555. 市场决定论的内涵,《中外企业文化》2014年第3期。

2556. 全面深化改革中的产业结构调整,《中国流通经济》2014年第7期。

2557. 正确认识经济体制改革的新阶段,《经济纵横》2014年第6期,同他人合作。

2558. 核心是有效保护产权,《社会科学研究》2014年第4期,同他人合作。

2559. 市场决定论与混合所有制经济,《社会科学辑刊》2014年第4期,同他人合作。

2560. 用新的宏观调控方式打造升级版的中国经济,《紫光阁》2014年第9期,同他人合作。

2561. 支持小微企业发展的若干思考,《税务研究》2014年第8期,同他人合作。

2562. 建立市场起决定作用的经济增长方式《国民经济管理》2014年第4期,同他人合作。

2563. 民营经济与共同富裕的逻辑统一,《经济问题探索》2014年第6期,同他人合作。

2564. 释放中国经济的结构红利与改革红利,《中国党政干部论坛》2015年11期。

2565. 人口结构、新常态与经济改革,《税务研究》2015年7期,与他人合作。

2566. 新常态下我国企业对外投资的经济效应,《中国发展观察》2015年9期,与他人合作。

2567. 政府宏观经济政策与经济波动的关系,《经济学动态》2015 年 4 期,与他人合作。

2568. 经济常态下的产业结构调整及相关政策,《经济纵横》2015 年 6 期。

2569. 新常态需要完善市场与有信政府,《社会科学战线》2015 年 8 期,与他人合作。

2570. 回归常态与跨越“中等收入陷阱”,《学术月刊》2015 年 5 期,与他人合作。

2571. 新常态下的新变局,《太原时报网》2015 年 8 月 17 日。

2572. 中国特色的企业文化之我见,《中外企业文化》2014 年 1 月刊。

2573. 关于中外企业文化智库的一些随想,《中外企业文化》2014 年 2 月刊。

2574. “新常态”下中国经济三大支柱性产业全解析,《证券日报》2015 年 3 月 28 日。

2575. 数理方法与经验分析在经济研究中的作用,《当代经济研究》2016 年 8 期,与他人合作。

2576. 新常态下保持中高速增长的原因分析,《社会科学战线》2016 年 10 期,与他人合作。

2577. 实施供给侧改革、优化供给结构,《税务研究》2016 年 2 期,与他人合作。

2578. 推动创新驱动型经济增长的政策建议,《经济纵横》2016 年 5 期。

2579. 结构红利与改革红利:当前中国经济增长潜力研究,《社会科学研究》2016 年 1 期,与他人合作。

2580. 将产能从无效转为有效,《佛山日报》2016 年 1 月 27 日。

2581. 供给管理的具体措施,《经济研究参考》2016 年 30 期,与他人合作。

2582. 结构调整“退二进三”与跳出中等收入陷阱,《紫光阁》2016 年 4 期,与他人合作。

2583. 经济新常态下的结构红利与改革红利,《新华文摘》2016 年 8 期摘登。

2584. 发挥营改增作用、推动供给侧结构性改革,《税务研究》2016 年 12 期,与他人合作。

2585.2017 年稳在哪里?进在哪里?《光明日报》2016 年 12 月 28 日,与他人合作。

2586. 日本增速换挡过程中需求结构变迁对中国的启示，《经济理论与经济管理》2016年9期，与他人合作。

2587. 围绕资产定价“第三极”推动资本市场改革，《当代经济科学》2016年6期，与他人合作。

2588. 宏观经济政策和经济波动对经济增长的影响，《技术经济》2016年6期，与他人合作。

2589. 论双向型与自由化的对外开放战略，《学术月刊》2016年8期，与他人合作。

2590.2017年中国经济形势，《经济界》2017年2期，讲话录音整理稿。

2591.2017年中国宏观经济风险分析与对策，《紫光阁》2017年4期。

2592. 中国经济发展布局面临重大调整，《新金融》2017年11期。

2593.2017年中国经济：压力与机遇并存，《北京社科规划》2017年1期，与他人合作。

2594. 稳什么？怎么进？《经济要参》2017年12期。

2595. 新常态下保持中高速增长的原因分析，《国民经济管理》2017年1期转载。

2596. 论双向型与自由化的对外开放战略，《国际贸易研究》2016年12期转载。

2597. 防范中国出现金融风险的五大举措，《中国金融》2018年5期。

2598. 当前中国经济的金融风险及其防范，《学术月刊》2018年11期，与他人合作。

2599.2018年中国宏观经济增长动力与风险防范，《紫光阁》2018年3期，与他人合作。

2600. 中国未来的两大经济增长点在哪里，《金融经济》2018年5期。

2601. 理性应对中美贸易摩擦的关键在于深化改革，《西部论坛》2018年6期，与他人合作。

2602. 论现代化经济体系，《人文杂志》2018年11期，与他人合作。

2603. 防范系统性金融风险的思考及对策，《紫光阁》2018年8期。

2604. 防范金融风险，建设现代化经济体系，《政治经济学评论》2018年1期。

2605. 转型之路：新旧动能转换与高质量发展，《国家治理周刊》2018 年 6 期，与他人合作。

2606. 高质量发展的 6 大特征，《北京日报》2018 年 7 月 13 日，与他人合作。

2607.2018 年中国经济政策最新预判，《湖南大学学报》2018 年 3 期。

2608. 对 2020 年经济形势的四个预判，人民日报《内部参考》2019 年 12 月 2 日。

2609. 三件事与十一个要点，《四川省情》2019 年 4 期。

2610. 张謇经济思想研究，《张謇研究》2019 年

二、著作目录

关于著作目录的说明：

第一，所收录的著作，在内容上，并不仅仅包括我的学术专著，还包括演讲集、论文集、教材、社会经济现象分析、人物传记、中国改革实践描述与分析等。在我的作用上，不仅包括我的独著，还包括同他人合著的著作、主编或副主编的著作、参加编写或撰写某些章节的著作、收入我的论文的著作、我写序或者撰写评语的著作等，总之，凡是有我署名的著作都收集在此。

第二，并非完全按照出版时间排序，而是按照查询的次序来排列。有些是出版早而查询晚的，就排在了后边。

1.《西北大学 1981 与 1982 届研究生论文摘要汇编》，西北大学科研处出版，1983 年 4 月出版。收入我的研究生论文摘要。

2.《价值学说史》，陕西人民出版社 1984 年 4 月出版，我为助编，执笔写其中的第七、八、九、十、十一、十二章。

3.《生产与经营管理》，陕西人民出版社 1985 年第 11 月版，我审阅书稿并对部分内容作了修改。

4.《中国经济科学年鉴 1985 年》，经济科学出版社 1985 年 12 月版，参加具体编写工作。

5.《政治经济学》，中国青年出版社 1985 年 10 月版，执笔其中的第十三章。

6.《经济计划论》，陕西人民出版社 1986 年 7 月版，日文版译著，同他人合译。

7.《社会主义经济运行机制》，人民出版社 1986 年 10 月版，同他人合著。

8.《市场结构与市场机制》，河北人民出版社 1987 年 4 月版，同他人合著。

9.《商品经济：新的起点上的探索》，中国社会科学出版社 1987 年 11 月版，收入我的论文。

10.《社会主义宏观经济控制》，河北人民出版社 1987 年 9 月版，我独著。

11.《模式·运行·调控》，中国人民大学出版社 1987 年 8 月版，参与编写。

12.《马克思主义与当代》，中国人民大学出版社 1987 年 8 月版，参与编写。

13.《计划商品经济与体制改革》，四川人民出版社 1987 年 5 月版，收入我的论文。

14.《社会主义经济的运行、发展和调节》，陕西人民出版社 1987 年 11 月版，同他人合著。

15.《大杠杆：宏观经济政策分析》，人民出版社 1988 年 10 月版，我独著。

16.《中国改革大思路》，沈阳出版社 1988 年 7 月版，收入我参加的中国人民大学课题组关于中国经济体制改革方案的研究报告。

17.《经济改革新思考》，改革出版社 1988 年 12 月版，收入我的论文。

18.《探索与选择：1978—1988》，北京出版社 1988 年 10 月版，收入我的论文。

19.《宏观经济管理手册》，陕西人民出版社 1988 年 8 月版，任主编之一。

20.《理论纵横》，河北人民出版社 1988 年 12 月版，收入我的论文。

21.《青年开拓者的理论探索》，现代出版社 1988 年 5 月版，收入我的论文。

22.《中国经济科学年鉴 1988》，经济科学出版社 1989 年 3 月版，参加具体编写工作。

23.《社会主义初级阶段与深化企业改革》，四川人民出版社 1988 年 9 月版，收入我的论文。

24.《全国高校社会科学研究成果选编》，北京大学出版社 1988 年 8 月版，收入我的论文。

25.《政治经济学》，辽宁人民出版社 1989 年 4 月版，参加初稿写作。

26.《资本论辞典》，山东人民出版社 1988 年 8 月版，参加一些辞条的写作。

27.《社会主义政治经济学》，中国青年出版社 1989 年 2 月版，任主编之一，并撰写第三章与第十三章。

28.《经济改革与理论思考》，四川人民出版社 1989 年 6 月版，收入我的论文。

29.《中国当代经济学家传略》，辽宁人民出版社 1989 年 12 月版，参加具体编写。

30.《经济运行机制概论》，人民出版社 1989 年 3 月版，同他人合著。

31.《市场发育与价格改革》，中国展望出版社 1989 年 8 月版，收入我的论文。

32.《中国宏观经济管理》，中国人民大学出版社 1989 年 9 月版，任副主编，并执笔其中的第十七、十八、十九章。

33.《建立新的收入分配体制》，东方出版社 1990 年 2 月版，我独著。

34.《经济政策学》，人民出版社 1990 年 2 月版，日文译著，同他人合译。

35.《从无序经济走向有序经济》，中国财政经济出版社 1989 年 9 月版，同他人合著。

36.《改革的目标》，经济日报出版社 1990 年 8 月版，收入我的论文。

37.《经济管理大系》，上海人民出版社 1990 年 5 月版，我参加一些章节的写作。

38.《财经论文写作》，云南人民出版社 1990 年 1 月版，收入我的论文。

39.《经济自由与经济约束的和谐》，陕西人民出版社 1991 年 4 月版，我独著。

40.《宏观经济政策学通论》，中国金融出版社 1990 年 10 月版，我独著。

41.《失衡经济学导论》，中国人民大学出版社 1991 年 4 月版，我独著。

42.《治理整顿与深化改革》，四川人民出版社 1991 年 10 月版，收入我的论文。

43.《回顾・探索・选择》，四川人民出版社 1991 年 2 月版，收入我的论文。

44.《中国经济学希望之光》，经济日报出版社 1991 年 11 月版，收入我的学术思想介绍。

45.《国有企业模式探索》，中国金融出版社 1991 年 9 月版，任主编之一。

46.《商品经济大辞典》，四川人民出版社 1991 年 3 月版，任主编之一。

47.《走向二十一世纪的宏伟纲领》，高等教育出版社 1991 年 2 月版，参加一些章节的写作。

48.《学者谈艺录》，中国人民大学出版社 1992 年 9 月版，收入我的论文。

49.《中国经济的非均衡发展》，中国人民大学出版社 1992 年 12 月版，任主编之一，并撰写其中的第六、九、十章。

50.《与中国著名经济学家对话》，中国经济出版社，1999 年 1 月版，收入与我的对话。

51.《微观经济运行需求主体》，中国金融出版社 1992 年 6 月版，任主编之一。

52.《微观经济运行中枢》，中国金融出版社 1992 年 4 月版，任主编之一。

53.《微观经济运行供给主体》，中国金融出版社 1992 年 5 月版，同他人合著。

54.《只有社会主义才能发展中国》，人民日报出版社 1991 年 11 月版，收入我的论文。

55.《劳动生产率与企业活力》，企业管理出版社 1992 年 2 月版，收入我的论文。

56.《坚持社会主义和推动改革开放》，中国人民大学出版社 1992 年 3 月版，我撰写第五章。

57.《我的经济观》，江苏人民出版社 1992 年 5 月版，收入我的论文。

58.《当代中国经济学百家》，中国经济出版社 1992 年 4 月版，收入我的论文。

59.《西北大学英才谱》，西北大学出版社 1992 年 10 月版，收入我的论文。

60.《金融热点探索文集》，中国科学技术出版社 1992 年 2 月版，收入我的论文。

61.《四小龙腾飞之谜》，人民出版社 1992 年 11 月版，同他人合著。

62.《建立公有制商品经济体制》，东方出版社 1992 年 2 月版，同他人合著。

63.《建立新的所有制体制》，东方出版社 1991 年 12 月版，我独著。

64.《社会主义市场经济论》，中国青年出版社 1993 年 3 月版，同他人合著。

65.《社会主义市场经济的理论与实践》，中国财政经济出版社 1992 年 11 月版，收入我的论文。

66.《中国著名经济学家论改革》，北京出版社 1992 年 12 月版，任主编之一，并收入我的论文。

67.《社会主义市场经济百词解说》，人民日报出版社 1992 年 11 月版，任主编之一，并撰写部分内容。

68.《市场化的宏观调控体制》，陕西人民出版社 1992 年 12 月出版，我独著。

69.《社会主义市场经济通论》，武汉出版社 1993 年 8 月版，与他人合著。

70.《社会主义市场经济通论》，中国人民大学出版社 1993 年 12 月版，任主编，撰写前言、第七、八、十四、十七、十八、十九章，同他人合写第一、二、三、四、五章。该书自 1993 年初版，到 2000 年共 7 次印刷。

71.《社会主义宏观经济分析》，中国人民大学出版社 1994 年 3 月版，任主编，撰写前言、第一、二、三、十三、十四章。

72.《社会主义市场经济问题解难》，河北人民出版社 1993 年 3 月出版，任主编之一，并撰写部分内容。

73.《走向社会主义市场经济的行动纲领》，中国人事出版社 1993 年 4 月版，收入我的论文。

74.《政治经济学社会主义部分》，中国经济出版社 1993 年 8 月版，参加初稿写作。

75.《国民经济宏观管理研究》，北京大学出版社 1993 年 10 月版，撰写其中的第一、二章。

76.《股份经济通论》，中国金融出版社 1993 年 10 月版，同他人合著。

77.《社会主义市场经济大辞典》，人民出版社 1993 年 6 月版，任第一编主编。

78.《市场经济全书》，新华出版社 1993 年 9 月版，任副主编。

79.《凡人与伟人之间》，陕西人民出版社 1993 年 5 月版，收入我的论文。

80.《社会主义经济调节通论》，人民出版社 1994 年 4 月版，我独著。

81.《西方股票制度透视》，人民出版社 1993 年 3 月版，同他人合著。

82.《社会主义市场经济概论》，湖南人民出版社 1993 年 11 月版，为此书写序。

83.《看得见的手》，人民出版社 1993 年 9 月版，与他人合著。

84.《走向市场的企业》，中国经济出版社 1993 年 6 月版，为本书写序。

85.《换脑筋》，社会科学文献出版社 1993 年 8 月版，收入我的论文。

86.《中国社会保障制度研究》，中国人民大学出版社 1994 年 3 月版，任副主编，并撰写其中的第四章。

87.《中国经济体制的新选择》，四川人民出版社 1993 年 5 月版，同他人合著。

88.《建立社会主义市场经济体制》，企业管理出版社 1995 年 4 月版，任主编。

89.《中共十三届三中全会决定导读》，北京师范大学出版社 1994 年 3 月版，任主编。

90.《市场经济的宏观经济管理》，中国经济出版社 1994 年 4 月版，任主编，并撰写第七、八章。

91.《中国名牌战略研究》，中国工人出版社 1994 年 12 月版，收入我的论文。

92.《中国当代名人录》，上海人民出版社 1994 年 5 月版，收入我的传记。

93.《中日市场经济与文化研究》，中国经济出版社 1995 年 10 月版，收入我的论文。

94.《经济学》(上下册)，高等教育出版社 1995 年 9 月版，任主编。

95.《著名专家学者论横店》，人民出版社 1994 年 5 月版，任主编之一，收入我的论文。

96.《呈钢之路》，云南大学出版社 1994 年 10 月版，为该书写序。

97.《社会主义市场经济的理论·制度·体制》，高等教育出版社 1994 年 12 月版，任主编。

98.《中国党政人士论改革》，陕西人民出版社 1995 年 12 月版，任主编之一。

99.《社会主义市场经济读本》，人民出版社 1995 年 12 月版，任主编。

100.《政府应该干什么》，人民出版社 1995 年 8 月版，同他人合著。

101.《公平与效率》，经济科学出版社 1995 年 3 月版，为此书写序。

102.《居民储蓄分析》，经济科学出版社 1995 年 11 月版，与他人合著。

103.《劳者有其股》，广西人民出版社 1997 年 12 月版，收入我的论文。

104.《专家论海口》，海口市政府编，1995 年 10 月版，收入我的论文。

105.《中国经济改革论文集》，中国人事出版社 1995 年 7 月版，收入我的论文。

106.《“滨印现象”纵横谈》，济南出版社 1995 年 9 月版，收入我的论文。

107.《魏杰集》，黑龙江教育出版社 1995 年 12 月版，我的论文集。

108.《春华秋实》，经济科学出版社 1995 年 7 月版，收入我的访谈。

109.《国有制经济的实践与改革》，河北人民出版社 1995 年 7 月版，同他人合著。

110.《集权与分权：中央与地方政府关系的构建》，经济科学出版社 1996 年 10 月版，收入我的论文。

111.《分配经济学》，中共中央党校出版社 1995 年 3 月版，与他人合著。

112.《现代金融制度通论》，高等教育出版社 1996 年 6 月版，与他人合著。

113.《中国经济改革的主线》，经济科学出版社 1997 年 8 月版，任副主编，撰写其中的第一至第八章。

114.《迈向世界工业 500 强》，改革出版社 1996 年 10 月版，收入我的论文。

115.《中国经济“大裂变”》，广东经济出版社 1996 年 9 月版，收入我的论文。

116.《追求彻底的理论创新》，经济科学出版社 1997 年 7 月版，收入我的论文。

117.《资产重组的政策与途径》，经济科学出版社 1997 年 6 月版，任副主编。

118.《为改革声辩》，经济科学出版社 1997 年 7 月版，我的演讲集。

119.《中国通讯发展之路》，新华出版社 1997 年 7 月版，收入我的访谈。

120.《中国品牌价值报告》，经济科学出版社 1997 年 9 月版，收入我的论文。

121.《市场经济条件下政府作用》，民主与建设出版社 1997 年 3 月版，收入我的论文。

122.《跨世纪中国经济》，西南财经大学出版社 1997 年 9 月版，收入我的论文。

123.《国有企业：你的路在何方》，经济科学出版社 1997 年 8 月版，收入我的论文。

124.《中国国有经济总论》，经济科学出版社 1997 年 11 月版，任副主编。

125.《中国华源集团发展启示录》，中国集团公司促进会编辑，1997 年 3 月版，收入我的论文。

126.《中国经济学向何处去》，经济科学出版社 1997 年 7 月版，收入我的论文。

127.《现代企业概论》，当代中国出版社 1997 年 5 月版，我为本书写序。

128.《国有资产管理教程》，经济科学出版社 1997 年 4 月版，任副主编之一。

129.《中国经济热点透视》，中国城市出版社 1996 年 12 月版，收入我的访谈。

130.《改革时期的财政经济》，中国财政经济出版社 1998 年 9 月版，收入我的论文。

131.《未来的国有企业》，经济科学出版社 1998 年 2 月版，任副主编。

132.《运营·重组·改制：十五大后的国有经济》，同心出版社 1998 年 2 月版，任主编。

133.《我与经济论文：知名专家学者经验谈》，中国经济出版社 1998 年 10 月版，收入我的论文。

134.《私有经济与中国》，中国城市出版社 1998 年 11 月版，收入我的论文。

135.《中国对外投资发展战略》，经济科学出版社 1998 年 11 月版，任副主编。

136.《资产重组与股份化：国有企业改革的两大突破点》，河北人民出版社 1998 年 7 月版，任主编。

137.《证券场外交易的理论与实务》，人民出版社 1998 年 4 月版，为该书写序。

138.《构建新的国有资产管理体制》，江苏人民出版社 1998 年 5 月版，我独著。

139.《新头脑风暴》，广东人民出版社 1999 年 1 月版，收入我的演讲录。

140.《谋化资产》，新疆青少年出版社 1998 年 5 月版，收入我在中国西部演讲。

141.《《思索和对话：战略与策略的整合》，新疆青少年出版社 1998 年 6 月版，收 入我的论文。

142.《现代财政制度通论》，高等教育出版社 1998 年 4 月版，任主编。

143.《新价值论与产权改革》，上海科学院出版社 1998 年 6 月版，为此书写序。

144.《中国农业的结构与变化》，经济科学出版社 1998 年 3 月版，日文译本，我任校对。

145.《成事在人》，广西人民出版社 1998 年 1 月版，为此书写序。

146.《改革 20 年焦点论争》，广州出版社 1998 年 10 月版，收入我的访谈。

147.《中国新一代思想家自白》，九州图书出版社 1998 年 10 月版，收入我的论文。

148.《中国著名企业家论改革》，中华工商联出版社 1998 年 8 月版，任主编之一。

149.《产权与企业制度分析》，高等教育出版社 1998 年 4 月版，同他人合著。

150.《非赶超目标：中国发展新战略》，香港明报出版社 1998 年 5 月版，收入我的相关研究成果。

151.《中国企业家队伍成长与发展报告》，经济科学出版社 1998 年 9 月版，收入我的论文。

152.《中国改革与发展的制度效应》(上下册)，经济科学出版社 1998 年 11 月出版，收入我的论文。

153.《商业银行内部控制理论与实务》，中南工业大学出版社 1999 年 12 月版，为该书写序。

154.《中国经济跨世纪的主题和难题》，经济科学出版社 1999 年 4 月版，我撰写第四章。

155.《21 世纪中国经济问题专家谈》，河南人民出版社 1999 年 12 月版，收入我的论文。

156.《中国经济的盛世忠言》，广东经济出版社 1999 年 6 月版，我的演讲集。

157.《国有经济结构调整与资产重组》，中国财政经济出版社 1999 年 9 月版，为此书写序。

158.《商界名家》，中国经济出版社 1999 年 1 月版，收入我的访谈。

159.《面对资本之翼》，中国发展出版社 1999 年 2 月版，我独著。

160.《中国企业大趋势》，中国经济出版社 1999 年 2 月版，同他人合著。

161.《国有资产管理教程》，中国中央党校函授学院出版 1999 年 4 月版，任主编。

162.《中国经济理论 50 年》，云南人民出版社 1999 年 9 月版，收入我的研究成果。

163.《中国热点》，中国统计出版社 1999 年 4 月版，收入我的论文。

164.《经济界名家文萃》，经济科学出版社 1999 年 8 月版，收入我的论文。

165.《言论中国》，中国检察出版社 1999 年 1 月版，收入我的研究成果。

166.《资本经营论纲》，上海远东出版社 1998 年 10 月版，我独著。

167.《托起东方的太阳》，中国经济出版社 2000 年 1 月版，收入我的论文。

168.《现代产权制度辨析》，首都经济贸易大学出版社 2000 年 2 月版，我独著。

169.《国企改革与发展的重大理论与现实问题》，中共中央党校出版社 1999 年 10 月版，任主编。

170.《与中国著名经济学家对话》，中国经济出版社 1999 年 1 月版，收入与我的访谈。

171.《别无选择》，中国经济出版社 1999 年 1 月版，收入我的论文。

172.《股份经济通论》，中国金融出版社 2000 年 1 月修订版，同他人合著。

173.《如何启动中国经济》，中国经济出版社 2000 年 1 月版，与他人合著。

174.《新经济与企业裂变》，中国经济出版社 2000 年 10 月版，我独著。

175.《中国企业二次创业》，中国经济出版社 2000 年 1 月版，我独著。

176.《现代国际经济研究》，日本晃洋书房 2000 年 3 月版，日文版，收入我的论文。

177.《真理的追求》，金城出版社 2000 年 10 月版，收入与我商讨的论文。

178.《中国入世与金融业对策全书》(上中下册)，中国大地出版社 2000 年 4 月版，任主编。

179.《50 年执政启示录》，黑龙江人民出版社 2000 年 5 月版，收入我的论文。

180.《陕西经济社会蓝皮书》，陕西人民出版社 2000 年 5 月版，收入我的论文。

181.《深圳市建设投资控股公司研究成果》，深圳投资控股出版 2000 年 8 月版，收入我的论文。

182.《大整合：二十一世纪中国发展战略选择》，中国经济出版社 2000 年 2 月版，为该书写序。

183.《上市公司资产重组实务》，中国发展出版社 2000 年 1 月版，为此书写序。

184.《世纪中国城市发展》，红旗出版社 2000 年 5 月版，收入我的论文。

185.《中国经济体制改革 20 年的基本经验研究》，经济科学出版社 1998 年 11 月版，我任分报告之三的主编。

186.《2000 年中国经济专家新思想年集》，中国发展出版社 2000 年 5 月出版，收入我的论文。

187.《普天・中国制造》，中国言实出版社 2000 年 4 月版，为此书写序。

188.《中国高层智囊》，陕西师范大学出版社 2000 年 1 月版，收入我的学术经历及贡献。

189.《超常思维的修炼》，民主与建设出版社 1999 年 11 月版，为此书写序。

190.《与经济学家面对面》，经济科学出版社 2001 年 7 月版，收入我的访谈。

191.《2001 年中国经济专家思想年集》，中国发展出版社 2001 年 5 月版，收入我的论文。

192.《企业前沿问题》，中国发展出版社 2001 年 6 月第 1 版，2004 年 6 月第 11 次印刷，我独著。

193.《市场经济前沿问题》，中国发展出版社 2001 年 7 月第 1 版，2003 年 4 月第 6 次印刷，我独著。

194.《中国 MBA 案例（1）》，中国发展出版社 2002 年 1 月版，任主编。

195.《百位经济学家论国富》，福建人民出版社 2001 年 9 月版，收入我的论文。

196.《名家讲座》，西安政治学院出版 2001 年 12 月版，收入我的演讲录音整理稿。

197.《国有资产管理教程》，当代世界出版社 2001 年 4 月第 1 版，2003 年 5 月第三次印刷，任主编。

198.《中国股市世纪大论战》，湖南人民出版社 2001 年 8 月版，收入我的论文。

199.《大企业：21 世纪经济的主导力量》，中国发展出版社 2002 年 1 月版，任主编之一。

200.《体育产业的现状、趋势与对策》，人民体育出版社 2001 年 1 月版，收入我的论文。

201.《经济界名家纵论宏观经济》，经济科学出版社 2002 年 2 月版，收入我的论文。

202.《企业制度安排》，中国发展出版社 2002 年 4 月第一版，2005 年 1 月第 6 次印刷，我独著。

203.《企业战略选择》，中国发展出版社 2002 年 6 月第一版，2003 年 1 月第 3 次印刷，我独著。

204.《企业文化塑造》，中国发展出版社 2002 年 7 月第一版，2004 年 10 月第 6 次印刷，我独著。

205.《产品背后的竞争》，中国发展出版社2004年8月版，我独著。

206.《顶级学者访谈：转型中国》，经济日报出版社2004年10月版，收入我的访谈。

207.《中国MBA案例》(2)，中国发展出版社2004年4月版，任主编。

208.《开普斯顿商务百科》，中国工商出版社2004年5月版，为该书写序。

209.《完善社会主义市场经济体制讲座》，红旗出版社2003年11月版，撰写其中的第三章。

210.《经理人必备的素质》，天津人民出版社2003年4月版，为此书写序。

211.《新一届政府面对的经济问题》，中国宇航出版社2003年4月版，收入我的论文。

212.《苍山壮歌》，四川人民出版社2002年9月版，收入我的访谈。

213.《锻造领导力》，中国文献出版社2003年10月版，收入我的论文。

214.《思索爪痕》，广西人民出版社2004年1月版，为此书写序。

215.《十年来影响中国经济决策的论点》，黑龙江人民出版社2003年1月版，收入我的论文。

216.《现代市场体系若干问题》，中国工商出版社2003年11月版，为此书作序。

217.《智者诤言》，合肥工业大学出版社2003年9月版，收入我的访谈。

218.《中国上市公司资本结构与公司治理》，中国人民大学出版社2003年4月版，收入我的论文。

219.《广西个体私营经济发展论坛》，广西美术出版社2003年9月版，收入我的论文。

220.《中国企业管理模式探索》，中国商业出版社2003年12月版，为此书写评语。

221.《长大》，中信出版社2003年9月版，为此书写评语。

222.《中国金融大趋势：银证合作》，中国人民大学出版社2002年4月版，收入我的论文。

223.《中国经济奇迹：发展与活力》，社会科学文献出版社》2005年7月版，我独著。

224.《与中国著名经济学家对话》，中国经济出版社2004年4月第二版，收入与我的对话。

225.《卫兴华经济学文集》，经济科学出版社 2005 年 9 月版，收入我与卫先生合著的论文。

226.《走进经济科学的殿堂》，经济科学出版社 2005 年 10 月版，收入我的论文。

227.《解码财富方程》，中国发展出版社 2003 年 6 月版，我独著。

228.《驱动财富进程》，中国发展出版社 2003 年 6 月版，我独著。

229.《企业哲学》，中国发展出版社 2005 年 1 月版，我独著。

230.《企业哲学》，中国发展出版社 2005 年 10 月修订版，我独著。

231.《企业突围》，中国发展出版社 2005 年 8 月版，我独著。

232.《煤炭价格与煤炭经济可持续发展》，社会科学文献出版社 2005 年 4 月版，收入我的论文。

233.《经济管理专题讲座》，山东昌邑市委印制 2005 年 5 月版，我 2005 年 4 月 19 日在昌邑市演讲录音整理稿。

234.《人才选择的 10 大核心工具》，人民邮电出版社 2004 年 11 月版，为此书写序。

235.《京城名家新论（2001–2004 魏杰文选）》，清华大学职业培训中心印制 2005 年 5 月版。

236.《形势教育讲话（2002–2003）》，中央党校出版社 2003 年 3 月版，我撰写第十四讲。

237.《学历无用论》，华夏出版社 2004 年 12 月版，日文译著版，为该书写评语。

238.《生存：繁荣时代的中国企业管理实践》，海南出版社 2004 年 6 月版，为此书写评语。

239.《中国国有企业的管制革命》，经济科学出版社 2004 年 7 月版，为此书写评语。

240.《企业家价值取向》，机械工业出版社 2004 年 4 月版，收入我的论文。

241.《北大清华学经济》，（教材类丛书）中国发展出版社自 2002 年 10 月开始出版，先后共出版近 20 种，我为该丛书主编之一。

242.《让梦腾飞：清华北大 MBA 讲坛》，中国时代经济出版社 2003 年 3 月版，收入我的演讲录。

243.《新资本论纲要》，中国人民大学出版社 2004 年 4 月版，为此书写评语。

244.《星星点点：中外名家系列讲座演讲集萃》，中国经济出版社 2004 年 5 月版，收入我的演讲录。

245.《中国金融改革与发展论坛》，中国经济出版社 2004 年 11 月版，收入我的论文。

246.《西钞文化与团队再造》，陕西人民出版社 2004 年 12 月版，为此书写序。

247.《真实世界：打开天窗说亮话》，朝华出版社 2005 年 1 月版，为此书写序。

248.《企业文化方略》，国际文化出版社 2004 年 10 月版，为此书写序。

249.《中国资本运营经典案例》（上下册），清华大学出版社 2005 年 3 月版，为此书写序。

250.《中国经济热点问题讲座》，知识产权出版社 2005 年 4 月版，收入我的论文。

251.《企业家与企业文化》，机械工业出版社 2005 年 4 月版，收入我的论文。

252.《凉山彝族经济发展战略研究》，民族出版社 2005 年 4 月版，为此书写序。

253.《欠发达板块的经济学大纲》，中国社会科学出版社 2005 年 2 月版，为此书写序。

254.《中国经济发展论坛》，中国经济出版社 2004 年 11 月版，收入我的论文。

255.《师者》，机械工业出版社 2006 年 7 月版，收入我的访谈。

256.《股权分置后改革的中国资本市场》，中国人民大学出版社 2006 年 4 月版，收入我的论文。

257.《转型中国》，郑州大学出版社 2006 年 1 月版，我关于工业化与城市化的演讲集。

258.《企业裂变》，中国经济出版社 2005 年 7 月版，我 2000 年至 2005 年关于企业问题的演讲集。

259.《农民问题新探》，中国发展出版社 2005 年 11 月版，为此书写序。

260.《中国经济学著作导读》，中国经济出版社 2005 年 7 月版，全文收入我的企业前沿问题一书。

261.《面向21世纪人文社会科学的100个重大问题》，山东教育出版社2005年4月版，收入我的论文。

262.《绿色中国》，中国环境科学出版社2006年6月版，收入我的论文。

263.《战略联盟》，中国人民大学出版社2006年6月版，为该书中译本写序。

264.《中国企业能走多远》，金城出版社2005年10月版，收入我的访谈。

265.《中国企业制度创新》，中国发展出版社2006年1月版，2008年7月第三次印刷，我独著。

266.《中国企业战略创新》，中国发展出版社2006年6月版，2011年1月第三次印刷，我独著。

267.《中国企业文化创新》，中国发展出版社2006年1月版，2011年1月第四次印刷，我独著。

268.《中国50人论坛内部研讨会汇编（2000–2008）》，中国经济50人论坛秘书处编2008年7月版，收入我有关发言。

269.《动摇不得：中国经济改革若干问题》，中国发展出版社2007年1月版，2013年7月第4次印刷，我独著。

270.《中国经济50人看三十年：回顾与分析》，中国经济出版社2008年10月版，收入我的论文。

271.《亲历改革：1978–2008中国经济发展回顾》，中国发展出版社2008年4月版，2008年10月第二次印刷，我独著。

272.《行业协会商会平话》，中国工商出版社2008年8月版，为此书写序。

273.《活着的企业：长寿企业研究》，中国经济出版社2007年11月版，为此书写序。

274.《管理者的省悟》，中国财政经济出版社2007年10月版，为此书写序。

275.《一个记者有走多远：艾丰评传》，北京大学出版社2007年4月版，为此书写序。

276.《中国资本市场：从制度变革到战略转型》，中国人民大学出版社2007年4月版，收入我的发言。

277.《崛起中的磨合》，中国发展出版社2008年1月版，我独著。

278.《董事观察（之一）》，中国经济出版社2007年4月版，收入我的论文。

279.《董事观察（之二）》，中国经济出版社2007年4月版，收入我的论文。

280.《生长：企业文化全程解析》，中国经济出版社 2007 年 4 月版，收入我的论文。

281.《共享中国：高端专家访谈》，经济日报出版社 2007 年 2 月版，收入我的访谈。

282.《民营经济竞争优势与地方政府创新》，中国财政经济出版社 2006 年 11 月版，为此书写序。

283.《全球创业观察中国报告》，清华大学出版社 2006 年 12 月版，为此书写评语。

284.《温故知新》，卓越企业家学习俱乐部编，2006 年 12 月，收入我的演讲录。

285.《追思董辅礽》，社会科学文献出版社 2005 年 5 月版，收入我的论文。

286.《2008 年中国企业宏观环境》，机械工业出版社 2008 年 1 月版，收入我的访谈。

287.《半路出家的投资银行家》，中信出版社 2008 年 10 月版，为中文版出版写推荐语。

288.《静水深流》，上海人民出版社 2007 年 12 月版，为此书写序。

289.《中国经济观察》，中共中央党校出版社 2008 年 6 月版，收入我的论文。

290.《中国收入差距：增长奇迹背后的利益分享》，中国发展出版社 2009 年 1 月版，为此书写序。

291.《长安讲坛（第三辑）》，中国经济出版社 2009 年 3 月版，收入我的演讲录。

292.《改革开放与理论创新》，首都师范大学出版社 2008 年 12 月版，收入我的论文。

293.《微波炉战争：美的对撼格兰仕》，中信出版社 2009 年 3 月版，为此书写序。

294.《企业领导商略》，清华大学出版社 2009 年 2 月版，收入我的论文。

295.《非战略管理的战略思想》，社会科学文献出版社 2009 年 3 月版，为此书写序。

296.《中国高校哲学社会科学发展报告》，（1978–2008 管理学）广西师范大学出版社参加撰写其中的第二章。

297.《经济学家的时代》，中国经展出版社 2009 年 10 月版，收入我的论文。

298.《影响新中国 60 年经济建设的 100 位经济学家（6）》，广东经济出版社 2009 年 9 月版，收入我的学术简介及三篇论文。

299.《中国学术三十年：1978–2008》，人民出版社 2009 年 4 月版，收入我的论文。

300.《建筑企业成长能力》，人民交通出版社 2009 年 8 月版，我为此书写序。

301.《广义产权论》，中国经济出版社 2009 年 9 月版，收入我的论坛发言。

302.《中国经济之变局》，中国发展出版社 2009 年 4 月版，2011 年 1 月第 4 次印刷，我独著。

303.《中国经济转型》，中国发展出版社 2011 年 5 月版，2014 年 11 月第 4 次印刷，我独著。

304.《社会主义经济理论研究集萃》，经济科学出版社 2011 年 8 月版，参加编写。

305.《经济学理论和中国道路》，北京大学出版社 2012 年 1 月版，收入我的论文。

306.《华大讲堂（2011）》，社会科学文献出版社 2012 年 9 月版，收入我的演讲录。

307.《我的中大 EMBA 生活》，中山大学出版社 2012 年 6 月版，收入我的演讲录。

308.《转型中国：难点与路径》，北京师范大学出版社 2010 年 8 月版，我的论文集。

309.《干部选学大讲堂》，党建读物出版社 2012 年 5 月版，收入我的演讲录。

310.《中国中长期经济增长与转型》，中国经济出版社 2011 年 2 月版，收入我的演讲录。

311.《中国未来经济改革与发展路径》，中国经济出版社 2013 年 2 月版，收入我的演讲录。

312.《长安讲坛》（第五辑），中国经济出版社 2011 年 1 月版，收入我的演讲录。

313.《中国经济 50 人论坛内部研讨会汇编（2008–2011）》，中国经济 50 人论坛秘书处编 2012 年 2 月，收入我的发言录。

314.《中国百名经济学家理论贡献精要》，中国时代经济出版社 2010 年 1 月版，收入我的学术思想摘要。

315.《大国策：全球视野中的社保路径》，人民出版社 2009 年 5 月版，收入我的论文。

316.《大国策：全球视野中的中国速度》，人民出版社 2009 年 7 月版，收入我的论文。

317.《2010 年中国绿色发展指数年度报告》，北京师范大学出版社 2010 年 10 月版，收入我的评语。

318.《2012 中国绿色发展指数报告》，北京师范大学出版社 2012 年 8 月版，收入我的评语。

319.《2011 年中国绿色发展指数报告》，北京师范大学出版社 2011 年 9 月版，收入我的评语。

320.《医院产业资本运作与集群化》，中国青年出版社 2013 年 10 月版，为此书写序。

321.《大国策：全球视野中的医改路径》，人民出版社 2009 年 5 月版，收入我的论文。

322.《经邦济世纵横谈》，吉林人民出版社 2010 年 10 月版，收入我的论文。

323.《激励心理学》，湖北人民出版社 2006 年 11 月版，收入我的论文。

324.《中国经济大论战》，经济管理出版社 1996 年 1 月版，收入我的论文摘要。

325.《中国经济大论战（第二辑）》，经济管理出版社 1997 年 2 月版，收入我的论文摘要。

326.《杭钢的价值》，中国经济出版社 2010 年 10 月版，为此书写封面评介。

327.《问道中国经济》，北京教育出版社 2011 年 5 月版，收入我的访谈。

328.《文化：企业与企业家》，机械工业出版社 2005 年 4 月版，收入我的论文。

329.《管理是项“笨”工夫》，中国经济出版社 2011 年 6 月版，为此书写封面评语。

330.《天音文化丛书》，中国工人出版社 1993 年 2 月版，为此丛书写序。

331.《中国人民大学人物传（第三卷）》，中国人民大学高等教育研究室出版

1995年9月版，收入我写的文章。

332.《十八后的中国经济》，广东经济出版社2013年12月版，收入我的论文。

333.《走进深水区的中国经济》，中国发展出版社2014年3月版，2015年7月第二次印刷，我独著。

334.《中国供应链管理蓝皮书（2014）》，中国财富出版社2014年5月版，为此书写序。

335.《中国民营企业家的中国梦》，中华工商联出版社2014年5月版，为此书写序。

336.《创新驱动的中国经济》，科学出版社2014年6月版，收入我的论文。

337.《2014中国绿色发展指数报告》，科学出版社2014年10月版，收入我的评语。

338.《被时代选择的经济学人生》，中国发展出版社，2015年1月版，专著。

339.《道与术》，中国人民大学出版社2016年1月第一版，收入我在论坛上的发言。

340.《宗庆后：万有引力原理》，红旗出版社2015年11月版，收入我为此书写的序。

341.《新常态经济》，中信出版社2015年5月版，收入为此书写的推荐语。

342.《世界六百年与中国六十年》，广东人民出版社2015年3月版，收入我写的序言。

343.《城镇化：改革的突破口》，中国人民大学出版社2015年4月版，收入我写的推荐语。

344.《2015年中国绿色发展指数报告》，北京师范大学出版社2015年11月版，收入我写的评语。

345.《大变革时代的中国经济》，中国人民大学出版社2015年6月版，收入我的发言。

346.《“十三五”与中国经济新常态》，企业管理出版社2016年5月第1版，2018年7月第五次印刷，我的专著。

347.《“十三五”规划与中国经济长期发展》，中国经济出版社2016年2月版，收入我的论文。

348.《50 人的二十年》2018 年 9 月版，收入我的论文。

349.《强起来的时代：战略与路径》人民出版社 2018 年 9 月版，2018 年 11 月第三次印刷，我的专著。

350.《中国对外直接投资：战略、机制与挑战》，中国经济出版社 2017 年 5 月版，收入我的论文。

351.《中国道路与农民工创业》，商务印书馆 2017 年 11 月版，收入我的论文。

352.《中国经济如何行稳致远》，中信出版社 2019 年 8 月版，收入我的论文。

353.《学术月刊六十年选集》，上海人民出版社 2019 年 10 月版，收入我的论文。

354.《我与改革开放》，清华大学出版社 2019 年 3 月第 1 版，2019 年 9 月第 4 次印刷，我的专著。

355.《一路随笔》，清华大学出版社 2019 年 1 月版，收入我为此书写的序。

356.《中国经济的未来：热点 · 难点和增长点》，中信出版社 2019 年 11 月版，2022 年 8 月第 8 次印刷，我的专著。

357.《文化经济学》，企业管理出版社 2020 年 6 月版，我任主编。

358.《社会主义经济运行机制研究》，经济科学出版社 2020 年 1 月版，合著，2019 年获得中国经济理论创新奖。

359.《那是一个春天》，西北大学 77 级回忆录。

360.《后疫情时代的中国经济》，2020 年 6 月版，2021 年 2 月第 3 次印刷，我的专著。

361.《魏杰学术自传》，广东经济出版社 2020 年 8 月版，我的专著。